THE

HISTORY

OF

CHINESE

CHESS

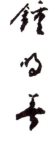

刘道平
张丰 ◎
编著

上海书店出版社
SHANGHAI BOOKSTORE PUBLISHING HOUSE

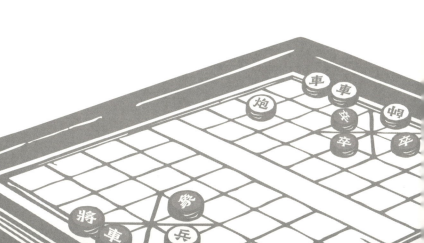

图书在版编目(CIP)数据

中国象棋史 / 刘道平，张丰编著. -- 上海 ：上海
书店出版社，2025.7. -- ISBN 978-7-5458-2486-5

Ⅰ. G891.292

中国国家版本馆 CIP 数据核字第 2025Q4S315 号

封面题签 钟明善
校　订 张　弛
摄　影 张　弛

责任编辑 杨柏伟　章玲云
封面设计 汪　昊

中国象棋史

刘道平　张　丰 编著

出　版 上海书店出版社
　　　　　（201101　上海市闵行区号景路 159 弄 C 座）
发　行 上海人民出版社发行中心
印　刷 上海商务联西印刷有限公司
开　本 710×1000　1/16
印　张 13
版　次 2025 年 7 月第 1 版
印　次 2025 年 7 月第 1 次印刷
ISBN 978 - 7 - 5458 - 2486 - 5/G · 203
定　价 98.00 元

张丰

　　棋文化学者。参与国家体委组织的中国象棋史
编写小组，为本书古代部分的主要撰写者。

中华人民共和国体育运动委员会

关于邀请有关人员研讨中国象棋推广问题的通知

(83)体训竞四字053号

北京、辽宁、黑龙江、上海、陕西体委：

为把中国象棋推广为世界性竞赛项目，"亚洲象棋联合会"增设了"象棋推广委员会"。由"亚象联"副会长、中国象棋协会主席陈远高同志兼主任委员。整个推广计划将由中国象棋协会负责起草制订。包括棋子改革在内的象棋推广问题，牵涉面很广，对国内外都有一定的影响，需要认真对待。

为此，决定邀请有关人员就上述问题进行座谈研究。

座谈会定于八三年五月十六日至二十日在北京天坛内东里九号（自火车站乘103或104路电车至崇文门，换乘39路汽车至东侧路下车，我国家体委无线电运动学校）举行。

请你委协助通知与会人员于五月十五日到上述地点报到。与会人员请自带棋子改革的有关资料及全国通用棋书等。

附：参加会议人员名单

一九八三年四月三十日

附：

邀 请 人 员 名 单

北 京：战淑明（女）（西单油坊胡同52号，北京雕漆厂党支部）
 严俊明、平胜利、郭永臺（西长安街中国轻工业进出口公司北京市分公司）

辽 宁：徐 庚（沈阳市第二十六中学）

黑龙江：杨宝元、郑昌涛（黑龙江省二轻局）

上 海：李松福（围棋月刊社）

陕 西：刘道平（西安市第二十中学）

 张 丰（西安仪表厂）

抄送：广东省体委陈远高同志

关于邀请有关人员研讨中国象棋推广问题的通知

中国象棋协会   4

中华人民共和国体育运动委员会

各业务司，人民体育出版社：

九月十七日委办公会已同意你育文史工作委员会《关于组织编写中国单项运动史的报告》，现发给你们，请研究落实，力争尽早完成。

一九八五年九月十八日

抄送 各单项运动协会

关于组织编写中国单项运动史的报告

建国三十多年，我国尚未出版中国各个单项体育史书。日本夺我先声，出版了《中国武术史》等等，其观点不免谬误，材料也不准确。

为了在国内外发行我国自己编印的观点正确，材料详实，具有权威性的中国各个单项体育运动史，拟于一九八九年前，用四年的时间，编写出版《中国田径运动史》、《中国武术史》、《中国足球运动史》……等四十多本单项体育运动史书。同时，还拟分别组织编写我军体育史、革命根据地体育史、太平天国体育史、古代体育史以及名人与体育等十九本专题体育史，连同业已组织编写的各省、自治区、直辖市体育志，共计百本，汇集成为一套《中国体育史志丛书》，既作为体育工具用书，又作为庆祝建国四十周年和迎接一九九〇年在我国举行的第十一届亚洲运动会的宣传品和献礼。

各单项体育运动史，力求观点正确，内容丰富多采。要包括本项运动的发生、发展、沿革，在我国开展的情况、重大活动、重要人物、成绩纪录等等。要确实可靠，图文并茂，并附有照片、表格、大事记等。

编写出版工作，采取统一组织，分头编写、陆续出版、配套成龙的办法。由各单项协会，附各主管司、处负责组织编写，文史工作委

员会负责编辑，国家体委领导审定。人民体育出版社或大百科全书社出版。

各编写组人数不宜多，可聘任在职的或离职的（以离退休同志为主）熟悉本项目情况的三至五位同志担任。要求在一九八六年十二月三十一日前完成，送各主管司核定，一九八七年三月三十一日前交体育文史工作委员会编辑加工，然后送国家体委领导审定。审定一本，出版一本，争取一九八九年十月一日前出齐或基本出齐。

编写所需经费，除稿酬、资料费、审稿费由出版单位，体育文史工作委员会支付外，其它费用，如会议、稿纸、誊印等均纳入各协会（司、处）办公用费预算。

如同意，请批转各司、局、各协会，以便纳入他们的年度计划和预算。

体育文史工作委员会

一九八五年九月十八日

关于组织编写中国单项运动史的报告

象戲起中華長傳智慧翰墨界趨車任人履治平拖頁
楚河立馬問誰握勝敗玄機你來我往劍拔弩張直憙
得士庶相爭却悟知兵非好戰

徐聚昌為《中國象棋史》出版兩撰

取府州同贊俱言備史最操心
譜山輯軼或可豐雷霆手段廢寢忘食功成事遂自贏
棋壇有國老力續碩流欽枰海沉鉤何止添茶飯談資

時戊戌年仲秋於長城西長王鈞

为《中国象棋史》出版撰联

目录

写在《中国象棋史》出版之际 朱文杰 / 1

第一章　象棋的起源 / 1

第一节　始于先秦的六博 / 2

第二节　始于韩信之说 / 3

第三节　盛行于汉代的塞戏 / 5

第二章　早期的雏形 / 7

第一节　南北朝时期的象戏 / 7

第二节　隋唐时期的象戏 / 10

第三节　北宋时期的象棋 / 17

第三章　象棋的定型与发展 / 34

第一节　现制象棋的定型 / 34

第二节　象棋史上的第一个高潮 / 43

第三节　最早的象棋谱 / 50

第四章　明代象棋——鼎盛期发端 / 67

第一节　明代象棋呈上升趋势 / 67

第二节　明代著名高手及棋艺活动 / 74

第三节　明代象棋谱 / 79

第四节　明代象棋战略战术 / 92

第五章　清代象棋——从鼎盛期向稳步期演变 / 96

第一节　清代象棋的高潮与低落 / 96

第二节　清代的异种象棋 / 99

第三节　清代的象棋诗文 / 104

第四节　清代的象棋名手及棋艺活动 / 113

第五节　清代的象棋谱 / 121

第六节　清代象棋战略战术 / 133

第七节　清代排局艺术的发展 / 190

写在《中国象棋史》出版之际

朱文杰

象棋的历史渊远流长，可以追溯到两千多年前的战国与西汉初期，这在《楚辞》里就有记载。再有象棋棋盘以"楚河汉界"划分，使之又具有了项羽与刘邦楚汉相争的历史印迹。

象棋是中国国粹之一。中国国粹是指完全发源于中国，中国固有文化中的精华。中华民族的传统文化中最具有代表性，最富有独特内涵而深受许多时代的人们欢迎的文化遗产。

而专门的象棋史，目前能够得到圈内外认可的仅有李松福的《象棋史话》、张如安的《中国象棋史》两种。李著《史话》，体量不大，文字通俗，发行量不小，具有一定影响，但与学术意义上的专史是有很大距离的。无论是李著，还是张著，都是他们个人所为，可称"私修棋史"。

在西安的象棋界，有两位蜚声全国象棋界的大腕级人物：一位是长期担任西安市象棋协会主席的刘道平先生。1983 年 4 月，国家体委成立中国象棋推广小组，由刘道平任组长。刘道平堪称陕西象棋界泰斗级的人物。

第二位就是中国象棋推广改革小组六人成员之一，陕西省棋类运动委员会委员、历任西安市象棋协会三届副主席、四届秘书长，现为西安市象棋协会顾问的张丰先生。

二十世纪八十年代中叶，在国家体委有关部门的组织下，《中国象棋史》编写小组成立，启动了"官修棋史"的工程。这部《中国象棋史》的古代史部分，初由西安刘道平先生执笔。刘先生对棋史的研究起步于六十年代,是主持编写《中国象棋史》的最佳人选。可惜,刘先生于 1995 年英年早逝,他只完成了棋史的部分写作,最终这部《中国象棋史》由刘道平最器重、评价最高的接班人,陕西及西安象棋界的翘楚级人物张丰来完成。

这部凝结了刘道平、张丰两代象棋史家心血的著作,具有很高的学术含量。而且张丰青出于蓝,他还是推动象棋走向世界的功臣。他研制成功的立体象棋,经国家体委、国务院逐级认可,上报亚洲象棋联合会通过,1984 年起作为国际上采用的新棋子流通使用。该项改革曾得到国家领导人的重视与关心。主要专利成果"中国立体象棋"(专利号:86300421.0)。

因之《中国象棋史》由张丰来编写,是西安象棋界众望所归的一件大事。在学术上也具有一定的权威性!

(本文作者为中国作协会员、国家一级作家,西安市文史馆馆员)

第一章 象棋的起源

关于象棋的起源，我国古籍中记载着纷纭有趣的传说。北宋晁补之《广象戏图序》："象戏，戏兵也，黄帝之战，驱猛兽以为阵。象，兽之雄也，故戏兵以象戏名之。"

元代僧念常《续藏经·佛祖历代通载》："神农以日月星辰为象，唐相国牛僧孺用车、马、士、卒加炮代之为机矣。"

明谢肇淛《五杂俎》说："象戏，相传为周武王伐纣时所作，即不然，亦战国兵家者之流，盖彼时就重车战也。"宋高承《事物纪原》亦云："盖战国用兵争强，故时人用战争之象为棋势也。"

宋李昉主编的《太平御览》言："周武帝造象戏。"明罗颀《物原》："周武帝作象棋。"明朱应秋《玉芝堂谈荟》："象戏，为周武帝造。"均为周武帝创制论。

"象棋"一词的出现最早见于距今约 2300 年前的《楚辞·招魂》中："菎蔽象棋，有六簿些。分曹并进，遒相迫些。成枭而牟，呼五白些。"这是关于象棋形制的描述，说的是当时的棋制，行棋比赛的方法和技巧，以及玩簿时大声喝彩。西汉刘向在《说苑·善说篇》也记载过，齐国孟尝君"燕则斗象棋而舞郑女"。

从以上文献的记载，不难看出象棋在中国确实有着悠久的历史。象棋的故乡是中国，勿容置疑。

第一节　始于先秦的六博

象棋有着漫长的发展历史。由起源到雏形,再到定型,经历了漫长岁月的实践、改进、充实、完善。

《楚辞·招魂》篇说:"菎蔽象棋,有六簙些。分曹并进,遒相迫些。成枭而牟,呼五白些。"菎通琨,指美玉;蔽指博具。那么,菎蔽象棋应该是用玉制成的棋子。用象棋一词指六簙始见于此。当然六簙与象棋的形制完全不同,六簙是一种掷采行棋角胜的局戏,象棋则是一种靠智谋、技术、修养等较量的竞技运动。由于六簙与后来的象戏有一定渊源关系,"象棋"一词的诞生,孕育着日后象棋的产生,故将"象棋"名词诞生之时至南北朝周武帝宇文邕制《象经》前,这一段时间称为象棋的起源时期或孕育期。

六簙,即六博。六博的历史悠久,东汉许慎《说文》载:"古者乌曹作簙。"《世本·作篇》也说"乌曹作博"。乌曹是夏桀的臣子,距今 3 500 多年了。司马迁《史记·殷本纪》,说帝武乙荒淫无道,制作了一尊人形偶象,把它叫做"天神",然后"与之博,令人为行"。这件事发生在公元前 12 世纪。《史记·宋微子世家》还记载了公元前 683 年,宋缗公与大夫南宫万因六博发生争吵,被南宫万用六博棋盘砸死的事。

《论语·阳货》载:"子曰:饱食终日,无所用心,难矣哉! 不有博弈者乎? 为之,犹贤乎已。"这里的博即六博,弈即围棋,并称博弈。从汉代起才正式称弈为围棋。

六博棋由箸、棋子、棋盘、博筹、割刀、削和盛具组成。箸又称箭、簙、究、蔽,总计六支,故称六博;初用竹木制成,两头尖长如箭形,后来也有用骨玉制成。棋子称"棊",又名马,共十二枚,黑白各半,或黑红各半,双方各执一色。棋盘称栒,又称曲道,多木质,近似方形,在白或黑色的棋盘正面阴刻不同矩形纹槽及圆点,并涂上红漆或在纹槽内嵌入象牙。博筹也叫筹,用狭窄的竹片制成,分长短两种,数量多少不等,用来记录对博者输赢情况。割刀和削是博时用来削制博筹记数的。盛具乃盛放棋具的盒。

战国时期六博活动盛行各国,《列子·说符》记载大梁叶虞氏的富豪,在路口高楼上设置枰局让行人上楼击博。《史记·苏秦列传》中讲得更明白:"临菑甚富而实,其民无不吹竽、鼓瑟、弹琴、击筑、斗鸡、走狗、六博、蹋鞠者。"这里列举了八种娱乐,有六博而无围棋。

现存最古的六博棋局,是 1975 年底到 1976 年春,在湖北云梦睡虎地战国末期的古墓中出土的六博棋局。形制与古文献的记载基本相合。据考证,这个博局的相对年代为秦昭王 51 年(公元前 256 年)前。

秦汉时期,六博非常盛行。故而班固(32 年—92 年)在《弈旨》中慨叹:"孔子称有博弈。今博行于世,而弈独绝。博义既弘,弈义不述。"秦和西汉的博棋制度与春秋战国时一样。到了东汉时期博棋出现一次分化,旧制称大博,新制称小博。颜之推(531 年—?)《颜氏家训·杂艺》:"大博则六箸,小博则二(琼)。"小博的博法在晋张谌注《列子·说符》引《古博经》记载:

"博法:二人相对坐而局。局分十二道,两头当中名为水。用棋十二枚,古法六白六黑,又用鱼二枚置于水中。其掷乘以琼为之……锐其头,钻刻四面为眼,亦名凿。二人互掷采行棋,棋行到处即竖之,名为骁棋,即入水食鱼,亦名牵鱼。每牵一鱼,获二筹;翻一鱼,获三筹……获六筹为大胜也。"

"骁棋"即"枭棋"。对博双方各有六枚棋子,其中一枚代枭,其余五枚作散。枭为大,散是散卒之意。鱼又作鲽,是一种象形的棋子。《韩非子·外储说》:"博贵枭,胜者必杀枭。"《战国策》载唐且见春申君说:"夫枭棋之所以能为者,以散棋佐之也。夫一枭之不胜五散者亦明矣。"六博中"二人相对坐而局",依道行棋,杀枭为胜,相互配合攻杀对方枭等方面已有了现制象棋的成分。但六博是"投箸"行棋,靠侥幸取胜,只能是一种古老的博戏。

第二节　始于韩信之说

象棋历史悠久,但象棋起源于何时、何人,至今还无定论。虽然《楚辞·招魂篇》中有象棋一词,但那时的象棋与现在的象棋是大不一样的。

比较早的说法是韩信(?—前 196 年)创制象棋。清梁同书《渊深海阔象棋谱》云:"又闻象棋始于韩信,朱子云百局戏也";周家森《象棋源流考》云:"韩信伐赵时作象棋和叶子戏以娱士卒……乐而忘归。"《象棋教材》也称:"韩信作象棋稳定军心,使伐赵取得胜利。这就是楚河汉界的来历。"

韩信是兴汉三杰之一,是智力型人物。闻曰"韩信手无捉鸡之力,心有戳山之计",项羽虽能力拔山兮,却败于韩信手下。韩信儿时孤身一人,浪迹江湖,善棋戏。相传一次与屠夫之子对弈,韩屡胜,屠子气极,要与韩斗拳,韩不愿以有为之身作此无益之事,不从,屠子说你不敢斗拳,就从我胯下钻过去,韩无奈,就从胯下钻过去。韩的忍辱负重成为千古佳话。

韩信不但作象棋,还写了棋书,言明着法和要诀。相传:韩信在伐楚建立汉朝中,功劳极大,功高震主,引起刘邦的不安,被吕后谋害。韩信下狱后,狱吏郤孔十分敬重他,一天送饭时,含泪对韩信说:"听说将军刑期不远,又想将军雄才大略,为皇上创立基业,却落得如此下场,岂不叫人悲伤。"韩信说:"郤伯放心,皇上曾经下过旨意'上见天,下着地,不能斩韩信',因此我不会死。再说我已奏明皇上,还要写一部兵书,上献朝廷,下达后代哩。"谁知韩信话毕,就见黄门官闯进监牢传达刘邦旨意:"韩信是在监狱,不得擅著兵书。"传旨后即去。韩信听后自知命已不长。郤孔见此情景,就哭着跪在韩信面前,韩问何故,郤说:"昏君听信吕后胡言,不让你写兵书,请将军授我兵法,以传后代为将军扬名。"韩信听后,摇着头说:"我韩信满腹韬略尚且死于妇孺之手,如我将兵法教你,你也会像我一样,恐怕得不到好下场。现在你是我的好朋友,我岂能连累于你。"但郤孔仍旧一定要韩信教他,韩见状,思考再三才说:"好吧,你既爱此法,三日后再谈吧!"又过了三日,郤来见韩,韩叫郤面对面席地而坐,只见地上画了个大方框,内画 64 个小方格,分敌我两方,每方分布着 16 个纸块,分别写上将、士、卫、车、马、卒的字样。郤孔见后不解,面露惊异,说:"这是兵法?"韩说:"你莫小看这些方格,在这里能容千军万马的大战场。利用这些,统盘筹划,配合有力,就会千变万化,百战百胜。你精通此法后,用于兵事,无不如是,为将者就可无敌于天下矣。"郤听后,很高兴,就用心学会了。

　　当时把这种兵法游戏,叫"玩奇",后人把"奇"改为"棋"字,又因为"棋戏"象征布阵打仗,所以就称为"象棋"。

　　诸多传说,均与韩信有关,这也是有缘由的。象棋是一种文化,韩信生长在历史文化名城淮阴,这是京杭大运河上四大名城之一,人杰地灵,孕育了不少文学家和军事家。当然,这只是聊备一格的民间传说而已,反映了老百姓对一代将才的同情和惋惜。

　　象棋的"楚河汉界"来源于楚、汉在荥阳展开了长达四年(从前 205 到前 202 年)之久的拉锯战,在激烈的争战中势均力敌,谁也无法逾越鸿沟一步。形势以鸿沟为界,"中分天下,割鸿沟以西为汉,鸿沟而东者为楚"(《史记》)。至今荥阳鸿沟仍在,东岸有霸王城遗址,西岸有汉王城遗址,乃是韩信创象棋之说一佐证。

第三节　盛行于汉代的塞戏

春秋时期,从六博中繁衍出一种新的棋戏——塞戏。《庄子·骈拇》:"向臧奚事,则博塞以游……投琼曰博,不投琼曰塞。"魏苏林注《后汉书·吾丘寿王传》也说,塞戏"博之类,不用箭(筹),但行枭棋。"

由于六博比赛时往往靠掷采,侥幸取胜的成分较大,不能公平合理地竞争角逐胜负,汉班固在《弈旨》中明确指出了它的这一缺点:"夫博悬于投,不专在行,优者有不遇,劣者有侥幸,踦拿相凌,气势力争,虽有雌雄,未足以为平也。"《尹文子》也说:"博尽关塞之宜,得用通之路,而不能制营之大小,在遇者也。"由于塞戏不用掷箸,而行枭、散棋,初步摆脱了侥幸取胜的机会,使双方的智力竞争趋向公平合理。

由于塞戏是在博戏基础上繁衍出来的,古籍中经常"博塞"并称。如《管子·四称》:"流于博塞,戏其工瞽。"《管子·四时》:"一政曰禁博塞。"(按:博塞长奸邪,故禁之)《后汉书·梁冀传》注引鲍宏《簺经》:"簺有四采,塞、白、乘、五是也,至五即格,不得行,故谓之格五。"塞即簺,簺即格五也。

由于塞戏比六博进步,发展至汉代已极为昌盛。塞戏成了汉宫廷常设的游戏项目,并专门设立"棋待诏"的官。《汉书·吾丘寿王传》:"吾丘寿王,字子赣,赵人也。年少,以善格五,召待诏。"吾丘寿王是迄今所知历史上最早的棋待诏。吾丘寿王、梁冀等都是史籍上记载的优秀格五棋手。《后汉书·梁冀传》载梁冀"善格五"。

东汉边韶作《塞赋》咏塞戏云:"始作塞者,其明哲乎。故其用物也约,其为乐也大。犹土鼓块枹,空桑之瑟,质朴之化,上古所耽也。然本其规模,制作有式:四道交正,时之则也;棋有十二,律吕极也;人操厥半,六爻列也;赤白色者,分阴阳也;乍亡乍存,象日月也;行必正直,合道中也;趋隅方折,礼之容也;迭往迭来,刚柔通也;周则复始,乾行健也;局平以正,坤德顺也。然则塞之为义,盛矣大矣,广矣博矣。质象于天,阴阳在焉;取则于地,刚柔分焉;施于人位,仁义载焉。考之古今,王霸备焉;览其成败,为法式焉。"

这种咏物赋的产生反映了汉代塞戏的盛行和汉宫廷的重视。

西汉墓葬中出土过两种形制稍微不同的塞戏棋局。湖北云梦和广西西林县西汉墓中出土的塞戏棋局,与博局几乎一样,唯一不同的是无博箸。而甘肃省武威县磨咀子汉墓出土的彩绘木俑塞戏,棋盘为黑彩底,棋局绘白色规矩形图案,与博棋局图案稍微不同。出土的塞戏棋子,刻有龙虎两种图纹。

    汉至魏晋时期,我国的艺苑里先后还出现了"弹棋""樗蒲""波罗塞戏——双陆"等数种博戏,因其形制不属于我国象棋的范畴,缺乏现代人所认定的棋类概念,就不再一一赘述。

第二章　早期的雏形

世界上任何一门艺术或科技,都有从简单到复杂、由初级到高级的发展规律。研究象棋历史发展的过程,很有必要进行恰当的分期。我国古代象棋发展的历史,可分作七个时期,即孕育期、童年期、争鸣期、高潮期、中落期、鼎盛期和稳步期。

从战国时代《楚辞·招魂》篇到南北朝周武帝宇文邕制《象经》前,约八百多年可称为象棋的孕育期。从南北朝宇文邕制《象经》前到五代,约四百年称为童年期。从五代(严格说来从唐末)开始至北宋晚期,约二百年称为象棋争鸣期。南宋的一百五十年,是象棋发展的第一个高潮期。从元至元后期到明代中叶,即从 13 世纪后期到明正德年间(1521 年),这近二百五十年称为象棋中落期。从明朝嘉靖(1522 年)至清朝嘉庆(1820 年),这三百年间,是我国古代象棋的第二个高潮期,一浪高于一浪,这一高潮称为鼎盛期。从晚清道光年间,直至辛亥革命,象坛相对沉寂,但仍稳步前进,这一时期称为象棋稳步期。

第一节　南北朝时期的象戏

象戏的首次记载出现在二十四史。《北史》卷十,天和四年有"五月己丑,帝制《象经》成,集百寮讲说"。《周书》卷五所记相同。

这个制"象经"的皇帝是北周武帝宇文邕,字罗突,鲜卑族人,北周文帝宇文泰的第四子,是南北朝战乱中的一位有作为的统治者。他 26 岁时完成的《象经》,

是我国象棋的第一部著作。

周武帝处在我国南北分裂、北方再分裂而形成三个政权并存的时期。北周既要和北齐作战,又要和南朝的陈对抗,因而讲求武略是特等大事。查《北史》和《周书》,周武帝在保定二年(562年),亦即他继位的第二年,这个才19岁的皇帝就"讲武少陵原"。此后,史书还多次记录他"讲武",甚至"集诸军将,教以战阵之法"。他也"集群臣,亲讲礼记"。正因为如此,他终于灭了北齐,统一了北中国。史书上把他讲《象经》和开讲《礼记》并列,证明讲《象经》是他治国大事的重要一环,是在百僚中倡导象征军阵的象戏,以增强君臣的军略修养。

从文化棋艺发展形势上来看,北朝既要汉化,却又力图在文化上有所表现。在横的方面,南朝的围棋历代都十分兴盛,其特色是出现了品棋(评定等级)的高潮,帝王也亲自参加。梁武帝(萧衍)还撰有《围棋品》《围棋赋》等著作(北朝的围棋亦颇盛行)。周武帝推出象戏,在棋艺上是另树新帜,历史证明了构成我国博弈文化的形形色色的戏具,只有象棋能够和围棋抗衡、比美。从纵的方面,在此以前的六博是博戏,塞戏虽已成为斗智的戏具,但仍只有"枭"和"散"两种子,比较简单。周武帝的象戏既象征复杂的军旅和大规模的征战,必然会呈现多兵种和多子力,超越各种博戏。决不是双方各六子、一贵五贱那么简单,那样就不可能适应周武帝提高百僚军事素养的需要;就不值得"废百戏"的皇帝一顾,也不值得史官写进史书。

从周武帝天和四年(569年)制《象经》至唐太宗贞观三年(629年)关注象戏召问吕才仅60年,至唐代宗宝应元年(762年)"宝应象棋"问世193年,而至牛僧孺(780年—848年)的小说《岑顺》面世,也就是二百多年,这期间一脉相承,均在名称上谓之象戏。既然同样叫做"象戏",就应该相同,或大体上相同(目前并未发现相反的文献资料)。我们应该满怀信心地说北周象戏的发展就是宝应象棋,我国象棋的历史应该至少上溯到北周天和四年(569年)。我们把从南北朝到五代,约四百年称为象棋的童年期。

皇帝倡导象棋,必出现一批有关的著作。《隋书·经籍志》所载的就有王褒注《象经》一卷,王裕注《象经》三卷,何妥注《象经》一卷,还有《象经发题义》一卷。可惜《象经》连同以上多种注本,都久已失传。保存下来的有关文献是王褒的《象经序》、庾信的《象戏经赋》和《进象戏经表》。

《北史·王褒传》:"武帝作《象经》,令褒注之,引据该洽,甚见称赏。"王褒(生卒年不详)原为南朝宫廷诗人,周武帝时,凡大诏册,皆令其起草,授太子少保,迁少司空。《象经序》云:

一曰天文，以观其象天，日月星是也。二曰地理，以法其形地，水木金土是也。三曰阴阳，以顺其本，阳数为先，本于天；阴数为先，本于地是也。四曰时令，以正其序，东方之色青，其余三色，例皆如之是也。五曰算数，以通其变，俯仰则为天地日月星，变通则为水火金木土是也。六曰律吕，以宣其气，在子取未，在午取丑是也。七曰八卦，以定其位，至震取兑，至离取坎是也。八曰忠孝，以惇其教，出则尽忠，入则尽孝是也。九曰君臣，以事其礼，不可以贵凌贱，直而为曲，不可以卑畏尊，隐而无犯是也。十曰文武，以成其务，武论七德，文表四教是也。十一曰礼仪，以制其则，居上不骄，为下尽敬，进退有度可法是也。十二曰观德，以考其行，定而后求，义而后取，时然后言，乐然后笑是也。或升进以报德，义以迁善；或黜退以贬过，事在惩恶；或以沉审为贵，正其瞻视；或以徇齐为功，明其纠察。得失表于隆替，在贱必申；怠敬彰于勤沮，处尊思屈；片言崇于拱璧，一德踰于华衮。

庾信(513年—581年)，官至骠骑大将军，开府仪同三司。他"伏读圣制《象经》，并观象戏，私心踊跃，不胜忭舞"。进《象戏经赋》云：

观夫造作权舆，皇王厥初，法凝阴于厚德，仰冲气于清虚。于绿简既开，丹局直正，理洞研几，原穷作圣，若扣洪钟，如悬明镜。白凤遥临，黄云高映，可以变俗移风，可以莅官行政。是以局取诸乾，仍图上玄，月轮新满，日晕重圆，模羽林之华盖，写明堂之壁泉。坤以为舆，刚柔卷舒，若方镜而无影，似空城而未居。促成文之画，亡灵龟之图，马骊千金之马，符明六甲之符。

于是播筹当次，依辰就席。回地理于方珪，转天文于圆璧；分荆山之美玉，数蓝田之珉石。南行赤水之符，北伐玄山之策；居东道而龙青，出西关而马白。既舒玄象，聊定金枰。昭日月之光景，乘风云之性灵；取四方之正色，用五德之相生。从月建而左转，起黄钟而顺行；阴翻则顾兔先出，阳变则灵乌独明。

况乃豫游仁寿，行乐徽音；水影摇日，花光照林。乍披图而久玩，或开经而熟寻。虽复成之以手，终须得之于心。乃有龙烛衔花，金炉浮气；月落桂垂，星斜柳坠。犹豫枢机，嫌疑泾渭，顾望回惑，心情怖畏，应对坎而冲离，或当申而取未。

《进象戏经表》:

> 臣某言:臣伏读圣制《象经》,并观象戏,私心踊跃,不胜忻舞。伏以性与天道,本绝寻求,直以悬诸日月,遂获瞻仰。九州既奠,近对河图;四辙中绳,全观王策。未飞玄鹤,先闻金石之声;不上赤城,独见烟霞之气。置管而测,光景愈高,沉玉而观,渊泉益远。

> 寝不自涯,课虚为赋,辞非寥亮,学无雕刻。遂敢陈述,诚为厚颜。况复日之远近,本非童子所问;天之浑盂,岂是书生所淡。昌用奏闻,伏增流汗之至。

《象戏经赋》等三篇的词句由于过于讲求对仗、用典、词藻、声律、辞赋,显得华丽而浮夸。尚难根据这三篇来落实象戏的形制。虽然一些文辞的含义无异议,例如"丹局直正"是写棋盘为方形,"犹豫枢机,嫌疑泾渭,顾望回惑,心情怖畏",这是描述对弈者的临局心理。但更多的解释或显得勉强,或陷于附会;目前仍是棋史界的聚讼所在。

由于皇帝倡导,百僚喧奉,象戏活动确实在北朝盛极一时。

第二节　隋唐时期的象戏

一、象戏在隋唐时的衰兴

《北史·郎茂传》载:隋文帝为亳州总管掌书记。周武帝为《象经》,隋文帝从容谓茂曰:"人主之所为也,感天地动鬼神,而《象经》多乱法,何以致久!"

杨坚为亳州总管掌书记在建德(572 年—577 年)年间,他把象戏和亡国联系在一起,可见对《象戏》的贬斥。大定元年(581 年)杨坚当了皇帝(改年号为开皇),象戏自然就不再那么吃香了。昔日红极一时的象戏,至此玩者日少,到了唐初,竟使上层社会难于解玩。《旧唐书·吕才传》载:"太宗尝览周武帝所撰三局《象经》,不晓其旨。太子洗马蔡允恭年少时尝为此戏。太宗召问,亦废而不通。乃召才,使问焉。才寻绎一宿,便能作图解释。允恭览之,依然记其旧法,与才正同。由是才遂知名,累迁太常博士。"

隋王朝从建国到灭亡仅 36 年,却使象戏几乎到了湮没的地步。

唐太宗李世民看不懂周武帝的三局《象经》,蔡允恭废而不通,吕才寻绎一宿作图方能解拆的三个象戏局势是史载最早的象戏中的局势。宇文邕应是最早的象戏局作者,是我国象棋的创始人之一。

由于李世民的关注象戏,吕才遂知名,累迁太常博士,象戏在唐代得到了复苏。

二、象棋的摇篮——宝应象戏

明胡应麟《少室山房笔丛·庄岳委谈》中说:"今戏具,围棋最古……象戏稍为后出。北周武帝有《象经》……而唐以后殊无可考,唯《玄怪录·岑顺》一事可据……案此或文士寓谈,然唐人象戏之制,赖此可考。"《玄怪录》为中唐宰相牛僧孺撰写的传奇的小说集。《岑顺》引录于下:

> 汝南岑顺,字孝伯,少好学有文,老大尤精武略。旅于陕州,贫无第宅。其外族吕氏有山宅,将废之。顺请居焉,人有劝者,顺曰:"天命有常,何所惧耳。"卒居之。后岁余,顺常独坐书阁下,虽家人莫得入。夜中闻鼓鼙之声,不知所来;及出户,则无闻。而独喜自负之,以为石勒之祥也。祝之曰:"此必阴兵助我。若然,当示我以富贵期。"数夕后,梦一人被甲胄前报曰:"金象将军使我语岑君,军城夜警,有喧谇者,蒙君见嘉,敢不敬命。君甚有厚禄,幸自爱也。既负壮志,能猥顾小国乎? 今敌国犯垒,侧席委贤,钦味芳声,愿执旌钺。"顺谢曰:"将军天质英明,师真以律,猥烦德音,屈顾疵贱。然犬马之志,惟欲用之。"使者复命,顺忽然而寤,恍若自失。坐而思梦之徵。俄然鼓角四起,声愈振厉。顺整巾下床,再拜祝之。须臾,户牖风至,帷幕飞扬,灯下忽有数百铁骑飞驰左右;悉高数寸,而被坚执锐,星散遍地;倏忽之间,云阵四合。顺惊骇,定神气以观之。须臾,有卒赍书云:"将军传檄。"顺受之,云:"地连獯房,戎马不息,何数十年。将老兵穷,姿霜卧甲。天设勍敌,势不可止。明公养素蓄德,进业及时,屡承嘉音,愿托神契。然明公阳官,固当享大禄于圣世,今小国安敢望之。缘天那国北山贼合从,赳日会战。事图子夜,否灭未期。良用惶骇。"顺谢之,室中益烛,坐视其变。夜半后,鼓角四发。先是东面壁下有鼠穴,化为城门,垒敌崔嵬,三奏金革,四门出兵,连旗万计,风驰云走,两阶列阵。其东壁下是天那军,西壁下金象军,部后各定,军师进曰:"天马斜飞度三止,上将横行系四方,辎车直入无回翔,六甲次第不乖行。"王曰:"善。"于是鼓之,两军俱有一马斜去三尺止。又鼓之,各有一步卒横行一尺。又鼓之,车进。如是,鼓渐急,而各出物色,矢石乱交。须臾之间,天那军大败奔溃,杀伤涂地。王单马南驰,数百人投西南隅,仅而免

焉。先是西南有药王栖，日中化为城堡。金象军大振，收其甲卒，舆尸横地。顺俯伏观之。于是，一骑至，禁颂曰："阴阳有厝，得之者昌。亭亭天威，风驱连激，一阵而胜，明公以为何？"顺曰："将军英贯白日，乘天用时，窈窕神化灵文，不胜庆快。"如是数日，会战胜败不常。王神貌伟然，雄姿罕俦。宴馔珍筵，与顺致宝贝明珠珠玑无限。顺遂荣于其中，所欲皆备焉。后遂与亲朋稍绝，闲间不出。家人异之，莫究其由，而顺颜色憔悴，为鬼气所中。亲戚共意有异，诘之不言。因饮以醇醪，醉而究泄之。其亲人潜备锹锸，因顺如厕而隔之，荷锸乱作，以挖室内八九尺。忽坎陷，是古墓也，墓有砖堂，其盟器悉多，甲胄数百，前有金床戏局，列马满枰，皆金铜成形。其干戈之事备矣。乃悟军师之词，乃象戏行马之势也。既而焚之，遂平其地。多得宝贝，皆墓内所畜也。顺阅之，恍然而醒，乃大吐。自此充悦，宅亦不复凶矣。时宝应元年也。（见于《太平广记》）

《岑顺》虽是一篇志怪的传奇小说，但所写的象棋棋子及各子的走法必然在当时的生活中存在，而不可能臆造。这是我们赖以考见唐代象棋形制唯一的具体资料。自古及今，文人和棋界人士对此颇多议论。我们认为这个最古的象棋故事，应该是棋史研究的重点之一。

《岑顺》文中"前有金床戏局，列马满枰，皆金铜成形。其干戈之事备矣。乃悟军师之词，乃象戏行马之势也"，也就是说挖出了金属戏盘，棋子满排在棋盘上，棋子都是金属立体象形。列马、行马的马，意为棋码，亦即棋子。

"天马斜飞度止三""两军俱有一马斜去三尺止"。尺者，度名；犹言尺度，即尺寸之定制也。这里的"尺""度"是象戏盘上两个交叉点之间线段的定制。"度三止""三尺止"即一回事。指马斜行三步，因为无论马直行二步再横行一步，或横行二步再直行一步，均成日字。

"上将横行系四方"。所谓四方，在象戏盘上指四四方方的九宫。这正如古谱的歌诀有"象飞四方营四角"，指象也飞在四四方方之中，从角到角。这两者可以互证。全局是说将横走（古人所说的横走往往包括直走），限制在九宫内。古今对此有不同解释，认为"系四方"的"系"应作"击"，"击四方"是说将可以东南西北四方出击，是一枚攻子，和我国现制象棋的将大为不同。我们认为现在汉族的象棋历史的任何文献资料里，均不存在将可以出九宫、可以东西南北满盘出击。我们不能脱离实际、无根据地臆想。即或"系"作"击"，则"击四方"仍可解作击于四方，亦即在九宫内可以反击、叫吃敌子。

"辀车直入无回翔"。古今各家几乎都认为是指车只能直进。车既不能后退,其作用何在,既然军师的诗里,马、将、卒都写的是该兵种的走法,为什么车却另当别述?何谓"回翔"?查"回翔"意为盘旋飞翔。《楚辞·九歌》有"君回翔兮上下,蹂空桑兮从女"。《楚辞·九怀》有"乘龙兮偃蹇,高回翔兮上臻"。白居易诗《和梦得》有"郎署回翔何水部,江湖留滞谢宣城"。可见"回翔"不仅指后退,并有盘旋转弯的意思。至于"辀车直入无回翔",则是和"天马斜飞度三止"对比而言的。马斜飞,车却只能直横走(包括后退),却不许同马那样拐弯斜飞。

"六甲次第不乖行"。"六甲"就是卒娃子。传奇中有"各有一步卒横行一尺",卒只能一步步前进,而不能背离行道。所以说"次第不乖行"。称卒为"六甲"意味着当时象戏的卒,双方各有六枚。这也如北宋的大象戏双方各有六个卒相一致。

经过以上的分析,不难看出四句诗及传奇中所描绘的"马""将""车""卒"等四个兵种的走法,都和宋代以后直到现代的象棋无异。至于中唐象戏究竟共有多少兵种,由于诗句的限制,也许并未全部写进四句诗里(也许只有马、将、车、卒)。但无论如何,宝应象戏已为宋代的象棋奠下了基础。现制象棋的大部分兵种(马、将、车、卒)的走法,已可上溯到8世纪的唐宝应年间。

三、象坛最早的典故——《巴邛人》

在牛僧孺的传奇集《玄怪录》里有一篇有关唐代象戏的神话传说《巴邛人》,影响颇为广泛。《太平广记》载:

> 有巴邛人,不知姓名,家有橘园。因霜后,诸橘尽收,余有两大橘,如三斗盎,巴人异之,即令攀摘,轻重亦如常橘。剖开,每橘有二老叟;鬓眉皤然,肌体红润,皆相对象戏。身长尺余,谈笑自若。剖开后,亦不惊怖,但相与决赌。决赌讫,一叟曰:"君输我海上龙王第七女鬓发十两;智琼额黄十二枝,紫绢帔一副,绛台山霞宝散二庚,瀛洲玉尘九斛,阿母疗髓凝酒四盅,阿母女态孟娘子脐虚龙缟袜八緉。后日于王先生青城草堂还我耳。"又有一叟曰:"王先生许来,竟待不得!橘中之乐,不减商山。但不得深根固蒂,为愚人摘下耳。"又一叟曰:"仆饥矣,须龙根脯食之。"即于袖中抽出一草根,方圆经寸,形状宛转若龙,毫厘罔不周悉。因削食之,随削随满。食讫,以水噀之;化为一龙,四叟共乘之,足下泄泄云起。须臾,风雨晦冥,不知所在。巴人相

传云:百五十年以来,似在陈隋之间,但不知指的年号耳。

这篇神话,主题在表现象戏的深厚乐趣,连仙翁都深受吸引。即"橘中之乐,不减商山"。篇中仙人"谈笑自若"的气度和对象艺的高度热爱,正是唐代象棋棋手的形象,激励着千载以来的棋艺接班人。这个神话成为象棋史上最著名的典故,以至千年来人们都用"橘中"代表象棋。古谱《橘中秘》、当代作品《橘中胆》都用这个典故,至于诗文中引用的更是屡见不鲜;宋戴复古"象戏橘中为四老",宋文天祥"我爱何如橘里枰",明马洁澜"巴园橘里赌棋还"……这个美丽的神话对千年象棋的发展,起了难以估算的推动作用。

从"似在陈隋之间",可以看出作者在写象戏的时期。南朝的陈相当北朝的周,"制象经"的北周武帝天和四年,即陈宣帝太建元年(569年)。因为巴邛在南北朝的南边,所以作者说"陈隋之间"而不提周隋。正因为确实年号在北朝,本篇又系神话,所以用"不知指的年号耳",正好故作浪漫气氛。牛僧孺这一篇虽系寓言,但与《岑顺》篇交相辉映,反映了现实中象戏的存在,否则是无从臆造的。

四、象棋名家牛僧孺

唐代著名的政治家和文人牛僧孺,又是著名的象棋家。

牛僧孺(779年—847年),字思黯,贞元进士。元和初年,他参加贤良方正对策,与另两位名臣并列第一。他指摘时政,言论鲠直。在任御史中丞的时候,他整治了腐败不法的官吏,以户部侍郎同中书门下平章事,亦即进位宰相。此后在中唐的政局动荡中,他多次出为节度使,又多次入居相位。年69逝世,赠太尉,谥文简。(见《新唐书》卷一七四)

牛僧孺在象棋方面有两大贡献:一是写了关于象棋的笔记小说;一是改革象棋,给象棋增加了炮。

作为文人的牛僧孺,主要成就是写了笔记小说《玄怪录》十卷。可惜大部分已佚,保存在《太平广记》里的只有31篇。其中专写象戏的竟有两篇,足见他对象棋艺术的重视。

《岑顺》一篇是唯一保存了唐代象戏形制(棋子名称和走法)的文献,《巴邛人》一篇则开创了象戏最早的典故。两篇文章交相辉映,浑然一体,使我们得一窥唐象戏的风貌。

元代僧念常的《藏经·佛祖历代通载》,揭示了牛僧孺对象棋的更大功绩:加炮。这部《通载》记着:"唐文宗开成己未制象棋,有注云:'神农以日月星辰为象,唐相国牛僧孺用车马士卒加炮代之为机矣！'"（按："机"与"棋"通假）这一条史料，象棋界知之甚早，某些人却不相信，不承认。一则说"此没有其他文献佐证，当为臆造或误记"，再则说"径将现制象棋的发明权归之于牛僧孺，更属谬说"。用了"臆造""臆断"等词，深表反对。

这个问题的中心是"没有其他文献佐证"，即"孤证"的问题。关于孤证，要分析研究，运用逻辑推理，正确对待。如果凡孤证均遭摒弃，那么，二十四史（或二十六史）里的大量史实都将被抹煞。因为史书中只有部分史实，本书可以互证，或与其他著述可以互证，但总有许多史实今天已成为孤证。如果不相信，不承认，则历史即将呈现无数片空白，不相连接。既然《佛祖历代通载》说牛僧孺给象棋加了炮，古代典籍尚未发现另有记载，至今又都提不出新说和证据，我们为什么不承认？

如果所提加炮在时间上不吻合或加炮者与象棋并无瓜葛，我们当然难以轻信。问题在于象棋中炮出现较迟，这是共识。何时加炮呢？象棋在北宋后期即已定型为现制，那么，在古代交通和交流不便之下，炮至少在百年前已出现，经过百余年才可能广泛流传而被人们所接受。从唐到五代（甚至到宋初）象坛上有哪些人物呢？显然，没有比牛僧孺更重要的人物了。加炮的重任，就现有材料来看，唯牛氏足以当之。又有人论："《佛祖历代通载》全抄自南宋的《隆兴通论》。"意在贬低。其实转录前朝更好。隆兴是宋孝宗的第一个年号（1163年—1164年），紧接象棋定型期，距离牛僧孺也更近。当时尚存的典籍和流行的传说，较元代更有揭示古代事实的可能。

为此，我们有理由认定，牛僧孺不仅是第一个创作象棋神话、记录象棋形制的象棋文艺家，而且于开成己未（839年）给象棋加了炮，成为象棋史上的改革家。

五、唐士大夫崇尚象戏

关于唐代士大夫崇尚象戏，唐代文学家，官至检校礼部尚书的刘禹锡（772年—842年）在他所著的《杂著》中作了有趣的记载："吾观今之人适有面诋之曰：子书居下品矣。其人必逌尔而笑，或警然不屑。诋之曰：子握槊弈棋居下品矣。其人必赧然而愧，或艴然而色。是故敢以六艺斥人，不敢以六博斥人。嗟乎！众尚之移人也。"

时尚重弈棋而轻书法，以善弈棋为荣，以不善弈棋为耻，可以贬斥对方的六艺（礼、乐、射、御、书、数），但不能笑斥对方的象戏。因此，刘禹锡才发出了"嗟乎！众尚之移人也"这样的叹惋。唐朝棋风十分昌盛，许多士大夫都喜欢弈棋，由元

稹(779 年—831 年)《酬段丞与诸棋流会宿弊居见赠二十四韵》一诗可以看到一次规模盛大的棋坛赛会:

鸣局宁虚日,闲窗任废时。琴书甘尽弃,园井讵能窥。
运石疑填海,争筹忆坐帏。赤心方苦斗,红烛已先施。
蛇势萦山合,鸿联度海迟。堂堂排直阵,衮衮逼赢师。
恳劫偏深猛,四征特崄巇。旁攻百道进,死战百般为。
异日玄黄队,今宵黑白棋。斫营看四点,对垒重相持。
善败虽称怯,骄盈最易欺。狼牙当必碎,虎口祸难移。
乘胜同三捷,扶颠望一词。希因送目便,敢待指纵奇。
退却防边策,雄吟斩将诗。眠床都浪置,通夕共忘疲。
晓雉风传角,寒聚雪压枝。繁星收玉版,残月耀冰池。
僧闲闻钟粥,宾催下药卮。兽炭余炭在,烛泪短光衰。
俯仰嗟陈迹,殷勤卜后期。公私牵去往,车马各分离。
分作终身癖,兼从是事隳。此中无限兴,唯怕俗人知。

唐穆宗长庆二年(822 年)元稹登相位,在相府里举行了这次规模盛大的棋赛会。这首诗就是写这次棋坛盛会的过程,异彩纷呈,美不胜收。既刻画出弈棋者狂癖嗜好,又描绘出两军对垒运筹帷幄的攻防战术;既有围棋,又有象戏;既写景,又写情,情景交融,场景壮观,淋漓尽致。诗中"今宵黑白棋"既指围棋又指象棋。宋陈元靓《新编纂图增类群书类要事林广记》中《碁枰图式》载:"新来时尚,推碁(棋)搜象,黑白分为二向。"宋以前棋子只称白、黑,而无红、黑或黑、红之分。"雄吟斩将诗"明显是指象(戏)。这一首诗和白居易(772 年—846 年)的"可以接群居之欢"恰是互相呼应。

由于大批士大夫、文人对博弈的嗜好,中唐时期出现了博弈的集中娱乐场所——博弈家。"博弈家"类似今日之"棋社""棋馆",内设围棋、象戏、投壶、弹棋、双陆等各种游艺项目。因而白居易才发出了"何处春深好,春深博弈家"的赞扬。《和春深二十首》之一诗:

何处春深好,春深博弈家。一先争破眼,六聚斗成花。
兵冲象戏车,鼓应投壶马。弹棋局上事,最妙是长斜。

白居易《和春深》组诗作于大和三年（829 年），时在长安任刑部侍郎。"兵冲象戏车"是白居易吟咏象戏的名句，也是我国象棋在史籍中第四次出现的记载，与牛僧孺的《玄怪录》小说相辉映，为唐代的象戏形制起到了历史的佐证。

白居易和元稹、刘禹锡同是中唐时期著名的文人、亲密的诗友、象戏的爱好者，他们的作品都提到了象戏。而白妻是牛僧孺党重要人物杨颖士的妹子，牛僧孺乃中唐名相，知名的象戏改革家，第一个把象戏写进传奇小说的作家。他们之间特殊的人际关系，以及共同的嗜好，无疑为中唐时期象戏的发展和兴盛起到了推波助澜作用。

第三节　北宋时期的象棋

一、北宋时期的象棋争鸣

北宋（严格说来从唐末五代已开始，下限只到北宋晚期）是我国象棋百家争鸣、百花齐放的时期，我们把这个时期称为"象棋的争鸣期"。这个时期的新奇是形制上的竞争，有大象戏、小象戏、七国象戏、广象戏，还有稍晚的三象戏，竞争主要在大小象戏之间。

晁补之（1053 年—1110 年），字无咎，济北巨野人。就是他在青少年时迷恋，长大后又觉"意苦而狭"的流行象棋。《济北晁先生鸡肋集》卷三五《广象戏图序》有较详细记载：

> 象戏，戏兵也。黄帝之战，驱猛兽以为阵。象，兽之雄也，故戏兵而以象戏名之。余为儿时，无佗弄，见设局布棊为此戏者，纵横出奇，愕然莫测，以为小道可喜也。稍长，观诸家阵法，虽画地而守，规矩有截，而变化舒卷，出入无倪，其说益可喜，暇时因求所谓象戏者，欲按之以消永日。盖局纵横十一，棊三十四为两军耳，意苦而狭也。

这种大象戏棋盘纵横十一，棋子三十四枚，共有八个兵种，计每方有将、偏、裨各一枚，象、车、马、炮各二枚，卒六枚，每方十七枚子。比晁补之稍早的司马光（1019 年—1086 年）新创的《七国象戏》每方十七子，可为佐证。比晁补之稍晚的女词人李清照（1084 年—1155 年）在绍兴四年（1134 年）作的《打马图经序》中载："大小象戏、弈棋，又惟可容二人。"这种大象戏亦是晁补之见到的、迷恋的流行象戏。李清照少时为晁补之所赏识，象戏对李清照不无影响。北宋程颢的《象戏》

诗"大都博弈皆戏剧",北宋出现的棋谱即尹洙的《象戏格》(有注"识五图,令世所行者不与焉"),也都是指的大象戏,可见大象戏渊源久,资历老,上承牛僧孺所改革的象棋。

小象戏,就是现制象棋。即李清照《打马图经序》中提到的"小象戏"。《打马图经》附图里展现的北宋时期流行的现制象棋棋盘图(这个图是刘道平先生首先考证发现),小象戏盘纵九路、横十路,双方各有将一枚,卒五枚,车、马、炮、象各二枚,改偏、裨为士双方各二枚。小象戏出现较迟,至北宋即已一枝独秀。李清照《打马图经》里,绘制的打马、象棋两用盘选用了小象戏盘,而未选用大象戏盘,显示出小象戏的声势和深入人心。在古代交通不发达,交流不通畅的条件下,小象戏估计至少在百余年前即已产生,也就是可能产生于唐宋之交。

司马光(1019—1086),字君实,陕州夏县涑水乡人,历仕宋仁宗、英宗、神宗三朝。司马光采用十九路围棋局,把"惟可容二人"流行的大象戏扩大为七人对弈的"七国象戏"。明沈津《欣赏编》辛集《古局象棋图》对"七国象戏"的全面介绍:

> 七国象戏,用百有二十:周一,七国各十有七。周黄、秦白、楚赤、齐青、燕黑、韩丹、魏绿、赵紫,周居中央不动,诸侯亡得犯,秦居西方,韩、楚居南方,魏、齐居东方,燕、赵居北方。七国各有将(直、斜行无远近),一偏(直行无远近),一裨(斜行无远近。虽名象戏,而无象及车者,车即将及偏、裨所乘,象不可用于中国故也),一行人(直、斜无远近,不能役敌,故亦不能役),一炮(直行无远近,前隔一棋乃可击物,前无所隔及隔两棋以上则不可击),一弓(直、斜行四路),一弩(直、斜五路),二刀(斜行一路),四剑(直行一路),四骑(曲行四路,谓直一斜三)。

程颢(1032—1085),北宋哲学家。象戏诗:"车马尚存周战法,偏裨兼备汉官名。"前后呼应,相得益彰。

司马光在"一裨"下注"虽名象戏,而无象及车者,车即将及偏、裨所乘,象不可用于中国故也。"司马光为什么唯独在一裨后这样的解释? 因为宋时流行的象棋有车和象两个兵种,他既要在改制的"七国象戏"中汰去车和象,当然总得有一些理由。但这个理由近于迂腐。司马光"象不可用于中国"原委并非"象不产于我国",而是至北宋时,中国中原地带已无象,在象棋中设置象已失去了现实意义。司马光还在《七国象戏》中说:"凡欲戏者,所得之国则相之,在坐七人,则各相一国……其所与之国,惟相所择。"此"相"指下棋的人,代棋子出主谋的指挥者,由此可得出北宋时期的流行象棋根本无"相"这个兵种。在象棋中以"相"代替"象"至元代时才出现。

《七国象戏》有"将"各一枚,分署七国名:秦、楚、齐、燕、韩、赵、魏,亦属象戏赛制的需要。"行人"一枚,不能吃子,也不能被敌方子吃,只起到阻塞敌子的作用,与日本将棋"仲人"类似。"炮"的着法与现行象棋完全一致,看来《七国象戏》对流行象棋的炮未进行任何改制。"骑",即流行象棋的"马",着法与"马"相同,但"骑"每方四枚,比流行象棋每方"马"多两枚。"刀"和"剑"的着法:"刀"斜行一路。"剑"直行一路,正好是北宋时期流行象棋中"卒"着法的综合,可见"刀"和"剑"也就是"卒"的裂变。新增的"弓"和"弩",其实力和"刀""剑"实力差不多,所行路数多于"刀"和"剑"。

《七国象戏》在中国历史上没有起到多大实际作用及影响,史籍也未留下这类棋的记载,司马光死即烟消云散,几乎湮没。《七国象戏》手稿是司马光死后25年,被黄长睿在其孙家中发现,可见其影响程度之小。但毕竟《七国象戏》作为一部史料,从一个侧面间接地为我们提供了流行象棋的形制,功不可没。

广象戏,是晁补之(1053年—1110年)创制的一种象棋。晁补之感到时尚流行的大象戏"盖局纵横路十一,棊三十四为两军耳,意苦而狭也",棋盘不够广扩,兵马(棋子)太少不够过瘾,因此把纵横十一路的棋盘扩大为纵横十九路(即围棋盘),棊三十四枚增至九十八枚。《济北晁先生鸡肋集》卷三五《广象戏图序》记载了他着意新创的广象戏:

> 尝试以局纵横路十九,棊九十八广之,意少放焉。然按图置物,计步而使,终亦胶柱而已矣。而智者用之,则十九路之间尽强弱之形,九十八者之间尽死生之势,而十九、九十八之外,死生强弱可循环于无穷。饱食终日,得吾说而为之,则逐鹿之纵观就目前矣。元丰二年六月晁补之序。

广象戏除了留下晁补之本人作的这篇序外,其他史无记载,北宋时未见流行,以至失传。其九十八枚子面目如何? 每个兵种有几枚棋子? 布局伊始每方四十九枚子如何排列等等都使我们不得一知。无怪乎明胡应麟(1551年—1602年)《少室山房笔丛》卷六《丹铅新录》云:"晁无咎广象戏图亦各十九路,而棊用九十八。世但知温公七国,而晁戏绝无知者,因并识之。"广象戏绝非李清照《打马图经·序》里提到的大象戏。广象戏和大象戏泾渭分明,风马牛不相及。

广象戏的开局位置,据朱南铣先生推论,可能是靠近棋局中央每方最前一排

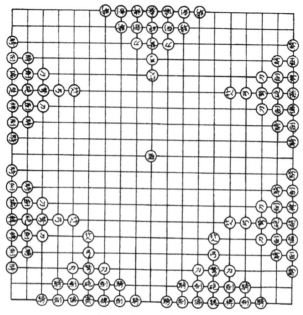

宋司马光《七国象戏》局

各一子,第二排各三子,第三排各五子,第四排各七子,第五排各九子,第六排各十一子,第七排即底线各十三子,棋局中央有缓冲地带五个交叉点,每方底线左右两端各空三个交叉点。按围棋盘的格式及《七国象戏》棋子的罗列推理,朱南铣先生推论似觉合理。

晁补之成年之后嫌弃流行象戏狭隘,意欲创造出一种奔放气势的象戏,将棋局由纵横十一路增至纵横十九路(即围棋盘),棋子由三十四枚增至九十八枚。但事与愿违,棋盘愈大,棋子愈多,愈不容易发展。晁补之、司马光辈没有顺应民心掌握适度的象棋形制,广象戏和《七国象戏》在历史的长河中只能是昙花一现。

二、北宋时期的象棋谱

北宋时期象棋谱至少有四种六卷之多。其中《樗蒲象戏格》三卷、尹洙《象戏格》一卷、司马光《七国象戏》一卷、晁补之《广象戏图》一卷。

《樗蒲象戏格》三卷已失传,仅留一书目,其历史价值不容忽视。南宋绍兴元年(1131年)编制的《秘书省续编到四库阙书目》,有佚名《樗蒲象戏格》三卷,著录在《尹朱象戏格》一卷之前。稍后的宋郑樵《通志·艺文略》同,在《象棋格》一卷(尹洙撰)、《广象戏格》一卷(晁补之撰)之前,列入"樗蒲"八种;明焦竑《国史经籍志》同:在《象戏格》一卷(尹洙)、《温公七国象棋》一卷、《广象戏格》一卷(晁补之)"之前，列入"樗蒲"十种。按宋罗浮外史《五木经·跋》载："古之言樗蒲者凡八：为经、为采名、为象戏格、为广象戏格、为樗蒲格……"故该三卷《樗蒲象戏格》实是象棋谱。《秘书省续编到四库阙书目》是我国现存的最古的书目，《樗蒲象戏格》是运用书目所能考出的最古的象棋谱。

尹洙（1001年—1047年）撰的《象戏格》，是我国象棋史上一部早期象棋专著，可惜也失传了。《秘书省续编到四库阙书目》中录作《尹朱象戏格》（"朱"当系"洙"之误）一卷。《郡斋读书志》卷十五录作"《象棊经》一卷。右皇朝尹洙撰。凡五图，今世所行者不与焉"。《通志》《国史经籍志》均录作《象戏格》一卷。《文献通考》据《郡斋读书志》之脱漏本而作《象棊》一卷。《象戏格》之异名有四种。

司马光（1019年—1086年）撰的《七国象戏》是我国存世最古的象棋专书。最早提到它的是黄长睿（1079年—1118年）《东观余论》卷下《跋温公新壶格、七国戏二书后》云："新壶格、七国戏二书，皆传自温公之孙樟文叔家，图本乃公手书，颇有黯改处，盖草定时本也。政和元年六月十七日黄某长睿父书。"南宋晁公武《郡斋读书志》录作"《温公七国象棊》一卷。右皇朝司马光君实撰。周、秦、韩、魏、赵、楚、齐、燕，八国而云七者，周室不与焉。"元马端临《文献通考·经籍考》、元陶宗仪《说郛》录作同上，明沈津《欣赏编》则题为《古局象棋图》，明高儒《百川书志》、徐渤《红雨楼书目》、祁承爜《澹生堂书目》等均录作"古局象棋图一卷"。

晁补之（1053年—1110年）撰的《广象戏图》也失传，仅存《广象戏图》自序一篇，是论定北宋流行象棋棋盘路数和棋子枚数的关键文献。《济北晁先生鸡肋集》（《四部丛刊》本）卷第三十五，称《广象戏图序》，在《通志》《文献通考》和《国史经籍志》中的均录作《广象戏格》，明陈第《世善堂藏书目》则录作《广象势图》。晁无咎没有适时掌握象戏的发展规律，顺应弈棋者的心理，广象戏连同《广象戏图》即很快湮没不传于世。为此明末胡应麟在《少室山房笔丛》发出了"世但知温公七国，而晁戏绝无知者"的叹语。

三、北宋时期的象戏诗

梅尧臣《象戏》诗

象戏本从棋局争，后宫龟背等人情。今闻儒者饱无事，亦学妇人闲斗明。

堂上有奇谁可胜，樽中赌酒令方行。直驱猛兽如寻邑，何似升平不用兵。

译诗：

象棋本来就是棋盘上争斗的游戏，唐代时后宫的龟背戏就已十分盛行。

如今的士大夫们酒足饭饱无所事事，也仿效唐朝那些宫女们运智棋枰。

比赛中谁有新招便能出奇制胜,于是酒令即行赏罚分明。

对方正象王寻王邑那样直驱猛兽,你又何必高枕而卧不肯用兵。

　　梅尧臣(1002年—1060年),北宋文学家,字圣鲁,宣城(今安徽宣城)人。赐进士出身,为国子监直讲,累迁尚书都官员外郎。任河南主簿时,与欧阳修为同僚,切磋诗文,推动了古文运动。欧阳修评其诗:"覃思精致,以深远闲淡为意。"因与苏舜钦齐名,人称"苏梅"。有《宛陵先生文集》。

　　《象戏》这首诗约作于嘉祐四年(1059年)春开封任上。在象棋方面为我们揭示了三个问题:一、"象戏本从棊局争",无疑象棋是在棋局(棋盘)上争斗的。二、"堂上有奇谁可胜",谈到了一个象棋理论。《老子》载:"以正治国,以奇用兵";《孙子·势》曰"战势不过奇正,奇正之变,不可胜穷也。"行兵之法,有奇有正,参而用之,方能制胜。比赛时谁善于出奇谁就有获胜的机会。三、"直驱猛兽如寻邑"一句,则揭示了象戏形制有"象"棋子。《后汉书》卷一上《光武帝纪》载:"遣大司徒王寻、大司空王邑将兵百万……又驱诸猛兽虎、豹、犀、象之属,以助威武。"诗中的"猛兽"实指"象",南宋刘克庄《象弈一首呈叶潜仲》诗有"昆阳以象奔"句,所用的典故跟梅诗完全一样,前后呼应,脉络相承。

　　至于"今闻儒者饱无事",及"罇中赌酒令方行"二句,则从一个侧面反映象戏在北宋士大夫阶层的流行。这些士大夫们酒足饭饱以棋消遣,在宴会上玩棋行酒令,使象戏充当了遣兴娱宾的助欢工具。这样的特定环境,从而也促进了象棋的发展。

程颢《象戏》诗

大都博弈皆戏剧,象戏翻能学用兵。车马尚存周战法,偏裨兼备汉官名。
中军八面将军重,河外尖斜步卒轻。却凭纹楸聊自笑,雄如刘项亦闲争。

译诗:

　　大多数的博弈都近似于一种游戏,只有象戏能够学到如何用兵。

　　象戏的行车跃马保存着周朝的战法,偏裨两枚棋子仍沿用汉朝的官名。

　　位于九宫中央的将可谓八面威风,连过河的卒子也能轻快地斜尖、直行。

　　看着棋盘上的争斗厮杀不由令人发笑,当年刘项的激战也不过是一场闲争。

　　程颢(1032年—1085年),北宋哲学家。字伯淳,河南(今河南洛阳)人,嘉祐进士。熙宁初,由吕公著荐为太子中允、监察御史里行。与弟程颐的著作经后人辑录收入《河南二程全书》。

程颢的《象戏》诗不愧为一篇北宋象棋史。短短八句五十六字就为我们展示了流行象棋有车、马、偏、裨、将、卒六个兵种,以及河界、将和卒的着法等诸多信息。

"车马尚存周战法"一句,即象戏局设置了车、马二子,保存了周朝的车骑战法,寓意车、马在象戏中威力强大。"偏裨兼备汉官名"一句,可证棋局中除车、马外,实有偏、裨二子保留汉朝的官名。《汉书·王莽传》载:"莽见四方盗贼多,复欲厌之,又下书曰:'予之皇初祖考黄帝定天下,将兵为上将军,建华盖,立斗献,内设大将,外置大司马五人,大将军二十五人,偏将军百二十五人,裨将军千二百五十人……'……赐诸州牧号为大将军,郡卒正、连帅、大尹为偏将军,属令长裨将军,县宰为校尉。"

据此,偏系偏将军的略称,仅次于大将军;裨系裨将军的略称,又次于偏将军。偏、裨二子亦程颢所玩的象戏,即大象戏所固有的棋子,非用以泛称后来定型象棋的士和象,因为梅尧臣诗已证明北宋流行象棋(大象戏)有"象"这一兵种。小象戏(即现制象棋)的"士"有可能是"偏""裨"二子演变来的。

"中军八面将军重"一句,指将位于九宫之中央,可以直、横或斜行一步。棋局上没有九宫,将没有位于九宫之中央,就不能八面。朝鲜象棋,将在九宫内除直或横行一步外,士的着法还可斜行一步,未开局前将布列在九宫中央,开局后把将移到底线。朝鲜象棋和北宋的流行象棋如一脉相承。北宋流行象棋将的着法和未开局的位置显然与现制象棋不同。

"河外尖斜步卒轻"一句,可看出该象戏已有河界,卒过河可斜行一尖角。"雄如刘项亦闲争"一句,刘项争亦即"楚汉相争"。秦末,刘邦、项羽在成皋(今河南荥阳、汜水)一带争夺相当激烈,公元前 203 年,刘邦出兵击楚,项羽粮缺兵乏,提出"中分天下,割鸿沟以西为汉,以东为楚"。至今,在河南荥阳县广武山上,还保留着两座遥遥相对的古城遗址,西边一座叫汉王城,东边一座叫霸王城,传说分别为刘邦、项羽所筑。因为象棋的激烈争斗,又最能象征"楚汉战争",所以就用"楚河汉界"作为棋盘上的河界。程诗在尾句借题发挥,以雄杰刘邦、项羽之争不过是闲争而已,以事寓棋,以棋喻世,其理学思想可见一斑。象棋有河界的记载始见于程颢《象戏》诗。

北宋王安石有棋诗绝句一首:"莫将戏事扰其情,且可随缘道我赢。战罢两奁收黑红,一枰何处有亏成。"把下棋作为一种消遣活动。

　　我国是世界四大文明古国之一，中华民族优秀的传统文化对世界产生过相当的影响。从象棋的传播就可以看到，我国邻邦受到深远的影响。

　　日本是我国一衣带水的邻邦，日本的将棋就是从我国的象戏传入后演变而定型的。日本人在《将棋独稽古·序》中说："将棋者，我邦知兵者，效彼邦象戏而创制焉。"象棋究竟什么时候传入日本？日本人称我国象戏自唐代传入东瀛，由遣唐使将象戏带回本国，有一定道理。唐代，日本曾派遣唐使多达十九次，有的日本留学生留唐数十年，把中国的象戏带回日本大有可能。但缺乏直接的证据。

　　据日本的《二中历·博棋历》载："将棋，一作孚骑。玉将八方得自由，金将不行下二目，银将不行左右下，桂马前角超一目，香车先方任意行，步兵一方不他行，入敌三目皆成金。"并称将棋是平安时代（794年—1192年）所作。然而，日本有关将棋的文献记载始见于宝卿《言台记》康治元年（1142年）九月十二日辛丑条："参政院于御前与师仲朝臣指大将棋余员。"指源师伸和藤原赖长在近卫院对局，所下的是大将棋。因将棋早于大将棋，中国的象戏大约在北宋时传入日本。（附日本将棋图）

日本将棋图

"将棋"之"玉将"可行八向(横直四斜)行一步,和中国北宋流行的大象戏着法完全一致。其他如"桂马"行日步、"香车"直行、"步"可向前行一步,但这三个兵种只可向前行,不得横行、后退。和北宋流行象棋比较,形制上似有取舍。

与我国接壤的朝鲜,其古高丽象棋局与我国现制象棋局极其相似,唯没有河界,将置九宫之中央。古高丽象棋局似北宋方兴未艾的小象戏和流行的大象戏两者的结合物,在小象戏的基础上参考了大象戏将置于九宫中央的形制。(附古高丽象棋局图)

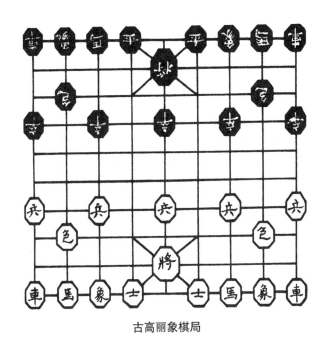

古高丽象棋局

仔细考察可以发现,古高丽象棋局和我国北宋象棋还有着相似的渊源。棋子的形体大小不一致,其中将大于其他棋子。中国历史博物馆馆藏四副完整的北宋铜质象棋子,其中一副将也是大于其他子,经测量两枚将的直径为三十二毫米,其他三十枚棋子直径均为二十二毫米。开封出土的一批北宋铜质象棋子,将也是大于其他棋子,直径为三十一毫米;其他二十至三十毫米,最小者仅十一毫米,尺寸大小不等。将大于其他棋子,即封建社会等级观念"唯将(王)独尊"在象棋中的反映。出土的北宋末年以后的棋子,未再见到有大小之别。

朝鲜象棋的棋子是八角形,未下棋前马、象的位置可以互调。走法:"将"在九宫内任何线行一步。"士"的走法与将同。"象"直或横行一步再行田字步,因无河界,象可深入对方攻杀敌子。"车"直横行,但不得越九宫。"马"行日字步。"炮"直横行并可越过一子行走,隔子吃子与中国现制象棋同;但炮不能去炮,亦不能隔子打子及照将。"卒"直横行一步,进入对方九宫并能斜行一步。

朝鲜象棋的着法看起来与北宋象棋着法大相径庭,但朝鲜象棋每种棋子无不留下北宋象棋渊源的基因。其基本形制如棋盘纵十路、横九路,棋子布在交叉点上,有九宫,将居九宫中央等方面更是北宋象棋遗制的保留。

泰国象棋似乎是唐末或北宋初的产物,棋子名目接近中国及日本。棋子的名称及走法:Khun(官爵名,略同男爵,即公、侯、伯、子、男的第五等爵位)可八向(四方及四斜角)行一步,唯首着可走马步。met(有偏裨之义,低级官吏名)可四向(斜角)行一步。Khon(亦低官名)可五向(四斜及直前)行一步。ma(马)行日字步。ma(船)行车步。dia(贝壳)直前行一步,斜食子。

泰国棋三只主要子都用官吏名称,而不用王,与中国只用"将""士"和日本只用"将"相类似。棋子"ma"完全是汉字"马"的音译。以最低值的货币贝壳,代替小卒,寓意妥当。

缅甸的象棋与北宋的象棋也有相似的成分,其名称和着法:min-gy(五)行八向,限一步。six-Ke(士)行四向(斜角)限一步。sin(象)行五向(四斜角及直前)限一步。myin(马)行日字步。yattah(车)直、横任意行走。ne(卒)向前行一步,斜行食子。

《新唐书》载之"骠国",即缅甸。至十一世纪时建都蒲甘,缅族自古与云南有着密切的文化关系,缅甸棋无不受到中国文化的影响,观其名称,一目了然。

宋朱彧《萍洲可谈》则记述了外国商人在我国广州下棋的见闻:"广州番坊,海外诸国人聚居……见番人赌象棋,并无车马之制,只以象牙、犀角、沉檀香数块于棋局,两两相移,亦自有节度胜败,予以戏事,未尝问也。"两人一对,相互在棋局上移动着以牙角香木代替车马的立体棋子,胜负之间自有一套规定。至于什么节度,棋局什么样,不得而知。但北宋地理学家朱彧毕竟记载了外国商人在中国下棋的历史。

北宋仁宗时,象棋高手李戡吓走契丹挑战者趣闻,南宋祝穆《方舆胜览》记载:"昌元县南有老鸦山,有李戡、李燚兄弟善棋。会房索棋战于国朝;诏求天下善弈者,蜀帅以戡应诏,房望风知畏,不敢措手。"

皇祐五年(1053年)李戡中进士及弟,文彦博(1006年—1097年)有《赠李戡》一诗:"昌元建邑几经春,百里封疆秀气新。鸭子池边登第客,老鸦山下着棋人。"能得文丞相的赞誉,其象棋名声肯定不小。

宋宇文懋昭《大金国志·熙宗孝成皇帝四》载:"熙宗自为童时聪悟,适诸父南征中原,得燕人韩昉及中国儒士教之,后转赋诗染翰,雅歌儒服,分茶焚香,弈棋象戏,尽失女真故态矣。"

金熙宗完颜亶(1119年—1147年),天会十三年(1135年)登帝位。自小得到辽臣韩昉及中国儒士(宋朝儒士)的教化,学会了包括象戏在内的各种伎艺,汉化得没有一点女真族故有的形态。韩昉(1082年—1149年),字公美,燕京(今北京)人,辽天庆进士,累迁少府少监、乾文阁。

五、国际象棋的源头

象棋这名词,在公元前约300年的屈原《楚辞·招魂》中就有"菎蔽象棋"一词,公元569年周武帝制《象经》成,这就是世界上最早的象棋棋谱。

而国际象棋,在欧洲最早见于1497年出版的西班牙人柳谢内的一篇论文,1512年在罗马才有特米亚的有关作品问世。国际象棋棋谱都是16世纪以后的。就棋谱而言,象棋比国际象棋早了一千年。在漫长的一千年中,自然会影响到国外去。

国际象棋与象棋各子的走法也基本一样。车直行,马跳日,象走斜。因为唐朝以后的一千多年间,中国社会在封建轨道上延续,符合极权礼制形式的帅、将,只能在九宫中端坐,士、相在两旁护卫,不能远离。

而象棋传到西方,改造成符合他们性格的走法,如各子无界限,马不别腿等,使之更加灵活,有战斗力。这种走法,其实和一千多年以前象棋的走法一样。如唐朝宝应象棋中的"王"比现在的帅(将)自由得多了,没有九宫的限制,有危险时可单马南逃。

更有意思的是兵(卒)的走法也是直行斜食,我们可以从北宋著名理学家程颢《象戏》诗中证明这一点。

> 大都博弈皆戏剧,象戏翻能学用兵。车马尚存周战法,偏裨兼备汉官名。
> 中军八面将军重,河外尖斜步卒轻。却凭纹楸聊自笑,雄如刘项亦闲争。

诗中第三句,说明了棋子有关走法,"中军八面将军重",即棋子中重要的是"王",它可以向八个方向行动,但只能走一步。司马光创制的七国象棋也说明了这一点,"将直斜行无远近","偏直行无远近","裨斜行无远近"。国际象棋的"王""象"的走法都与此相同。

卒的走法是直行斜食子,"河外尖斜步卒轻"诗意是小卒过了河可以斜吃子,但只能走一步,所谓步卒轻就是这个意思。

北宋蔡伸(1088年—1156年)也有《临江仙》一首咏象戏,词中有一句"隔打直行尖曲路,教人费尽机关"。这句讲的都是各子的走法,讲得非常精练。隔打指炮吃子法,直行指车、炮,曲路指马,那尖是什么呢?作者是借用了围棋上的名词,"尖"是在原子的旁边斜方向投一子为"尖",在象棋上应该是卒、士、象。现在已经清楚了,国际象棋各子的走法与中国古象棋相当近似,我们倒要感谢国际象棋遗存了象棋的古老走法。

象棋是一种娱乐工具,体积小巧,便于携带,在中外文化交流中无疑是一种很好的传播工具。

公元前中国就开通了丝绸之路,到达里海一带。明朝(1389年)绘制的《大明混一图》说明了在600多年前中国人不但到达了非洲,并且对非洲有所了解和研究。欧洲人约在100年后才发现非洲;巧合的是14世纪末,西方才出现象棋,这与东、西方文化接触的时间是一致的。

国家对外交人员要求很高,要多才多艺,要会下棋。如11世纪喀拉汗朝杰出的文学家优素甫——哈斯·哈吉甫在《福乐智慧》三十三章《贤明论应派什么人做使节》中写明"……使节还应具备各种品德才能……围棋、象棋要精,能击败对手,大获全胜"(《中国象棋史》)。从这段史诗可以看出,象棋传到外国,直至西欧,这是中外文化交流的必然结果。

至今,蒙古、缅甸的象棋多少还保留着唐朝象棋的形式。(见图)

象棋有较多的历史文物,至今印度中亚尚未有说明问题的文物。即使是轰动一时的1973年在前苏联乌兹别克加盟共和国靠近阿富汗和我国新疆的中印古道上,发掘出大约公元二世纪时期的两枚形似棋子的象牙雕象,也是装在中国陶罐里的(《简明国际象棋》),很可能是象棋传播出去的遗物。

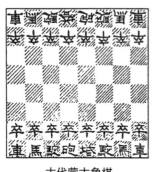

古代蒙古象棋

我国象棋有大量的历史文物见证。有1972年在河南灵宝出土东汉墓中发掘出一套绿釉博棋陶俑;有北宋宋徽宗瘦金体书法写的"象"字铜质棋子;1973年8月又在福建泉州湾一艘沉没的海船里发现了在几个船舱中有不同规格的木制象棋子多副。泉州是我国南洋诸国及阿拉伯和非洲诸国通商的重要港口,古人曾有"风樯鳞集""涨潮声中万国商"的赞语,号称"海上丝绸之路"。象棋传播到海外,是频繁交流活动的必然结果。

以上的翔实资料充分证明国际象棋源头在中国,有关国际友人也承认。李约瑟博士在其辉煌巨著《中国科学技术史》中说:"只有在中国,阴阳理论盛行促使了象棋雏形的产生⋯⋯继而发展成为带有军事含义的一种游戏。"前苏联科学院切列夫考博士,1984 年在《苏联棋弈》上发表文章说:"国际象棋棋子分为白和黑的以及它们所有可能的组合在 64 格的棋盘上,这不是偶然的,看来是源于公元前四世纪中国古典经籍《易经》的各种象征。"

六、有关"中国八八象棋"

近年来,中国八八象棋的声浪,弥漫了象棋界。所谓中国八八象棋,是指从早期经隋唐直到北宋初年,我国的象棋盘是 8×8 的黑白格相间款式,这个款式和现制国际象棋盘正相同。持这个论调的中心人物是李松福先生,他在《象棋史话》里,竭力鼓吹。

1981 年出版的《象棋史话》第三章题为《魏、晋、南北朝时期的象棋》,缀以副题《中国八八象棋的出现》;第四章题为《隋唐时期的象棋》,缀以副题《中国八八象棋的发展》他把整整两章十节、约一万五千字、纵跨八个王朝的篇幅,都笼罩在八八象棋之下。但论证八八象棋的文字却仅有一节《象棋在唐代被列为四大艺术之一》,其论据也仅仅有一条。作者写道:"琴、棋、书、画是我国的四大艺术,其中'棋'一般都以围棋为代表。但也有例外,在北宋初的古锦上至今尚存'四大艺术图案',其中棋的图案不是围棋,而是八八象棋盘,它与现代的国际象棋盘一模一样。"该书这一节的插图就是苏州织的古锦图案(见《象棋史话》页 44)。据该书注释,此图名为《琴棋书画锦》,选自王端的《古锦图案集》,白锦川的《中国美术史略》里的"古锦中琴棋书画的纹样"相同。

继李松福之后,不少的文章也据上述古锦图案,谈论八八象棋在古代中国的存在。例如张如安先生的《中国象棋史》强调"唐代象棋和国际象棋在形制上惊人的相似"。

20 世纪 80 年代之初,我对上述八八象棋盘就疑虑重重。我认为要论定它是否八八象棋盘,必须结合北宋以前的象棋形制全面探索,而不能仅仅凭一幅本无文字说明的古锦。我所考虑到的几个问题,分述如下。

第一,古锦图案产生以前(北宋初以前),谈到"棋"一般都指围棋,象棋则被称做"象戏"。前者的例子不胜枚举:在诗题上显现的如刘禹锡的《观棋歌送儇师西游》,在诗句中显现的如杜甫的"老妻画纸五棋局",都指围棋。后者的事例亦多。例如北周武帝在天和四年(569 年)所主持完成的,定名象戏。再如唐太宗读不懂北周武帝的三局象戏而向博学的吕才询问的,也是象戏。又如牛僧孺的小说《岑顺》里所写夜梦棋子两军激战的,篇中屡称象戏。更如白居易著名组诗《和春深》有诗句"兵冲象戏车"。此外,在上述古锦图案产生的北宋,仍都只称象戏。两部最古佚谱,一部是《樗蒲象戏格》,另一部是尹洙的《象戏格》。两首最早的象棋诗,一首梅尧臣作,一首程颢作,诗题却都是《象戏》。从以上论证看,既称为"琴棋书画锦",其中的棋应该指围棋。

第二,北宋初年以前,史料里从无八八象棋。北宋的各种象戏,又都与八八象棋毫无关涉。从北周到隋唐,我国象棋还在童年期,史实寥若晨星。上述的从北周武帝象戏到白乐天的"兵冲象戏车",再加上元朝僧念常在《佛祖历代通载》中关于牛僧孺给象棋加炮的记载,就构成了先宋象棋的已知全貌。其中根本没有八八象棋及其线索。至于北宋流行的象戏,则是女词人李清照在《打马图序》里所谓大象戏和小象戏(见刘道平《现制中国象棋盘考》,载 1961 年《象棋》10 月号)。大象戏"纵横路十一",小象戏就是纵九横十的现制象棋。此外,北宋还有两种改良象戏。其中司马光的七国象戏需要七人对局,晁补之的广象戏棋盘如围棋盘的纵横十九道。可见,无论北宋象戏的主流与变形,均无八八象棋任何踪影。

第三,北宋初年以前,围棋即远远盛于象棋,列入四大艺术的当时只能是围棋。我们且不说围棋可上溯到先秦,仅就唐代来说,名手辈出。王积薪夜宿山村闻婆媳蒙目围棋的故事,顾师言以"镇神头"击败日本王子的故事等,流风余韵,熏人欲醉。唐朝已有围棋棋待诏,是备皇帝顾问的围棋最高手,王积薪、顾师言都是棋待诏。以上两则故事,已足以显示唐代从宫廷到民间,围棋的兴盛如日丽中天。象棋则正如前述,尚在童年。从唐太宗召吕才询问象戏,经约一百二十年才有宝应象戏。从宝应象戏的发生到作者牛僧孺的撰写,又约近八十年。也就是说在长达二百年间,仅有几则点点滴滴的史实流传下来。我们至今甚至连唐代象戏的形制也不完全掌握。所以说,当时象棋和围棋还不能相提并论(当然,象棋亦有足以和围棋抗衡、比美以至于超越的阶段),进入所谓宋初四大艺术织锦的,只能是围棋。

《事林广记》后至元本《棋枰图式》下面有一《小令一首》:"新来时尚,推碁拽象,黑白分为二向。"在南宋象棋盛况超越围棋的情况下,仍以"棋"指围棋,可见

"棋"泛指围棋由来已久。

当时,我很想和李松福讨论此问题。1983年5月,国家体委在京召开中国象棋推广会议,松福和我都在名单上。到京成立了中国象棋推广小组,我被宣布为组长,松福却不幸住院而且病危。我们赴医院探视时只能在一定距离之外遥望,讨论学术竟失之交臂。

1984年、1985年,在国际赛和全国赛上有机会和棋界人士讨论棋史时,我总是力辩八八象棋之无。这两年中,我转而研究织锦棋图本身,进一步充实了论据。的确,只有全面考察棋史并结合研究古锦棋图,才能彻底消除中国八八象棋的幻觉,才能证实古锦棋图上的是围棋。

问题显然集中在:古锦棋图是黑白格相间,现制国际象棋盘也是黑白格相间;古锦棋图是8×8,现制国际象棋盘也是8×8。松福等人是由国际象棋盘推论古锦棋图是中国八八象棋的。我的回答是:北宋初年,亦即公元1000年前后,流传于亚洲、欧洲的国际象棋盘并非黑白相间,而是单一色。从国际象棋史上看,棋盘呈黑白格相间,要迟到十三世纪。所以说,织锦棋图和当时的国际象棋盘毫无关涉,不能以彼此例。至于古锦棋图的8×8,我推测是截取了盛行的围棋棋盘的一部分。因为限于古锦图案的幅度,如果把围棋盘的19×19搬上古锦,则方格太小、局道过细,和古锦上的琴图、书图、画图的比例太不协调,而且难以使人感到是棋盘。截取8×8,则棋格、局道的构图,显示与其他三大艺术图案的比例适当。再说,我国古代尚八,八卦、八元、八正、八柱、八风、八骏以至八阵图,所以舍七、九而取八。还有,棋格改为黑白相间,也关系到织锦图案的美观。锦上单色局道,显得单薄,与琴图、书图、画图的格调不谐调,而黑白格的明暗,则显得图形浑厚。

1986年9月,国家体委在京召开象棋史编写会议。贾题韬、陈松顺、屠景明诸老,委托我所草拟的中国象棋史提纲,根本不涉及八八象棋。这个提纲获得编写组的一致通过。会议期间,屠(景明)老赠送我一本他编的、刚刚由上海辞书出版社出版的《中国象棋词典》。这词典达一千余条,也不涉及中国八八象棋。可见,严肃的象棋工作者决不轻于听信。

1995年5月,象棋史编写会议在中国棋院召开。6月2日,我到中国书店访书,看到了周谷城主编的,吴淑生、田自秉编著的《中国染织史》。其中几十幅织锦里有一幅明代"龙凤棋格锦",满布着黑白相间的棋格。明代早已是现制象棋的天下,绝无"中国八八象棋"的神话。所以,这幅"龙凤棋格锦"的棋只能是围棋,黑白格相间只能是追求美观,从而证明宋初织锦棋图的黑白相间,也是追求图案美观。而且这幅满布黑白格的织锦,说明在大面积图案里,可以无限连续。在那幅有限的四大艺术图案里,才是8×8。

总之,从研究棋史看来,从研究所谓宋初古锦棋图本身看来,那幅所谓北宋织锦棋图是围棋盘,而不是中国八八象棋盘。也许还有人抱住古锦棋图和国际象棋盘的"惊人相似""一模一样"不放,我想再询问一句就够了:既然八八象棋已兴盛到足以超越围棋而进入四大艺术,那么为什么后来毫无影响呢? 为什么棋话、棋谱、诗文、笔记、纺织图案上没有任何踪影呢?

所以说,中国八八象棋是既无来龙、也无去脉,是根本不存在的幻觉。

点评"'八八象棋'辩谬"

颜下里先生2015年3月在《体育与科学》第36卷第2期发表的"八八象棋"辩谬一文,从丝绸织锦的源头考证出:李松福先生编写的《象棋史话》一书中"唐宋间"或"北宋初"的琴棋书画锦("棋"被称为"八八象棋盘,它与现代的国际象棋盘一模一样"的棋图)和张如安先生在其专著《中国象棋史》中认可、照录,强调"唐代象棋和国际象棋在形制上惊人的相似"的该幅锦,"实为清代之物"。可喜可贺,有一定史学价值和贡献。

颜先生在《结论》言明:"在清末的琴棋书画锦上织造的国际象棋盘,三十余年来一直被人误作中国'唐宋间'或'北宋初'的中国象棋盘介绍,并将使用这一棋盘的象棋定名为'八八象棋'。……棋史学界对这一失误的厘正讹谬,传信存真,现在已经是时候了。"

看来颜先生没有看到,或者不便提及刘道平老师1995年(时为中国象棋史编写小组召集人)在期刊《棋海新友》第8期发表的"中国八八象棋商榷"一文。

中国古代四大艺术中的"棋"究竟是哪一种棋呢?

我国从先秦至汉唐称"棋"皆指围棋,这是一个不争的事实。南宋陈元靓编的《新编纂图增类群书类要事林广记》(原本已不可见)后至元本《棋评图式》下面有一《小令一首》"新来时尚,推碁拽象,黑白分为二向。"在南宋象棋盛况超越围棋的情况下,仍以"棋"指围棋,可见"棋"泛指围棋由来已久。

据明《永乐大典》抄本,棋字韵占二十三卷,其中围棋二十二卷,弹棋、象棋为一卷,正是贵弈贱象的实录。至于象棋的鼎盛期,从明代嘉靖(1522年)到清代嘉庆(1820年),这三百年为象棋发展的辉煌时代;但其发展势头在民间,象棋被贬为"贩夫走卒"之物,其经济地位不可能与受到达官贵人、土族名流青睐的围棋相比,不可能入列中国古代四大艺术。至于其他棋种则根本不靠谱,中国古代四大艺术中的"棋"只能是围棋。

琴棋书画锦中的8×8格黑白格相间的"棋盘"究竟是围棋盘。还是国际象棋盘?

颜先生认为:"至于琴棋书画锦上的'八八象棋盘'的可能来源有三:一是清代某人或某一种社会群体出于对现世某一本土棋戏的偏爱而在琴棋书画锦中织出其棋盘,藉以托情于物;二是清代某人或某一社会群体因怀旧而再现其所喜好的某一历史棋戏的棋盘,以发思古之幽情。"说得真好,正是藉于以上两种原因,织锦者才会织出历史最悠久、影响最广泛、文人最青睐,以"发思古之幽情"的围棋盘,以和琴、书、画图相匹配,绝不是什么"八八象棋盘"。

颜先生认为:"第三种可能的来源是'他者',即域外其他地域、国家、民族某时代的某棋戏曾使用的棋盘。"并言明:"那琴棋书画锦上的'八八象棋盘'就只能是国际象棋的棋盘了,而织锦上的棋盘所代表的棋戏也因之而只能是国际象棋。"不能以彼例此,试想把19×19道的围棋盘搬上织锦图,则方格太小,局道过细,和织锦上的琴图、书图、画图的比例大小不协调。而且使人难以感到是棋盘,所以织锦者截取了围棋盘一部分。

从琴棋书画织锦图的图案看,琴图是一张古筝,书图是一套线装古籍及(或)两幅卷轴,画图是一幅国画及(或)两幅卷轴,全是具有中国古代特色的艺术品。假如织锦者给这幅琴棋书画织锦图放进一幅——即颜先生认定的舶来品国际象棋的棋盘,还称得上是中国古代四大艺术吗? 所以琴棋书画织锦里的"棋"只能是围棋的棋盘。

第三章　象棋的定型与发展

　　现制象棋有确凿的证据，证明在北宋晚期已经定型，距今已有一千年以上的历史。北宋末年，由于宋徽宗倡导象棋，臣民喜爱象棋，初步奠定了象棋发展的趋势。再过几十年，至南宋政权相对稳定以后，使象棋有了一个发展的环境，形成了象棋史上的第一个高潮。在民间，象棋"家喻户晓"，帝王家更是提倡象棋，并设立了象棋待诏。而且象棋待诏的人数还超过了围棋待诏的人数。从词令中反映出"新来时尚"，是推开围棋，拽来象棋，显示了南宋象棋盛况超越围棋。

　　南宋时，歌咏象棋的诗词，喜爱象棋的名人，比比皆是。总结指导象棋艺术的理论著作、象棋谱也随之诞生。

第一节　现制象棋的定型

一、小象戏一枝独秀

　　北宋末年女词人李清照(1084 年—1155 年)于绍兴四年(1134 年)作《打马图经序》中历数了宋代的诸种博弈戏具。她说：

　　　　"……且长行、叶子、博塞、弹棋，世无传者；……大小象戏、奕棋，又惟可容二人……"

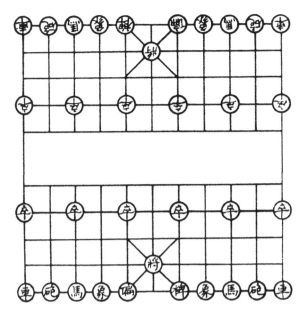

朱南铣拟北宋大象戏局

根据这一段论述,我们得以明白北宋流行的象戏是分大小两种,此外,虽然还有两种,但均系创制于文人之手而不甚流行的象戏(一种是北宋司马光所作的"七国象戏",另一种是北宋晁补之所作的"广象戏",谱名《广象戏图》)。

李清照所谓的大小两种象戏,是以棋盘纵横局道的多少分别的。"盖局纵横十一"(见《广象戏图序》)的是大象戏,纵九路、横十路的是小象戏。(附朱南铣先生所拟大象戏图)

大象戏渊源久远,北宋梅尧臣诗、程颢诗及北宋出现的棋谱即尹洙的《象戏格》(有注"凡五图,今世所行者不与焉"),所指的都是大象戏。小象戏有可能产生于唐宋之交,初不为士大夫、文人所重视,尚在民间流传。李清照所指的大小象戏,或许还包含着等级概念,即士大夫、达官贵人玩的象戏所谓之大象戏,平民百姓玩的象戏谓之小象戏。

宋王朝实行的也是自秦以来的专制的中央集权制。北宋的象戏(包括大、小象戏)迎合了统治者的心理,对唐代象戏进行了改革,加进了九宫、河界,赋予将(王)登"九五"、一统

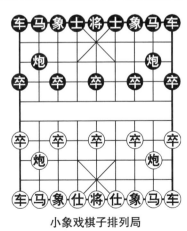

小象戏棋子排列局

江山、唯我独尊、至高无上的极权,适合宋代专制的中央集权制的需要,因而能为北宋统治者及上层人士所接受。(附小象戏图)

小象戏由于棋盘局道紧缩为纵九路、横十路,河界仅占棋局一格;较之"盖局纵横路十一",河界占棋局二格的大象戏,局道更紧凑,格局更集中。小象戏各子的走法亦作了相应的改进(如卒过河斜行改为可直、横行一步),总之艺术性强。小象戏本来就受到人民大众的喜爱,又顺应了社会之潮流,终于在北宋后期占了压倒优势,并逐渐取代了大象戏,发展成为一枝独秀的现制象棋。

二、宋徽宗热爱象棋

宋徽宗赵佶(1082 年—1135 年)在治理朝纲上,确实是一位昏庸的皇帝,然而他深通百艺,琴、棋、书、画,样样在行,又是一位名副其实的才子。宋徽宗热爱象棋,御制的《宣和宫词》中就有咏象戏的诗:

> 白檀象戏小盘平,牙子金书字更明。
>
> 夜静倚窗辉绛膰,玉容相对煖移声。

译诗

白檀香木制作的平整的象棋盘,金粉涂写的象牙棋子,字迹格外分明。

夜深人静绮窗点着大红蜡烛,只有宫娥们温柔的棋子移动声。

直秘阁周彦质《宫词》也写"象戏宫娥共雅欢,团团犀玉布牙盘"。都反映出宋宫廷宫娥普遍喜好象戏及象戏棋具的高贵。这与宋徽宗的倡导象棋分不开。他还用独创的瘦金体亲笔书写象棋子,其真迹遗留在当时铸造的铜质象棋子中。

靖康二年(1127 年),宋徽宗和后妃等被金掳渡过黄河北去的途中,其中有一个韦妃(1080 年—1159 年)即康王赵构的生母,还用象棋来占卜,昭应康王即位。据当时随行的臣子曹勋(1098 年—1174 年)所撰的《北狩见闻录》记载:

"臣扈从时,太后未知主上即位,尝用象戏局子,裹以黄罗,书康王字,贴于将上,焚香祷曰:今三十子俱掷于局,若康王字入九宫者,主上必得天位。一掷,其将果入九宫,他子皆不近。太后手加额,甚喜。臣下拜,即奏。徽上大喜,复令谓太后曰:'瑞卜昭应异常,便可放心,卿等可贺我!'臣等皆再拜。太后因以此子代将,不易。"

《北狩见闻录》叙述靖康二年二月七日随从徽宗入金营以后事。后来徽宗密嘱携带信物寻访康王,曹勋逃归南方,书成于建炎二年(1128 年)七月初,所记经过当属实情。关于棋子的数量,有几种版本均作"今三十子俱掷于局"。但曹勋同时人的记载则不然。王明清(1127 年—?)在绍熙四年(1193 年)作的《挥麈后录》卷二《高宗兴王符瑞》条,曾提起曹勋亲自对他讲的话,作"今三十二子俱掷于局"。残存《永乐大典》卷一九七八二局字韵引《北盟录》亦作"今三十二子俱掷于局"。

此外,还有一个有力的佐证:宋高宗为了要说明他做南宋第一任皇帝是"瑞卜昭应异常",特地命令画院待诏萧照画了十二幅《中兴瑞应图》,亦名《祯应图》或《圣应图》。曹勋为此图写了总引,每一幅又各写了赞语。其中第七幅的赞语云:"臣谨赞曰:宗庙大庆,曷论舂陵。三十二子,乾吉允升……"

综上所述,宋徽宗夫妇在宫廷、在金营中所下的棋有"将",有"九宫",而且总共有三十二枚棋子,和现制象棋的形制已经没有什么差别。宋徽宗夫妇被掳北去的途上,仍能随身携带着象棋,由于"瑞卜昭应",韦妃从此以后下象棋,就拿这一枚灵验的棋子代替"将"子,再也不换。可见象棋对他们的重要和时兴。

三、北宋象棋盘的发现

要探讨现制的象棋究竟何时定型,就离不开对棋盘式样的研究,因为棋盘式样是棋制最基本的内容。因此,从考证北宋流行的象棋盘式样如何,来考证北宋时代是否有了现制象棋,是更直接有力的,也是必要的。北宋象棋盘(即与现制象棋相同的棋盘)是刘道平于 1960 年 12 月 17 日最先发现并考证的。《象棋》月刊 1961 年第 10 期刊载了刘道平的论文《现制中国象棋盘考》。

宋陈元靓《事林广记》、明陶宗仪《说郛》、清叶德辉《丽楼丛书》等书中,都录有宋李清照的"打马图"。据叶德辉在《打马图经》序里说,他是根据明正德六年(1511 年)沈津所刊刻的《欣赏编》而影写仿印的。《丽楼丛书》本中的"打马图"原图长 26 点 5 公分,宽 17 公分。图四周一圈有:尚乘局、飞龙院、骐骥院、天驷监、太仆寺、函谷关、沙苑监、沂阳监、玉门关、陇西监、赤岸驿等,是打马戏用的打马盘。图中央显示的对称的两片,盘面上纵横局道、九宫都和现制象棋盘的式样一模一样。

南宋《西湖老人繁胜录》(《涵芬楼秘笈》本)中有关于南宋首都杭州的小商品的一段记载:

"……合色凉伞、小银枪刀、诸般斗笠、打马象棋、杂彩拨毽……"

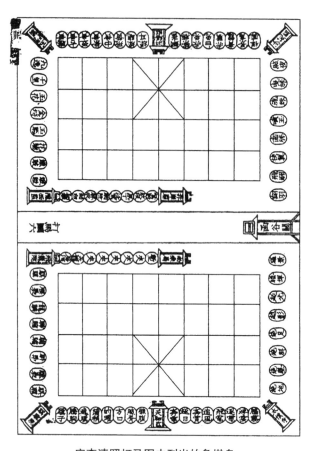

宋李清照打马图中刊出的象棋盘

　　这个记载告诉我们,十三世纪初年的杭州市场上,就有打马、象棋两用盘出售。十三世纪初年如此,则十二世纪李清照的《打马图经》中"打马图"实际就是一种打马、象棋两用盘。这种两用盘既已被李清照图录入书,她又在《打马图经序》中慨叹"自南渡以来,流离迁徙,尽散博具,故罕为之,然实未尝忘于胸中也",更可见两用盘也是她"中州盛日,闺门多暇"时的北宋故物。由此可以肯定,打马、象棋两用盘在《打马图经》问世的绍兴四年(1134年)已实际存在。

　　李清照在打马、象棋两用盘上选用了小象戏盘(即纵九路、横十路),而未选用大象戏盘(即《广象戏图序》中以为"意苦而狭","盖局纵横路十一"),正反映了至北宋末期小象戏的声势已远远超过了大象戏,独领风骚,一枝独秀。小象戏盘的式样也为现制象棋可靠的历史提供了一个有力的论据,现制象棋在北宋末年的李清照之前,已经存在了一个相当长的时期。

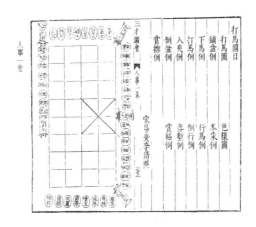

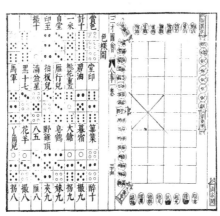

"三才图会"打马图目

四、北宋铜质象棋子

根据资料统计,国内从不同地区已收集到八副较完整的北宋铜质象棋及一批北宋铜质象棋子。

中国历史博物馆征集保藏了四副北宋铜质象棋。这四副铜质象棋的形制、质地、字体和纹饰完全相同,均是圆形,厚度似古钱。每副各有三十二枚棋子,计有将二枚、士四枚、象四枚、车四枚、马四枚、炮四枚、卒十枚。其中两副是1959年1月3日从合作商店收进的,外径大都是三十一毫米,个别外径二十八毫米。一副是1960年4月6日北京前门特艺公司收购的,除两枚将的外径是三十二毫米,其余都是二十二毫米。另一副是1960年5月30日从北京振寰阁购进,外径基本是二十五毫米,其中一枚"将"双面都是字,另一枚"将"则和其他棋子都一样,一面字,一面图。除了北京前门特艺公司收购的外,其余三副有明显拼凑的痕迹,如个别字体略有不同,个别棋子外径不统一,有的棋子边上有小孔(不规则),有的则无孔,其中有一枚"将"的图与其他"将"的图明显不同等。(附馆藏北宋铜质象棋)

图一 宋代象棋子

图二 一枚不同的将

中国历史博物馆藏北宋铜质象棋子

　　四副棋子除一枚棋子"将"两面都是字,其余都是一面楷书凸字,一面浮雕图像。在称谓上有将无帅,有象无相,有砲无炮,有士无仕,有卒无兵,反映了象棋的雏貌。

　　"将"的图形是一位头戴展脚幞头,身穿战袍,端坐胡床,腰佩宝剑的大将坐像。

　　"士"的图形是一位头戴展脚幞头,两手交纳于胸前的谋士(辅助官吏)的立像。

　　"象"是瑞云下一头腰配象鞍的驯象。

　　"车"是一人推一人拉的双轮车(拉车人被车遮挡,仅露一腿),是唐代象戏中的所谓"辎车"的形象。

　　"马"是一匹足踹瑞云呈奔驰状的飞马。

　　"砲"是炮手旁一架抛石机。抛石机和宋曾公亮《武经总要》中的单稍炮图一样。

　　"卒"是一位手持长矛的武士立像。

1982 年 7 月间,江西省安义县长埠村出土一副北宋铜质象棋。出土时象棋置于木盒之中,象棋子上放有"崇宁通宝"铜钱一枚,并附有一张写有文字的纸,可惜出土时木盒已腐烂,纸被毁。这一副铜质象棋与馆藏四副铜质象棋可以说是大同小异,其外径略大于馆藏铜质象棋,直径三十八毫米,图形略有不同。馆藏的象是瑞云下一匹腰配象鞍的驯象,安义的象仅是一头象。馆藏的车是一人推一人拉的双轮车,安义的车是一辆带棚盖的双轮车。馆藏的马下有一团瑞云,安义的仅是一匹奔马。馆藏的卒是一位手持长矛的武士立像,安义的卒是一位肩扛长矛的武士立像。差别最大的是炮,馆藏的炮是炮手旁一架抛石机,而安义的炮则是一圆形爆炸火球(震天雷)。据"崇宁通宝"铜钱判断,该象棋的存藏时间可能在宋徽宗崇宁(1102 年—1106 年)年间。

　　1983 年 6 月 28 日,四川省江油县出土五十四枚北宋铜质象棋。共有两种规格,一种稍大的一面有字,一面图形,计三十一枚,比现制象棋少一个"士";另一种稍小的,两面只有字,没有图形,仅有将一枚,士四枚,象三枚,车四枚,马四枚,炮二枚,卒五枚,计二十三枚。三十一枚权宜算作一副,其形制、质地完全与以上五副铜质象棋相同,所不同的是车的图形是一辆牛拉车;炮是一架较原始的抛石机,四脚架的杠杆上压一块石头,无炮手。与这批象棋子同时出土的还有崇宁通宝钱币六十五枚等一百七十九件铜器,可以认定,这批铜质象棋是北宋时期制造的。

　　据考古学家鉴定,开封出土的一批黄铜质象棋子,亦系崇宁间遗物。其形制、质地与以上棋子相同,唯卒的图形不同;开封的卒图形系一身着紧身宋袄,手握长矛,奔跑状的兵丁。棋子最大者直径为三十一毫米,最小者为十一毫米,此外尚有二十至三十毫米不等。棋子有的一面为字,一面为图形;有的正反两面均为字。所书七个兵种与以上八副象棋同。该批象棋子显系不同副象棋之残存。

　　陕西省历史博物馆藏有一副完整的北宋铜质象棋,是 1986 年 8 月 20 日陕西旬阳县金洞乡烂滩沟村一山地中出土,属于山洪冲出一陶罐中的遗物。伴棋一起的有先秦"两甾"钱、秦"半两"钱、北宋钱币及兔形玉坠、鱼形青瓷砚滴等数十件文物,其中以宋币品类为多。故将这一出土情况定为:"烂滩沟宋代铜器窖藏"。

　　图片形三十二枚棋子,系模制而成。每枚直径 1.83 厘米,厚 0.2 厘米。两面均为阳文正体,凡"将"二,"士""象""车""马""炮"各四,"卒"十。其中每种棋子半数填有朱色。(附拓片复印件)而北京中国历史博物馆收藏的四副北宋铜质象棋子,仅一枚"将"两面均为字。

另据《象棋》月刊 1987 年 7 期载,金志伟先生收藏一枚"马"字的铜棋子,背有奔马图案,重五克,"马"字欧体。据钱币学者马定祥先生介绍,他研究钱币 50 年中,仅见过将、士、象、马、卒等几种古钱象棋子,迄今未见帅、相、兵的,也未闻集齐全副者。因为有帅、相、兵的象棋已是元代以后象棋的演变。北宋的象棋子当然是找不到帅、相、兵。且在棋子的颜色上,一方称为白方,一方称为黑方。故有"黑白分为二向"之记载。

西安张丰于 1995 年在西安收集到一枚北宋铜质"卒"棋子,一面是字,一面图案,与中国历史博物馆所藏"卒"棋子一模一样。这一枚棋子直径 2.65 厘米,厚度 0.22 厘米,重 8.2 克。(附拓片)

张丰收集的一枚北宋铜质"卒"棋子

从河南、江西、四川、陕西等地区相继出土的北宋象棋子,以及北京地区集藏的和西安等地收集的北宋棋子,可以看出北宋定型象棋的昌盛与流传幅度的广阔。

北宋末期,既有李清照《打马图经》中展示的现制象棋盘文献,及宋徽宗夫妇有关象棋的史籍记载,又有多方位获得的北宋象棋子实物,两相辉映,相得益彰。使我们有充足的论据认定,有可能产生于唐宋之交的小象戏,发展至北宋晚期定型为现制象棋。因此,象棋的定型决不迟于11世纪末,距现在约一千年的历史。

第二节　象棋史上的第一个高潮

我国象棋在北宋晚期已经定型,纵九横十路的小象戏,压倒了纵横十一路的大象戏,一枝独秀。经过几十年发展,南宋政权相对稳定以后,象棋史上的第一个高潮到来。在民间,象棋"家喻户晓",在宫廷,帝王家提倡象棋而且设立了象棋待诏。其间,自丞相以下喜好象艺的高级官吏甚多。一般棋具到处有售,高级棋具层出不穷。第一批现制象棋谱出现,象棋理论著作、全局谱、残排局谱纷纷面世。蒙目赛、擂台赛等下棋形式多种多样。传统的诗、新兴的词,多有歌咏象棋之作。南宋象棋盛况已超越了围棋。

一、南宋象棋发达繁荣的原因

为什么南宋象坛这么繁荣呢? 为什么南宋象坛这么快地进入高潮呢?

首先,南宋城市的空前繁荣和市民阶层的形成是象棋发达的温床。唐代商业虽已较兴盛,但活动仅限于日间。京城长安及其他城市,夜晚要静街,形成戒严,夜间出行者必予逮捕。南宋的京城临安(今杭州),则拥有团行、作坊、邸店、茶坊、酒楼、勾栏、瓦舍。仅以团行而言,有药市、花市、珠子市、米市、肉市、菜市、鱼行、南行、北行、蟹行、布行、青果团、柑子团等,"万物所聚,诸行百市,自和宁门权子外至峨桥下,无一家不卖者",而且夜市通宵买卖,至天晓才散,接着早市又开。当时平江(苏州)和杭州齐名,谚语说平江是个"金扑满"。此外,南到广州,西到成都,都形成了都会。乡间也有定期墟市,只广东一路,南宋时就有八百多墟市。这样以城市为主,辅以农村的商(且不必说宋代手工业的发达),形成了一个广大的市民阶层。大贾豪民,他们需要娱乐,百戏、杂技、杂剧等便应运而生。这些地方,都是有利于下棋的场合。象棋比围棋盘面小、用时少,更容易发展。

其次,帝王家对象棋的迷恋的影响,也不容忽视。象棋定型以后,北宋末年的徽宗就喜欢包括象棋的各种艺术。前面已谈到的御制的《宣和宫词》有"一时趋向多情逸,小阁幽静静弈棋"诗句。当金兵攻破北宋的京城汴梁,宋高宗(康王赵构)已在南方即位时,康王的母亲韦妃不知儿子继位,在和宋徽宗做俘虏的旅途中,曾用象棋子占卜祈祷。在国破被俘的时候,还用这一套欺骗人民。宋高宗后来下令画院待诏萧照画了连环画《中兴瑞应图》十二幅(此图部分今尚存)以吹嘘自己是天命神授。同时显仁太后(韦妃)又归来。终宋之世,象棋成为皇朝政权的吉祥物,大小臣子莫不在皇家提倡之下,重视象棋。

再次,南宋象棋的发达还有一种显而易见而过去并未谈到的道理,即古人所谓"象戏者,戏兵也"。象棋是模拟作战的棋。本来,北周武帝宇文邕在天和四年(569年)"制象经,集百僚讲说",就是由于象棋模拟复杂的军旅和大规模的征战,所以,在北周、北齐和南朝纷乱争战的时候,倡导象棋,以提高百僚的军事素养。南宋是又一次南北对峙的朝代,爱国的官民对金人同仇敌忾,就是玩,也要玩这种有象征意义的棋。张如安君发现了张明中的《言志集》中的《赠棋客黄龙工象棋》诗。诗的主人公就是一位象棋高手。诗中所谓"皇家今欲复土疆,烦公赤手缚鬼章",可见南宋的棋人,把下棋和恢复北方的领土相联系。

另外,南宋造纸业和印刷业的发展,则促进了棋谱的印刷。四川、江东、两浙都是产纸中心。宋朝南渡以后,中央政府主持的印刷机构南迁。民间的印刷业,如建阳及其麻沙镇一带,都大为发展。

二、南宋象棋的兴盛

南宋是民间和宫廷都重视象棋的朝代。绍兴年间,洪遵在《谱双·自序》中写道:"然弈棋、象戏,家喻户晓。"就是说象棋和围棋是家家户户都懂得的戏具。著名的女词人李清照虽出身宰相之家,但南渡以后家中已无掌权的官吏,飘泊东南天地间。她在其所著的《打马图经》里,收录了打马、象棋两用盘,是民间重视的一例。至于宫廷中下棋的记载尤多,此处从略。最能集中表现民间和宫廷象棋之盛的,是南宋设置象棋棋待诏。据周密《武林旧事》卷六《诸色伎艺人》条,棋待诏共15人:

郑日新(越童)	吴俊臣(安吉吴)	礼重(象)
施茂(施猕猴)	尚端(象)	朱镇
沈姑姑(象,女流)	童先	金四官人(象)
杜黄(象)	上官大夫(象)	徐彬(象)
王安哥(象)	林茂(象)	李黑子(象)

其中注"象"字的指象棋,可见15位棋待诏中,象棋独占三分之二。查唐朝已有围棋棋待诏,宋朝始有象棋待诏,而且元、明、清各朝均无象棋待诏,足见宋

朝设象棋待诏的空前绝后。设立象棋待诏,一方面固然说明了宫廷的喜好,而另一方面更表现了民间象棋的兴盛。这些待诏,决不是宫廷培训起来的,而是从民间涌现的,也是我国象棋第一批国手。其中王安哥、李黑子、沈姑姑等,从名字来看更像来自下层。我们仿佛看见他们在茶坊里、团行前、勾栏边、瓦舍旁常年飞车跃马,大展身手,名震一时,而被宫廷召进,去侍候皇家。沈姑姑则是我国象棋史上的第一位女国手。

南宋的棋具已成为热门商品。从《西湖老人繁胜录》中发现了首都杭州的商品有打马、象棋两用盘,至于一般的棋具则随处都是。1973 年,福建泉州湾发现了一艘宋代沉船,船中有象棋子 20 枚(木质),分属于三套规格不同的象棋,可见海上旅行的乘客也喜欢对局。在皇家和高层,则棋具精美贵重,甚至成为奢侈品。"白檀象戏小盘平"说明流行以上等的白檀香木为棋盘。洪迈《夷坚志》记载内侍陈源富称敌国,犯罪以后,被籍没的珍宝中有一具象棋桌,高一尺五寸,宽二尺五寸。沉香制棋盘面,象牙嵌成界道。用乌木花梨白檀装饰桌边几道,刻成水浪花纹,用金银填浪头。仅一棋桌就能抵普通人家几家的家产。

宋代最兴盛的是词,由于象棋的兴盛,词人颇多写到象棋。其中最集中描写象棋的是福建人蔡伸(1088 年—1156 年)的《临江仙》:"帘幕深深清昼永,玉人不耐春寒。镂牙棋子镂金圆。象盘雅戏,相对小窗前。　隔打直行尖曲路,教人费尽机关。局中胜负定谁偏。饶伊使倖,毕竟我赢先。"(见《宋六十名家词》本《友古居士词》)全阕都写下象棋,其中"隔打直行尖曲路"是概括象棋的三种步法,不仅指攻子而言,隔打的是炮,直线行走的是将、车、卒和不打子的炮,斜行的是士、象、马。七个字概括了象棋七种子的走法。全句是说,是走直行的车呢,走一直一尖的马呢,是斜飞象固防呢……教人费尽心思。

宋代的诗继唐诗之后,另具特色。诗作里写到象棋的亦不少,但最集中写象棋而且最具诗意的仍应推刘克庄的《象弈一首呈叶潜仲》。全诗运用著名典故,刻画了象棋的形制和战略战术,诗意盎然。

宋代象坛特色之一是大臣下棋,如南宋早期的奸相秦桧,晚期的英雄名相文天祥。明田汝成(1503 年—?)的《西湖游览志余》记秦桧与其门客词人康与之下棋,康阿谀谄媚之词,不屑一提。但文天祥作为我国象棋史上代表人物之一,却必须大书特书。

文天祥(1236 年—1282 年),字宋瑞,号文山,江西庐陵(今吉安市)人。他终生爱象棋,曾在抗元斗争中,团结了一个爱国象棋集团。这个集团以文天祥为领袖,有高手周子善、萧耕山、刘沐、刘澄四将,以及朱涣、萧敬夫、谢翱等。《文山先

生全集》中有四首绝句《象弈各有等级,四绝,品四人高下》,录于后:

蝗臂初来攫晚蝉,那知黄雀抹馋涎。
王孙挟弹无人处,一夜调盘荐玦燕。
　　右一为周子善言:萧耕山能胜二刘,
　　　不觉败于周子善,子善败于我。

射虎将军发欲枯,茫茫沙草正迷途。
小儿谩取封侯去,还是平阳公主奴。
　　右二为耕山言:老夫败于子善也。

坐踞河南百战雄,少年飞槊健如龙。
世界只畏二人在,上有高公下慕容。
　　右三为刘渊伯言:所畏者惟吾与子善。

击柝论功不忍看,筑坛刑马誓河山。
当年绛灌如何似,只在春秋鲁卫间。
　　右四为刘定伯言:与渊伯上下也。

文天祥还喜欢下蒙目棋,明朱国桢(?—1632年)《涌幢小品》载:"文丞相嗜象弈……当暑日,喜溪浴,与周子善于水面以意为枰,行弈决胜负,愈久愈乐,忘日早暮。"文天祥与周子善在水中不用棋盘口弈象棋,是我国蒙目象棋得风气之先者。

这个历史上的爱国象棋集团,刘沐后来随文天祥在抗元战斗中,独领一军,连同几个儿子都牺牲。谢翱是曾和文天祥一起创作"玉屑金鼎"局的,后来毁家纾难,率众人投笔而起到文天祥军队中任咨议参军。文天祥的棋友萧敬夫,从文天祥起兵,克夏永新有功,后来兄弟俱战死。文天祥以丞相身份,忠于国家民族,起兵抗敌,屡败屡战,终于被俘,壮烈殉国。他生前曾集录并创作了四十局残排局,从"玉屑金鼎"到"单骑见虏",是象棋史上可考的第一批残排局。可惜元朝副宰相麦术督丁下令全部籍没了他的棋艺和诗文著作。

南宋时期,除了以文天祥为首的爱国象棋团体,诸如洪迈(1123年—1202年)、刘克庄(1187年—1269年)、周密(1232年—1298年)等名臣,不但喜爱象棋,而且又有象棋方面的著述,无疑对南宋象棋的兴盛起着推动作用并产生深远的影响。

三、南宋象棋盛况超越围棋

《事林广记》至元本的《棋枰图式》下面有一阕《右解佩令》,以词的形式写出了象棋各子的走法,别开生面。

"新来时尚,推棋拽象,黑白分为二向。卒行一步,过了河纵横任往。马一直一尖斜上。象尖两头,车横直望,炮隔物为当。士即斜尖,但只在九宫里闭障,且惺惺地照管取将。"(惺惺,机警之意)

研究《事》谱的文章颇多,但都没有注意到这首词,以为仅是一般介绍棋子的走法。实际上首句蕴含丰富,是说近年来的社会流行好尚,是推开围棋、拽来象棋,黑棋白棋分为两向对阵。宋代象棋、围棋都是双方黑白子,但围棋的四方四角,对双方来说相同,无所谓二向。只有象棋是分为二向,争先攻入对方的。所以,这阕词记叙了一个当时公认的事实:象棋盛于围棋。

从本章上节的论述,已足以说明南宋直到元初,象棋胜过围棋。例如棋待诏围棋仅五人,而象棋多至十人,成一与二之比,而且象棋待诏有女性沈姑姑。尽管另有记载说沈姑姑也通围棋,但《武林旧事》列她入象棋,可见象棋是她的主项。再如大臣下象棋,南宋也以象棋方面为盛。因此,南宋时兴象棋,也是一种必然的趋势。

四、空前绝后的象弈诗

南宋时期,歌咏象棋的诗、词比比皆是,然刘克庄的《象弈一首呈叶潜仲》却独树一帜。全诗48句,240字,是历代以来全面描写象棋的最佳长诗。

刘克庄(1187年—1269年),字潜夫,号后村居士,官至兵部侍郎、龙图阁直学士。郑振铎先生的《插图本中国文学史》,称他"在当时为最负盛名之诗人"。《后村先生大全集》卷五有《象弈一首呈叶潜仲》,引录如下:

> 小艺无难精,上智有未解。君看橘中戏,妙不出局外。
> 屹然两国立,限以大河界。连营禀中权,四壁设坚械。
> 三十二子者,一一具变态。先登如挑敌,分布如备塞。
> 尽锐贾吾勇,持重伺彼怠。或迟如围莒,或速如入蔡。
> 远炮勿虚发,冗卒要精汰。负岂繇寡少,胜岂系强大?

昆阳以象奔，陈涛以车败。匹马郭令来，一士汲黯在。
献俘将策勋，得隽众称快。我欲筑坛场，孰可建旗盖？
叶侯天机深，临阵识向背。纵未及国手，其高亦无对。
狙捷敢饶先，讳输每索再。宁为握节死，安肯屈膝拜？
有时横槊吟，句法尤雄迈。愚虑仅一得，君才迈十倍。
霸图务并弱，兵志贵攻昧。虽然屡斩获，讵可自侈忕？
吕蒙能馘羽，卫瓘足缚艾？南师未宜轻，夜半防斫寨。

纵观全诗，向我们展示了象棋方面的一些问题：

第一，在棋盘和棋子定制上，南宋和今天已经完全相同。"屹然两国立，限以大河界。"说明分两方对弈，棋盘中有河界。"三十二子者"，说明棋子共 32 枚，诗中依次提到炮、卒、象、车、马、士、将，说明七种棋子俱全，和现制象棋完全相同。

第二，在布局法上，当时注重防御，盛行士象局，和现代布局多系当头炮对屏风马或斗炮局不同。"连营禀中权，四壁设坚械。"说明当时的棋手都着重布置中路防御，拒敌于门外。中权即九宫，补士、飞象连营于中路。

第三，展现了对弈中实用的棋艺理论：

"先登如挑敌，分布如备塞。"说明要捷足先登，先手制人，则布局先要完备，战线须得巩固。

"尽锐贾吾勇"，说明了在战略战术上，有全线出击，猛攻对方，力争胜局的战法。"持重伺彼怠"，说明也有着重稳守等候对方软着、劣着而反攻抢先的战略。

"或迟如围莒，或速如入蔡。"说明了在得先、得势的攻局中，两种迥然不同的风格。有像战国时燕国攻齐国莒城那样的迟缓（燕国围莒城，数年不下。事见《史记·田单列传》），以稳扎稳打求胜；有像唐宪宗时名将李愬雪夜强行军 35 公里，奇袭地方割据势力——吴元济统治下的蔡州，使唐又现中兴气象（《新唐书》《旧唐书》中的《李愬传》和《资治通鉴·唐纪五十六》均有记载），这是以闪击战取胜的经典战例。

"负非繇寡少，胜岂系强大？"说明胜负不完全决定于子力的强弱。下面他接着列举了许多典故例子来阐明这一观点。"昆阳以象奔"（汉光武刘秀和王莽的军队战于昆阳，王莽的大将王寻、王邑、严尤、陈茂等用象和虎、豹等猛兽助战。刘秀率三千锐师大败王莽军。事见《后汉书》的《光武帝纪上》）、"陈涛以车败"（唐代宰相房琯用古代车战法和安禄山战于咸阳东的陈涛斜。被火攻，唐军大败。事见《唐书》），说明在某些局势下，虽有象或有车，守御力量较强，也会败局。"匹马郭令来"(唐代大将尚书令郭子仪单骑说服回纥的侵略军。事见《唐书》的《郭子仪传》)、"一士汲黯在"(汉代汲黯"好直谏,守节死义,难惑以非"。淮南王谋反时,认为朝中只有他无法降服。事见《史记》的《汲郑列传》),说明在某些局势下有马或有士虽然子力较弱也可以胜局。事实上,有车输给无车、有象竟被闷毙、单马盘桓取胜、撑士反败为胜,在对局中确是常见的情况。这也说明了当时已经在理论上或深或浅地认识到对局应力争得先、得势,子力的强弱不是决定胜负的唯一标准。

"霸图务并弱,兵志贵攻昧。"说明了在对局中要攻击对手兵力薄弱的一翼,那自然要集中优势的子力。可见当时在理论上已经初步认识到要集中兵力攻击对方的薄弱环节。

"南师未宜轻,夜半防斫寨。"说明了在对局中应该时刻警惕对方的偷袭。诗人如果没有经历,或者目睹对弈中突袭战术的运用,是绝不会发出这谆谆告诫的。

第四,谈到了棋手的修养。

"虽然屡尅获,讵可自侈汰?"说明虽然屡战屡胜也不可骄傲自满。因为"吕蒙能馘羽,卫瓘足缚艾。"吕蒙勇力不如关云长,但也能擒斩他;卫瓘是个文官,但也能缚住邓艾(分见《三国志》的《蜀志·关羽传》和《魏志·邓艾传》)。棋艺较高的如果骄傲也会输给棋艺较差的。

"宁为握节死,安肯屈膝拜?"即西汉中郎将苏武被匈奴扣留十九年持节不屈的典故。说明作为一名棋手,应当有一种不怕失败,不服输的精神;矢志不渝,才能提高自己的棋艺水平。

第五,揭示了南宋时期象棋的兴盛。

"纵未及国手",说明当时已经有了象棋国手。没有举办相应的比赛,何能有"国手"的称号。

"狃捷敢饶先",说明对局方式上已经有了让先局,对弈的胜方可以让败方先行。

"我欲筑坛场,孰可建旗盖?"指刘克庄自己愿设局摆坛,谁可以做台主? 诗的下句紧接说棋艺"神机妙算"的叶侯(叶潜仲)可以,叶侯虽然"未及国手",但在一般棋手中已无对手。说明在表演的方式上已经有了擂台赛和台主。

"得隽众称快",则揭示了象棋观众的众多和热烈的场面。比赛时每当出现了妙手奇着,观弈者甚至大声喝彩叫好。

"有时横槊吟",说明当时像叶潜仲那样的棋手常在棋战之余敲棋赋诗,就像曹孟德"横槊赋诗"一样。反映了南宋时期文人"诗歌合为事而吟"的一种风习。

刘克庄本人的棋艺在当时并不见得突出,至少他比"未及国手"的叶潜仲还差些。可是,他能够在一首诗里涉及到不少的关于象棋理论的素材,并且谈到了当时比赛形式、比赛制度、比赛场面,以及象棋的形制等,把南宋时期兴盛的象棋活动活生生地展现在我们的面前。刘克庄的《象弈一首呈叶潜仲》是一首描写象棋的最长的而又极为珍贵和空前绝后的象棋史诗。

第三节　最早的象棋谱

南宋时,由于象棋艺术的兴盛,以及造纸印刷业的发展,总结指导象棋艺术的理论著作,记录创作象棋艺术的棋谱比北宋已有更大的发展。

一、洪迈的《棋经论》

南宋时,在象棋理论著作上,当推洪迈的《棋经论》。洪迈,字景庐,鄱阳(今江西鄱阳)人。绍兴进士,任吏部郎兼礼部郎,龙图阁学士、端明殿学士。今存清洪钧手抄《棋经论》共十三篇:论局篇第一、权舆篇第二、名数篇第三、运筹篇第四、合战篇第五、胜算篇第六、三得篇第七、三审篇第八、多变篇第九、出奇篇第十、玩心篇第十一、十戒篇第十二、择友篇第十三。《金鹏十八变》首页载有《合战篇》,原文云:

> 夫弈棋,要专心绝虑静算,待敌坦然,无喜怒匆怀。大抵一局之中,千变万化。如车前马后,发炮逐卒;如电掣雷轰,炮辅卒行;逼近士、象,如狼奔虎跃。顺手炮,先要车活;列手炮,补士要牢;士角炮,急使车冲;当头炮,车横将路;破象局,中心进卒;解马局,车炮先行;巡河车,赶子有功;归心炮,破象得法;辘轳炮,抵敌最妙;重叠车,兑子偏宜;马飞过角,车便巡河。未得路莫离本位,已得势便可争先。鸳鸯马,内顾保塞;蟹眼炮,河岸拦车;骑河车,禁子有力;两肋车,助卒过河;正补士,等他车路;背士将,忌炮来攻。我势弱勿轻进,彼势强拼便攻;弃子须要得先,捉子莫教输手;急赶将有后着可行,慢入悼无内子宜动;士象全或可求和,士象亏兑他车卒。算隐着,要成杀局;使急着,恐幸不免。得先时,切忌着忙;输车时,还叫心定。子力胜,局中寻胜;子力宽,即便寻和。学者详察于斯言,可为国手矣。

从《棋经论》的"合战篇"可以看出南宋时期象棋活动的兴盛,象棋理论已初具规模,其论弈棋者修养、论各种棋子的作用、论开局要旨、论攻子的态势,所展示的战略战术,在 800 年后的今天,仍不失其指导意义。

二、《象棋神机集》

《象棋神机集》是作于南宋的我国第一部现制象棋谱。可惜亡佚于明、清之际。它的作者据南宋陈振孙的《直斋书录解题》下的注语有"称于阳叶茂卿撰",元马端临的《文献通考》著录此谱时下注:"陈氏曰:称杉阳叶茂卿撰。"作者的出生地点一作"于阳",一作"杉阳"。明陈第《世善堂藏书目》卷下《各家·杂艺》曾收藏"《象棋神机集》一卷(杨茂卿)"。明代去今未远,陈第系著名之文字、声韵、训诂专家,又依据自藏本而注"杨茂卿"三字,实属可信。经考证,作者杨茂卿是南宋福建路北部杉溪北岸人。陈振孙尝仕于福建莆田,传录夹际郑氏、方氏、林氏、吴氏旧书,至五万一千一百八十余卷,著《直斋书录题解》。其题《象棋神机集》当是莆田诸家藏书。查宋《秘书省续编到四库阙书目》、宋郑樵《通志·艺文略》、宋晁公武《郡斋读书志》均无此谱名。《象棋神机集》成书推论不会早于宋孝宗乾道(1165年—1173年)之前。

《象棋神机集》署以"集",很可能是选录各家棋谱的一个大全集,包括残局、全局的大合集。《象棋神机集》对后代影响甚大,《事林广记》所选的象棋谱可能出自此集。《梦入神机》即显系爱慕而命名的。

三、文天祥《玉屑金鼎》

我国杰出的民族英雄、著名的文学家、诗人文天祥,在我国象棋史上占有重要的地位。他生前曾集录并创作的四十个残排局,从"玉屑金鼎"到"单骑见虏",不仅是我们所了解的南宋时期唯一的一部残排局专著,而且是我国现制象棋史上可考的第一部残排局著作。《宋少保右丞相兼枢密使信国公文山先生纪年录·集注》及明朱国桢《涌幢小品》等都记载了文天祥的这段历史:

"公平生嗜象弈,以其危险制胜奇绝者,命名自《玉屑金鼎》至《单骑见虏》,为四十局势图,悉识其出处始末。玉屑盖公所居山名也。"

清曾燠(1760年—1831年)诗《简斋前辈赠所藏文信国公绿端蝉腹砚,赋谢四十四韵》题下注,记载了有关文天祥著作棋谱的事。大意是乾隆五十二年(1787年)冬,杭州渔父在临平湖网获一块文天祥用过的"绿端蝉腹砚",上面刻有宋谢翱(1249年—1295年)的题铭,铭前小序中提到"忆当日与文山象戏,谱《玉屑金鼎》一局,石君同在座右"。谢翱的铭辞仅十三字:"洮河石,碧于血,千年不死苌宏骨。"言词激昂,感人肺腑。

文天祥的棋谱可惜没有保存下来,被元朝副宰相麦术督丁全部籍没了。据《纪年录》集注引邓光荐《文丞相督府忠义传》:

"公因系久,翰墨满燕市。时与吏士讲前史忠义传,无不倾听感动。其长李指挥、魏千户奉事之尤至。麦述丁参政尝开省江西,见公出师震动,每倡言杀之。便又以公罪人,下千户所,收其棋弈、笔墨、书册……"

文天祥的棋艺和诗文著作手稿被籍没是事实,明、清各家著录中均仅言及此谱,未见存者。《象棋》月刊1956年第四期发表的《玉层金鼎图》不足为凭。

四、《事林广记》中的象棋谱

《事林广记》是一部作于南宋末年的百科全书式的类书,编者陈元靓,自号广寒仙裔,南宋福建路建宁府崇安县人,是个隐居的道教徒,主要活动于宋理宗宝庆至景定年间(1225年—1264年)时期。《事林广记》成书约在咸淳初年(1266年前后),宋刊本今已失传。现存三种元代刊本:一、日本元禄十二年(1699年)翻刻的元泰定二年(1325年)洛阳书肆刊本,该本最接近陈氏原编;二、元至顺间(1330年—1333年)建安椿庄书院刊本,该本较为完整,错误较少;三、元后至六年(1340年)建阳郑氏积堂刻本,该本有抄配及缺页,不够完整。三种刊本内容互有差异,有关象棋部分的刊载分述如下:

(一) 泰定本《事林广记》(共七条)

象棊子法:将行一步九宫内,士止一尖不离宫。象虽二尖有四路,马行一直一尖冲。炮须隔子(子)打一子,车横直撞任西东。卒子若行唯一步,过河进吉退为凶。

棊九十分:将二十分(自占二十分),车二十分(一车十分),士六分(一士三分),炮十四分(一炮七分),马十二分(一马六分),象八分(一象四分),卒子十分(一卒二分)。

象棊十诀:一、不得贪胜,二、入界宜援,三、攻彼顾我,四、弃子争先,五、舍小就大,六、逢危须弃,七、慎勿欲速,八、动须相应,九、彼强自保,十、我弱取和。

十般局面:一字布阵,二龙争珠,三思疑惑,四门斗底,五通变现,六丁神将,七贤过关,八仙出洞,九曲黄河,十面理(埋)伏。

人名局面:高祖断蛇,太公钓鱼,王母偷桃,孙庞斗智,秦王出阵,真君斩蛟,子路打虎,孟明焚舟,孙膑诈死,谢女解围。

兽名局面:野马跳涧,金鹅抱卵,引龙出水,蝴蝶双飞,老鹘打兔,猛虎出林,老蚌吸月,春莺绕树,灯蛾独立,白鹤翔翔。

　　棋诗一首:得子得先名得子,得子失先却是输。车前马后须相应,炮进应须要辅车。

　　"象棋子法"说明了各种棋子的着法,"棋九十分"概论了各种棋子的价值,"象棋十诀"和"棋诗一首"则是指导弈棋者的基本原则。"棋诗一首"的三得论和《棋经论》中"三得篇"如出一辙,乃宋人原作。"象棋十诀"和"棋诗一首"常被后世象棋书籍引用,可见其先见之明和影响深远。

(二) 至顺本《事林广记》(共三条)

白饶先顺手取胜局

炮八平五	炮八平五	马八进七	马八进七	车九平八	马二进三
车八进六	卒三进一	车八平七	马三进四	车七退一	马四进六
兵[注]七进一	象七进九	车七平三	马六进四	车三平四	马四进三
					(马赢车)

白饶先白起列手取胜局

炮八平五	炮二平五	马八进七	马二进三	车九平八	炮八平七
车八进八	车一进一	炮二进六	炮五退一	炮二退四	炮五进五
马七进五	车一平八	马五进六	象三进五	马六进七	车八平七
马七退五	马三进五	炮二平五	马八进七		

注:原谱白黑均为汉字记录显示,谱中白方兵为卒,帅为将。行棋坐标线路,双方各按面对棋盘的方向为准,从左边线一路至右边线九路。

二龙出海势

马二进三	车三进一	车四退八	车三退八	车四进九	将五平四
车二进四	白胜七着				

　　原文起手局只开列着法,残局既开列图式又开列着法。可以看出白、黑双方都是"将"而无"帅"、"象"而无"相"、"卒"而无"兵"。这与出土、传世的北宋铜质象棋相一致。记谱中的黑、白(红)与今之现制象棋,正好相反;白棋是阴刻的黑地白字,黑棋是阳刻的白地黑字。棋子的移动用"平""进""退",四字一组,和现制象棋记谱方法一样。但棋盘坐标线路的起讫顺序与现制象棋有不同之处,现制象棋坐标线路的起讫是红、黑双方均从右边线算起,一至九路;《事林广记》谱则是

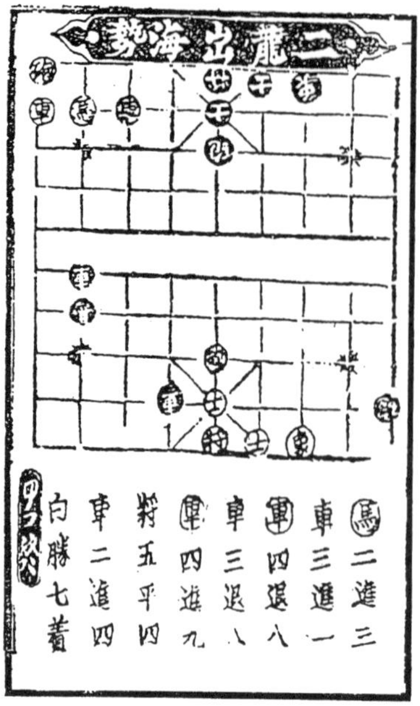

《事林广记》残棋一局

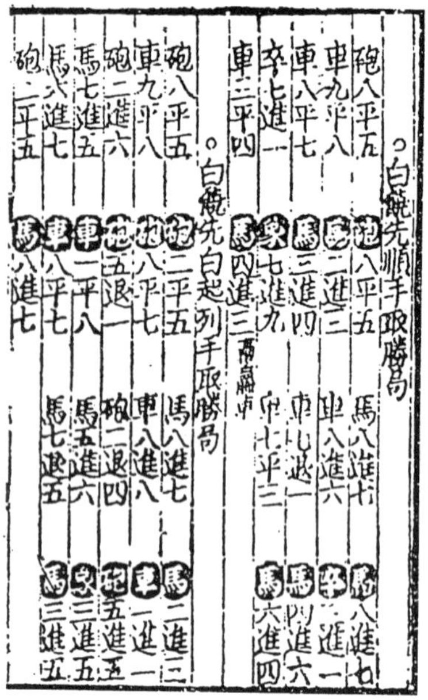

《事林广记》全局着法两局

以面对棋盘的方向为准，从左边线一路至右边线九路，黑、白双方一致。从图式中看到白（红）、黑双方棋子字面各向已方，这与明各谱相同，但与现制象棋不同；现制象棋下面红方，上面黑方，字面顺向读者。

（三）后至元本《事林广记》〔共十四条〕

象碁子法、碁九十分、十诀与泰定本大同小异，局面（十般局面）、碁诗则同泰定本。

《碁枰图式》

《小序》是编并精选各公局面着数希奇，局面差异，较之印行者略无相犯。知音君子鉴之。

《小令一首》：新来时尚，推碁拽象，黑白分为二向。卒行一步，过河了纵横任往。马一直一尖斜上。象尖两头，车横直望，炮隔物为当。士即斜尖，但只在九宫里闭障，且惺惺地照管取将。右解佩令。

《残局谱》

二龙出海势　白胜七着（图式着法同至顺本，从略）

以下三局着法按现今棋谱着法，阳刻的白底黑字为白方，阴刻的黑底白字为黑方。

双马饮泉势(白先胜)

马二进四　卒六平五　仕四进五　卒三平四　兵四进一　将五平四
马四进二　将四平五　马四进三　将五平四　马三退五　将四平五
马五进七(白胜)

三跳涧势(白先胜)

马四进二　士五退四　车六平三　车四进五　马二退三　士四进五
车三进一　士五退四　车三平四(白胜)

注:原图着法方向反了,且原图一·九位漏刻一白炮

步步随势(白先胜)

车二平四　将四平五　车三进二(白胜)

车二平四　将四进一　车三平四　将四进一　兵四进一　将四退一
兵四进一　将四退一　兵四进一　将四平五　兵四进一(白胜)

以下两局为古谱着法

藏机势(黑先胜)

车七进一　将六进一　马八退七　将六进一　车七退二　将六退一
车七平八　将六退一　马七进八　将六进一　车八平六　士五进六
炮三平六　士六退五　炮五平六(黑胜)

隐智势(黑先胜)

马九进八　将六进一　炮九进三　马七退九　马八退六　将六进一
炮六退五　将六平五　兵四平五　将五平四　炮六平四(黑胜)

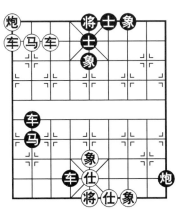

二龙出海势

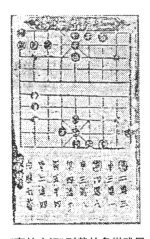

《事林广记》刊载的象棋残局

碁^注枰图式

双马饮泉势

注:碁即棋。

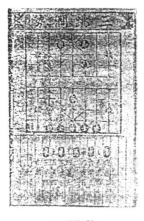

三跳涧势

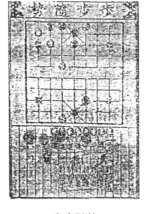

步步随势

藏机势

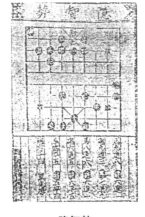

隐智势

三种不同版本的《事林广记》,共收录了 30 个残局名称、2 个起手局着法和 6 个残局图谱。由于《事林广记》是一部百科全书类的类书,它所收集的包罗万象的门类中,每类只能选录少量的最具有代表性的内容加以介绍。无疑,《事林广记》中选录的象棋谱(包括残局名称),是从若干册、若干卷、若干象棋谱中遴选的最流行、最精彩的代表作。

　　泰定本《事林广记》收录了 30 个残局名称,既未开列图式,又未罗列着法,说明了这 30 个残局,当时在社会上的流行,并富有代表性。泰定本既然最接近陈元靓原编,这 30 个只有名称的残局当属宋谱。至顺本《事林广记》只收录了两个起手局和一个残局,而省略了泰定本中象棋子法、棊九十分、象棊十诀等全部象棋内容,反映了至顺本编者在象棋方面以图式、着法见重。根据至顺本收录的双陆和打马部分各摘录宋洪遵的《谱双》和李清照的《打马图经》,围棋收录的也是宋李逸民编《忘忧清乐集》中两种具有代表性的图、文,即刘仲甫和王珏在东京(今开封市)万胜门里长生宫对弈的《长生图》和张靖著的《棊经》等,可以推论,其象棋部分的三局棋谱同样选录自宋人著作。至顺本"二龙出海势"或许就是泰定本的"引龙出水"残局,当属宋谱,它是现存最古的一个残局谱。两个起手局:"顺手"炮和"列手"炮,则是现存最早的全局着法,是"顺手炮"和"列手炮"的鼻祖。

　　后至元本共收集了六个残局图谱,其中第一局"二龙出海势"完全录自至顺本。从图谱的格式判断,第五局"藏机势"有可能和"二龙出海势"同选录自一种底本棋谱,棋图格式都是白方在上,黑方在下,局终记总着数。而"双马饮泉势""三跳涧势""步步随势""隐智势"则都是黑方在上,白方在下的棋图格式,且局终不记着数,显然是选录自另一种底本棋谱。最有差异的是后至元本中收录的"棊枰图式"中红方"白卒"成了"白兵",无疑该图式又选自又一种版本。成恩元君认为:"在用兵用卒上也有主流与非主流之别,即在唐、宋、元时期,象棋双方用'卒'是主流,而在某些地区、或某些人中间(应加进某些棋谱),采用了红方用'兵'的棋式,演变的结束,大约到元末明初,情况逐渐走向各自的反面,终于成为今天的红兵黑卒制度。"这个论点有一定道理。关于差异,"棊枰图式"中所附的"小序"则直接道出了原委,"是编并精选各公局面"。既然"精选",决非一种、二种选取的底本,而是从多种不同著述中精选的,所以表现在《事林广记》中就有差异之分。

　　《事林广记》中所收集的象棋谱,不仅揭示了七百多年前我国已有现制象棋谱的存在,而且对明、清时代,乃至后世的象棋谱都产生了深远的影响。

明王圻《三才图会》类书《人事》卷一的象棋部分,几乎完全照搬后至元本《事林广记》中的象棋部分。"象棋局面图式""象棋下子法""局面名数""棋九十分""象棋数诀"等除个别字有所改动,内容完全一致,六个残局图也全部收录。将《事林广记》所载的残局图与《三才图会》收录的残局图作一比较,就会发现《三才图会》残局图除了改《事林广记》阴刻的白棋为黑棋,阳刻加黑图的黑棋为白棋外,尚有多处收录的错误:如"双马饮泉势"原图黑六·九位(肋道)卒,错印在六·八位;第五回合马四进三错印成马四进二,第六回合马三退五错印成马二退五。"步步随势"原第三着车三进二错印成车二进二,第二回合车三平四错印成车二平四。有趣的是《事林广记》的"三跳涧势"局着法方向反了,白方一·九位处漏刻了一白炮,而《三才图会》的"三跳涧势"竟出现了相同的错误;可以推断,《三才图会》的象棋部分,全部收录后至元本《事林广记》的象棋部分。

《事林广记》所收录的象棋谱,对后代的象棋谱产生了影响。残局以"双马饮泉势"为例,在《适情雅趣》《橘中秘》《象戏勾玄》等多种象棋谱中都有以"双马饮泉"为名的残局;《烂柯真机》象棋谱虽然易名为"二龙争珠之势",仍是"双马饮泉"的杀势。棋图虽有变动,但万变不离其宗,取胜杀着类同。

《事林广记》所收录的二个全局着法,与明代以后的全局谱相对照,开局数着相同者,则屡见不鲜。《金鹏十八变》下卷题为:"饶先列手炮局(丁)",《橘中秘》卷二题为"饶先列手炮兑车压马局",《象棋满盘谱》则题为"饶先列手炮沉炮局",该三种棋谱的前十二着竟与《事林广记》"白饶先白起列手取胜局"前十二着着法一模一样。将《事林广记》谱与《金鹏十八变》谱着法分列如下:

白饶先白起列手取胜局

(棋子仍按《事林广记》原式,以阳刻加黑圈的棋子为白方在下边,阴刻的棋子为黑方在上方。棋盘座标白方从左至右一至九路,黑方则与白方相同。)

炮八平五　炮二平五　马八进七　马二进三　车九平八　炮八平七

车八进八　车一进一　炮二进六　炮五退一　炮二退四　炮五进五(如图)

马七进五　车一平八　炮五进六　象三进五　马六进七　车八平七

马七退五　马三进五　炮二平五　马八进七

《金鹏十八变》饶先列手炮局

炮二平五　炮二平五　马二进三　马二进三　车一平二　炮八平七

车二进八　车一进一　炮八进六　炮五退一　炮八退四　炮五进五

炮五进四　炮五退二　车二平九　马三退一

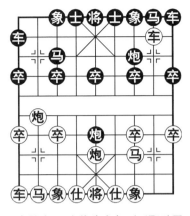
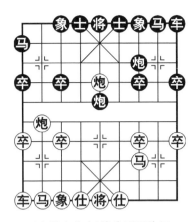

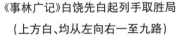

《事林广记》白饶先白起列手取胜局　　　　《金鹏十八变》饶先列手炮局

（上方白、均从左向右一至九路）

可以看出前十二着走法完全与《事林广记》"饶先列手局"相同，而《橘中秘》"饶先列手炮兑车压马局"前十六着走法则又与《金鹏十八变》"饶先列手炮餐局"着法相同，《象棋满盘谱》"饶先列手炮沉炮局"正谱三十着则又完全和《橘中秘》"饶先列手炮兑车压马局"相同（后两谱图谱省略）；渊源关系，昭然若揭，一脉相承，沿袭流传，《事林广记》所收录的象棋谱功垂棋史。

五、《自出洞来无敌手》

《自出洞来无敌手》（以下简称《自》）象棋谱，今传为一卷手抄本，题纯阳道人著。关于它的成书年代，自刘道平先生 1961 年 5 月在《象棋》月刊发表《〈自出洞来无敌手〉著作时代考》一文后，四十多年来，又先后受到张雄飞、林幼如、成恩元、李松福、朱南铣、张如安等诸君众多的关注与探讨。是宋谱、元谱，还是明谱，各述己见，一时难以定论。但这一长时间的讨论，为最终论断《自》谱成书年代是有益的，富有启迪性的。

他山之石，可以攻玉。《新编纂图增类群书类要事林广记》（以下简称《事林广记》，南宋陈元靓编）收录的全局谱，以及《金鹏十八变》象棋谱（以下简称《金》谱）问世年代的确定，为《自》谱著作年代的考定大开了方便之门。由于张如安君发现了元耶律楚材作于南宋嘉定十一年（1218 年）"穷通棋势变金鹏"的诗句，为《金》谱确定为宋谱提供了有力佐证，使我们有理由认定《金》谱为宋谱。

明代中叶常熟著名藏书家赵用贤（1535 年—1596 年）之子赵琦美（1563 年—1624 年）所著《脉望馆书目》收有"《自出洞来无敌手》[一本]"，约作于万历三十年

（1602 年），明佚名《近古堂书目》收有《自出洞来无敌手》一种；明末清初官吏钱谦益（1582 年—1664 年）《绛云楼书目》，收"《自出洞来无敌手》（棋谱，此句本一善弈道人诗也，见《西溪丝语》）"；清钱曾（1629 年—1701 年）《也是园书目》收"《自出洞来无敌手》[一卷]"；清王闻远（1663 年—1728 年）《孝慈堂书目》的《子部·艺术家》则写着"《自出洞来无敌手》[一卷]—删钞"，说明了自明万历初年至清乾隆年间，《自》谱在世间流传并为著名藏书家所收藏。清代初年，除了有版本外，始有了钞本。至于版本和钞本有何区别，版本和钞本是否同一类型，不得而知。

据山东名棋手陈天才在《象棋》刊物上撰文，清道光年间，崂山上清宫迟道人有一卷《自》谱抄本，传于嗜棋如命的顾尔协。上世纪 30 年代陈曾在顾尔协之孙（已两鬓如霜）处见到有诗词着法的《自》谱秘本，由于历经兵燹战乱，该秘本下落不明。幸转抄一卷谨存，"文革"前由潍坊市体委油印 200 份，作为培养青少年之教材。

北京刘国斌收藏一卷《自》谱手抄本。这一手抄本就是上海李松福在《象棋史话》中介绍的《自》谱抄本。是刘国斌新中国成立初在棋友家看到《自》谱手抄本后，由棋友馈赠收藏，曾借予杨明忠先生，杨曾转借给李松福看过。该谱其后记云："同治己巳年，正月十三日，在琉璃厂于姓书摊得之。又于庚午年，正月十五日，复得原本。正是踏破铁鞋无觅处，得来全不费功夫，真机缘也。余觅此书四十余年，方才得之，故志之。"此跋后未署名。若"复得原本"确系原本，则弥足珍贵。

山东著名棋手邵次明（1880 年—1969 年）十余岁时得前辈名手王尚纯指点，授以《自》谱一卷。1948 年编成《象棋战略》一书，重点介绍《自》谱，并举要发微。

1964 年西安市象棋赛第 3 名倪某曾收藏一卷手抄《自》谱，计 35 局，秘不示人，仅让笔者照抄一份。由于笔者当时尚未涉足棋史研究，只重视其精彩的杀法，忽视了其历史的研究价值，未究其源，使这一珍贵的手稿从自己手底下溜走。倪某"文革"后不知去向。

孝慈堂主人王闻远收藏的《自》谱，邵次明先生、刘国斌先生的传本，以及陈天才先生处，笔者看到的传本是同类——抄本。古代钞同抄。以上就是有关《自》谱在世间的灵光闪现。

"自出洞来无敌手"一语，出自宋·姚宽《西溪丛语》卷上：

> "蔡州褒信县有棋师闵秀才说尝有道人善棋，凡对局，率饶人一先。后死于褒信，托后事于一村叟，数年后，叟为改葬，但空棺衣衾而已。道人有诗云：
> 烂柯真诀妙通神，一局曾经几度春。
> 自出洞来无敌手，得饶人处且饶人。"

仅以此作为《自》谱的问世年代,理由不足。既然《金》谱已考订为南宋棋谱,而又较《事林广记》收录的象棋谱为晚,只需将这两谱与《自》谱进行仔细的分析比较,疑团即会迎刃而解。首先从开局着法形式判断,《事林广记》收录的象棋谱开局总是炮八平五,《金》谱则为炮二平五;《自》谱与《事》谱相同,无论顺炮或列炮首着均是炮八平五。而刘国斌先生的谱名为《梅花五字变》(即《自》谱)的传本,首着却走炮二平五。再从附与不附"接变"判断,《事》谱与《自》谱均是一局一个变化,不附变着;《金》谱则有"接变"。明杨慎(1488年—1559年)《升庵诗话》"所记是棋艺残著,原无《金鹏》变起手局也"。可见我国象棋谱变着始见于《金》谱。

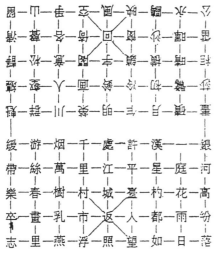

《自出洞来无敌手》以字定位棋盘图

《自出洞来无敌手》手抄古棋谱

如"得先顺炮横车破直车(弃马局)"中局一着棋就有 5 个"接变","得先大列手炮局"一局有"接变"12 个,加上变中之变,"接变"多达 38 个。这两个"判断"是检验"自"谱问世年代的重要依据。然而最能说明问题的,则是两谱同类局的比较判断。

为了进一步对《自出洞来无敌手》剖析,须较全面地介绍该谱。《自》谱前有词一首:

银河高,纷落一庭花雨,日汉星杓都如许。平台入望处,江城返照千里,村市浮烟万树。乳燕游丝春画里,缓带乐卒志。

魁缠静,清留群壑松声,山川人意各争荣。画阁倚空明,铃宇回风乍冷,锁窗映月初横。沙鸥碛鹭晴晖永,昼莎相雷公。

作者依上面这首词的九十个字,作为棋盘上九十个交叉点,以字定位棋盘、以字代替着法。

如:炮春城(即先手炮八平五)

炮晴宇(即后手炮八平五)

马　树(即先手马八进七)

马　静(即后手马二进一)

这种以字定位棋盘、以字代替着法虽然别出心裁,但记谱困难,很不实用。

《自》谱抄本全谱七篇,共三十五局。其中自字信手炮五局,是顺炮横车对直车补六路士的变化;出字列手炮五局,是大列手炮先手巡河车(三局)和先手进车下二路(二局)的变化;洞字入手炮五局,是中炮对单提马的变化;来字窝心炮五局,是顺炮先手窝心炮的变化;无字袖手炮五局,是先手屏风马对中炮的变化;敌字出手炮五局,是顺炮直车对横车捉炮类的变化;手字应手炮五局,是顺炮横车对直车补四路士的变化。兹录二局与《金鹏十八变》同类局者加以比较:

自字信手炮第三局

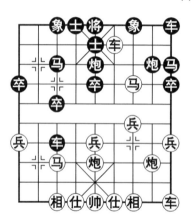

炮八平五	炮二平五	马八进七
马二进三	车九进一	车一平二
车九平四	士六进五	车四进七
马八进九	兵三进一	车二进六
马二进三	车二平三	马三进四
卒三进一	马四进三(图)	炮八平六
马三进五	象三进五	炮二进五
马三进四	炮五进四	车三进一
炮五平七	车三平六	炮二平五
士五进四	炮七进三	

该局共二十九着。《金》谱第四局得先顺炮横车破直车(首着走炮二平五,与《自》谱炮八平五方向左右相反),与该局杀法完全相同,黑方除最后两着应法(无关大局)不同,全局也是二十九着获胜。末着《自》谱是炮七进三杀,《金》谱也是炮七进三杀。《自》谱不附变着,《金》谱该局红方第七着则有"变七","变七"又附"变八"的变化;第九着有"变一、二、三、四","变四"又有"变五","变五"又附"变六"的变化。

《自》谱自字信手炮五局五个变化,一局一变。《金》谱第四局得先顺炮横车破直车一局即有八变(包括变中之变),"变一"与《自》谱信手炮第四局开局相同,但撑士出帅摧杀是信手炮五局里所无的;"变二",与信手炮第一局比较,杀法简捷;"变三"取掉了信手炮第一局黑方来回平炮无用的繁着,增加了黑方先退车肋道防守与红方献车车口妙塞象眼的绝杀;"变四"则是《自》谱信手局第一局的翻版,同为三十五着,最后弃车以马后炮杀。

　　另外,《金》谱第五局得先顺炮横车破直车(弃双车局),则又是《自》谱自字信手炮第二局的翻版,全局三十三着的杀法完全相同,并且多了五个"接变"。再来一局典型的列手炮局予以比较:

出字列手炮第一局

炮八平五	炮八平五	马八进七
马二进一	车九平八	车一平二
车八进四	马八进七	马二进一
车九平八	车一平二	车八进四
兵一进一	卒一进一	马一进二
马一进二	车八平四	车八平四
马二进四	卒七进一	马四进三
炮二平七	炮五进四	士四进五
炮二进七	将五平四	车二进八
车二进一	车二平五	车二平五
车四进五(图)	车五退一	车四平五
将四进一	车五平六	

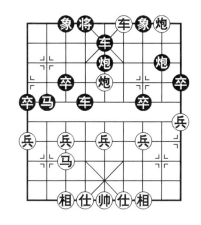

　　《自》谱出字列手炮局就是大列手炮五局五个变化。《金》谱有列手炮四局,其中除第十七局属小列手炮,其他三局均属大列手炮,与《自》谱列手炮五局正好作一比较。《金》谱第十六局得先大列手炮局与上面所列《自》谱列手炮第一局相同,《金》谱局弈至如图时全局结束,《自》谱局多延长了四着棋至彻底将死为止。一简一繁,正是象棋水平的反映。高手行棋,未到残局杀势,甚至在中局胜负已了如指掌;而低手走棋往往是将不死不缴棋,捉不住老将不认输。

　　《金》谱得先大列手炮局有接变 38 个,其中"变三"就是《自》谱列手炮局第二局的杀招,比《自》谱减少了黑退将,红再进车杀的繁着。"变五"除中局数着有改动外,开局与残局的大胆挖心弃车,再进车、退车一系列着法则完全和《自》谱列手炮第三局相同。"变二十五"的卸中炮、弃双马、弃车、轰象,进车绝杀的精彩镜头,又好像采撷《自》谱列手炮第四局。《金》谱第十八局得先列手炮破士先敛局与《自》谱列手炮第五局比较,前二十七着除第六着《自》谱是炮二平四平炮士角,《金》谱走的是炮八平七(方向不同)平炮卒底不同,其余二十六着完全一致,第二十八着《金》谱改《自》谱意义不大的出车为提前防守的补士,构思是一个进步。《金》谱第十九局得先列炮直车破补士角炮局,实际是同谱十八局第八着的"接变"。《金》谱三局大列手炮局共有"接变"45个(包括变中之变),等于《自》谱变化的九倍。

《自》谱的"来字窝心炮""无字袖手炮"等其他类局朴素的绰姿倩影,在《金》谱"得先窝心炮破补士角炮局""得先屏风马破当头炮局"等同类局中(包括"接变")显山露水,得到雕琢,勿容置疑。通过判断和细致的对照比较,《自》谱比《金》谱简单,《自》谱比《金》谱粗糙,《自》谱比《金》谱原始,《自》谱当早于《金》谱。既然《金》谱已考订为南宋棋谱,我们有理由认定《自》谱当是南宋或者南宋以前棋谱;《自》谱一旦归属宋谱,它的位置将理所当然地排在《金》谱之前。

六、《象棋金鹏十八变》

明嘉靖十九年(1540年)高儒编成的《百川书志》卷十一《子志五·杂艺》著录:"《象棋金鹏十八变》二卷(不著姓氏,起行变胜之局也,谱前述洪迈丞相论及行子指明)。"明赵用贤《赵定宇书目·沈滨庄》:"《金鹏秘诀》(一本)。"明赵琦美《脉望馆书目·子类五·象棋》:"《金鹏秘诀》一本,又一本。《金鹏十八变》二本。"明杨慎《升庵集·兰亭杜诗》则谓《金鹏秘诀》"所记是棊势残着,元无金鹏变于局也。"由此可以断定《象棋金鹏十八变》与《金鹏秘诀》分属两种棋谱,《金鹏十八变》是全局谱。

由明徐芝精选,陈学礼校正,明隆庆庚午年(1570年)刊行的《适情雅趣》保存了《金鹏十八变》前后集的全局着法。目录中,"金鹏十八变前集目录",自"得先顺炮横车破直车(弃马局)"至"得先顺炮横车破横车局",共22局,"金鹏十八变后集目录",自"饶先顺手炮横车破直车局"至"饶双马得先破斗巡河炮局",共30局。

关于《金鹏十八变》的问世年代,张如安君最先考证为南宋,无疑。但究竟是《事林广记》收录的象棋谱早呢?还是《金鹏十八变》早?只要作一比较,就可发现《事》谱比《金》谱简、粗,一目了然。《事林广记》(有可能选录自《象棋神机集》或其他谱),而没有选录较为精彩的《金鹏十八变》?一、可能《金鹏十八变》当时是手抄本,未被陈元靓等人发现;二、《金鹏十八变》比《事林广记》收录的象棋谱问世滞后。为此,将《金鹏十八变》排在《事林广记》收录的象棋谱之后介绍较为合理。

张如安君最先发现耶律楚材记载"金鹏变"的诗,是考证《金鹏十八变》问世年代的有力佐证,然不够深入。蒙古耶律楚材《湛然居士文集》卷五《过闾局河四首》之二:

北方寒凛古来称，亲见阴山冻鼠冰。

战斗檐楹翻铁马，穷通棋势变金鹏。

五车经史都无用，一鹗书章准可凭。

安得冲天畅予志，云舆六驭信天乘。

诗作者耶律楚材是蒙古国大臣，生于金章宗明昌元年（1190年），卒于蒙古甲辰年（1244年），即乃马真后称制第三年。楚材是辽东丹王突欲八世孙，金尚书右丞耶律履之子，三岁丧父，受母杨氏教育。金宣宗贞祐元年（1213年）授予他开州同知。次年，留守燕京，为左右司员外郎。贞祐三年（1215年）成吉思汗取燕京。蒙古戊寅年（1218年），成吉思汗闻耶律楚材才识，下诏召见他，《过闾局河四首》即作于此次诣行在时。

《过闾局河四首》之二，诗首联以写景点、时间；颔联以"翻铁马"和"变金鹏"比喻战斗形势的激烈和瞬息万变。

按，孟昉诗"风弄虚檐铁马鸣"。《芸窗私志》："元帝时临池观竹，既枯，后每思其响，夜不能寝，帝为作薄玉龙数十枚，以缕线悬于檐外，夜中因风相击，听之与竹无异，民间效之，不敢用龙，以什骏代，今之铁马是其遗制。"风平铁马静，风烈则铁马翻，颔联上句喻指战斗之激烈。金鹏即大鹏金翅鸟。《庄子·逍遥游》："鹏徙于南冥也，水击三千里，抟扶摇而上者九千里。"谓鹏之大。金翅鸟名出《华严经》卷三十六、《智度论》卷二十七，梵语迦楼罗、揭路荼，佛教徒称其天新八部之一。《华严探玄记》："金翅鸟有种种宝色庄严，非但金。依海龙王经，其鸟两翅相去三百三十六万里，阎浮堤止容一足。依涅槃经，此鸟能食消龙鱼七宝等。"金翅鸟中的最胜者是金翅鸟王，用以譬佛；而罗汉入定时现十八神变，中国古代也以十八变极言变化之多，如《易·系辞上》"是故回营而成易，变有十八而成卦"。诗中"变金鹏"即"金鹏变"，实指棋谱《金鹏十八变》，颔联的下句喻指战斗瞬息万变。

颔联从语法的结构分析："战斗檐楹"与"穷通棋势"均属偏正结构，其中"战斗"对"穷通"，"檐楹"对"棋势"。"翻铁马"与"变金鹏"是"铁马翻"与"金鹏变"主谓结构的倒装句，把主谓结构变成了动宾结构。其中"翻"对"变"，"铁马"对"金鹏"，又是动词对动词，名词对名词，综观颔联诗句对仗工整。"金鹏"在这里是一个名词，和动词"变"构成了"金鹏十八变"的简称，因为严格的律诗句不可能把棋谱名称"金鹏十八变"五字全部写进去。从而可以肯定颔联下句"棋势变金鹏"就是《金鹏十八变》象棋谱。

耶律楚材在作《过闾居河四首》之前也许研读过《金鹏十八变》棋谱，起码有所了解它的变化奥妙,才灵活地运用在该诗句中,喻指战斗瞬息万变。这一点还可以从他在蒙古癸巳年(1233年)的《寄东林》诗中,有"金鹏手段平翻海"之句,说明他对"金鹏十八变"有所研究。可谓前后呼应,互为印证。

耶律楚材另有一首《寄妹夫人》诗云:"三十年前旅永安,凤箫楼上倚阑干。初学书画同游戏,静阅琴棋相对闲。"回忆是美好的享受,日常生活中对棋没有特殊的嗜好和情感是写不出这样诗句的。他在《为郑景贤寿》诗:"诗笔饶君甘在后,琴棋笑我强争先。"则说明他的棋是有相当功力的。这与他研读《金鹏十八变》棋谱不无关系。

《金鹏十八变》是《适情雅趣》收录并保存下来的一部南宋时期的全局象棋谱,从图谱上棋子的形制也可以得到佐证。棋子分白、黑两色,以阴刻的棋子为白,以阳刻的棋子为黑。兵种有"将"与"帅"、"卒"与"兵"等之区分,不足奇,后至元本《事林广记》收录的《棊枰图式》,白方是五枚"兵",黑方是五枚"卒"。这即是元代以前已存在的兵种区分的非主流。但也不排除元、明时对该谱增补修改。

从明代全局谱考察,《适情雅趣》保存了《金鹏十八变》的原来面目,《橘中秘》的著者朱晋桢则对金鹏原著有所校正,稍有增补。从《适情雅趣》与《橘中秘》的扉页上,都冠以"金鹏十八变",本身就点明了该两谱是以《金鹏十八变》为蓝本的。《金鹏十八变》的贡献还在于它系统地阐述了斗炮局(包括顺手炮和列手炮)的各种变化,指出了屏风马的战略方向,揭示了新颖的诸如顺炮横车对横车布局例式,对后世的全局谱产生了深远的影响。

明高儒《百川书志》记录《象棋金鹏十八变》二卷,"谱前述洪迈丞相论及行子指明",赵琦美《脉望馆书目》则记录《金鹏十八变》二本;查现存《金鹏十八变》二卷,谱前未有"行子指明",却有一篇"棋经论",即"合战篇"部分内容。看来实有两种版本,属同一类谱,谱前均有洪迈论述(内容不同)。《象棋金鹏十八变》"谱前述洪迈丞相论及行子指明"究竟是洪迈丞相亲为该谱作的序,还是如现存《金鹏十八变》收录《棋经论》部分内容冠以"棋经论"置于谱前。在未证实前,把《金鹏十八变》的问世年代,裁定为《棋经论》的问世年代欠妥。因此,依耶律楚材蒙古戊寅年作《过间局河四首》的相对年代,南宋嘉定十一年(1218年)之前,暂定为《金鹏十八变》的成书年代较为合理。

钱曾(1629年—1701年)的《述古室藏书目》著录了《金鹏十八变》,足见此谱在清康熙年间尚有流传。

第四章　明代象棋——鼎盛期发端

人们常说,世事如棋事,是说世间某些事物和下棋有着相似之处。然而棋事又如世事,象棋的发展又如同社会的发展,以波浪式的方式向前迈进。

明代象棋横跨了象棋发展史的两个时代。即元代至元中期到明代正德末年(1521年)的中落期,及明代嘉靖元年(1522年)到清代嘉庆二十五年(1820年)的鼎盛期。

明代中叶,我国出现了资本主义萌芽,商业、手工业的繁荣促使象棋活动复苏。由于造纸业、印刷业的空前发展,以及象棋自身的发展,棋谱如雨后春笋,是象棋鼎盛期的最大特点。鼎盛期又分为两个阶段,明代时期是象棋发展中总结过去的第一阶段;清代则是排局兴盛、布局正始的新时代,是鼎盛期的第二阶段。把鼎盛期统称为"嘉嘉时期"。

隆庆五年(1570年)徐芝的《适情雅趣》和崇祯五年(1632年)朱晋桢的《橘中秘》是斗炮局的光辉总结。特别是《橘中秘》在选录、校勘旧谱和改革棋谱接变上成绩显著,集明代棋谱之大成,影响甚大。这一时期还有古代传来、创作时代尚难确定的《梦入神机》等名谱,琳琅满目,构成了象棋鼎盛期第一阶段的盛况。

第一节　明代象棋呈上升趋势

一、元至明初象棋中落

元朝初年,象坛仍承南宋流风余韵,尚可称繁荣。元朝统治者加强专制以后,象艺日趋沉寂。自此到明代正德末年(1521年),近250年中没有出现过一个象棋名人,也没有一部较好的象棋谱著成。我们不得不称之为中落期。

统治者对象棋的歧视和不时采取法制限制,是象棋中落的主要原因。为了压制民间的体育娱乐活动,甚至动用刑律,降旨立法。《元史·刑法志》载:"诸民间子弟,不务生业,辄于城市坊镇,演唱词话,教习本戏,聚众淫谑,并禁治之。""诸弃本逐末,习用角抵之戏,学攻刺之术者,弟子并杖七十七。"明朱元璋时则更残酷,据明顾起元(1565年—1628年)《客座赘语》卷十载:"俗传淮清桥北有逍遥楼,太祖所建,以处游惰子弟者。按陈太史《维桢录》记,太祖恶游手博塞之民,凡有不务本、逐末、博弈、局戏者,皆捕之,禁锢于其所,名逍遥牢。"另据明沈德符(1578年—1642年)所著《野获编》收录朝章《刑部·赌博厉禁》:"按洪武二十二年圣旨:学唱的割了舌头,下棋、打双陆的断手,蹴圆者卸脚,犯者必如此施行。"立法之酷,令人发指,扼杀棋艺,责有攸归。因此清董含对此评论:"明初立法之酷,可以至此,几乎桀纣矣!"

偏重过激的厉禁政策,严重地阻碍了民间杂艺的发展。无疑,象棋也处于低落期。

二、沉寂后的复苏

"满园春色关不住"。象棋终以它争斗的乐趣,无穷的变化,以及独特的魅力,在朱元璋死后不久,悄悄地踏上了复苏的道路,重新进入宫廷领域。

首先淡忘了逍遥牢和禁弈厉政的竟是朱元璋的子孙。他的四子明成祖朱棣(1360年—1424年)命解缙(1369年—1415年)等人纂修的类书《永乐大典》,就专列"弹棋、象棋"为一卷;他的十六子朱权(1378年—1448年)还亲自编著了《象棋势谱烂柯经》一卷,自署"南极遐龄老人臞仙编"。

明尹直《謇斋琐缀录》载明仁宗朱高炽在当太子时,见到两名太监下象棋,就命状元曾棨(1372年—1432年)即景赋诗,诗云:

> 两君对敌立双营,坐运神机决死生。
> 十里封疆驰铁马,一川波浪动金兵。
> 虞姬歌舞悲垓下,汉将旌旗逼楚城。
> 兴尽计穷征战罢,松阴花影满残枰。

朱高炽并随和了一首：

> 二国争强各用兵,摆成队伍定输赢。
> 马行曲路当先道,将守深宫戒远征。
> 乘险出车收败卒,隔河飞炮下重城。
> 等闲识得军情事,一着成功见太平。

正德间诗人毛伯温,曾依曾、朱同韵复和一首：

> 两国事雄动战争,不劳金鼓便兴兵。
> 马行二步鸿沟渡,将守三宫细柳营。
> 摆阵出兵挡要路,隔河飞炮破重城。
> 帷幄士相多机变,一卒功成见太平。

以上三首诗,生动地反映了这一时期宫廷象棋活动的历史,使我们了解明代象棋复苏的概况。

清初褚人获《坚瓠集》首集卷一记载了明代著名理学家兼军事家的王守仁(1472年—1528年)幼年时迷恋象棋,他母亲一怒之下,将象棋子丢入河中,王守仁作《棋落水》诗：

> 象棋终日乐悠悠,苦被严亲一旦丢。
> 兵卒堕河皆不救,将军溺水一齐休。
> 马行千里随波去,象入三川逐浪游。
> 炮响一声天地震,忽然惊起卧龙愁。

王守仁幼时作《棋落水》诗约在成化后期,反映出象棋已在民间传播,日趋兴盛的势头。故唐寅(1470年—1523年)在约弘治十八年(1505年)至正德六年(1511年)间为沈津《欣赏编》中的《谱双》作跋说：

"今樗蒲、弹棋俱格废不传,打马、七国棊、汉官仪、五木等戏,其法具在,时亦不尚。独象棊、双陆盛行。《象棋神机集》不见传,今惟有《金鹏七着》……"

唐寅写在《谱双》后面这篇跋文,反映出弘治、正德年间社会上时尚象棋、双陆,并有象棋谱《金鹏七着》流行于世。不难看出,从朱元璋的子孙冲破太祖的禁锢之后,象棋正沿着复苏、复兴的道路稳步地向前发展,一个充满生机的象棋鼎盛时期已孕育成形。

三、象棋发展的第二个高潮——鼎盛期发端

明代中叶,我国出现了资本主义萌芽,商业、手工业繁荣,商业城市崛起,科学文化发展较快。尤其科学文化在某些方面的成就对后世产生了深远的影响。如李时珍(1518年—1593年)的《本草纲目》,徐光启(1562年—1633年)的《农政全书》,徐弘祖(1586年—1641年)的《徐霞客游记》,宋应星(1587年—?)的《天工开物》,以及吴承恩(1510年—1581年)的《西游记》,朱载堉(1536年—1611年)的音律,陈弟(1541年—1617年)的音韵,汤显祖(1550年—1617年)的戏剧等无不功垂青史。至于"明四家"沈周(1427年—1509年)、文徵明(1470年—1559年)、唐寅(1470年—1523年)、仇英(1506年—1555年)的画,其艺术价值之高毋庸置疑。

象棋,作为文化艺术的组成部分,又处在文化艺术迅速发展这块环境与沃土之中,当然也会结出丰硕的成果。嘉靖(1522年)以后,棋坛如春花争艳,一派繁荣景象。从京城到边疆,从城市到乡村;从缙绅到农夫,从商人到地主,崇尚象棋蔚然成风。

嘉靖以后,象坛人材济济是鼎盛期发端的一大特点。最负盛名,棋艺最高者首推"只此一艺,可高古今"的李开先。他同当时的象棋国手、专业棋手对弈,取胜轻而易举,因而有"虽云国手同推汝,叵奈强兵独有吾"。国手和他下棋"每让三先难成埒,纵饶一马亦长输"。是当时一位名副其实的棋王。李开先凡"以棋投谒者,俱赠之诗",因而他的多首象棋诗,记录了当时众多著名象棋高手的活动。如专业象棋国手吴橘隐、吴升甫、吴唐,"举世无以抗衡者"业余棋艺家陈珍、章城高手张希秋、小京官蔡荣,专业棋手朱、相、曹、杨等人,以卖艺度日的瞽者刘九,"病目贪棋误半生"的秀才李淑荐及"敲棋是处皆无敌"的探花邢雉山,他们都是嘉靖年间象坛的有名人士。

嘉靖朝,贪黩极奢当数权相严嵩(1480年—1569年)及其子严世蕃(?—1565年)一家。钱静方《小说丛考》记载了王天华专门训练了三十二美人并地衣(画棋盘的布幔),献给严世蕃夫妻下活人象棋取乐。后由于严世蕃强索民脂民膏等罪恶被御史邹应龙、林润等揭发,嘉靖四十四年(1565年)严世蕃被杀,严氏巨额家产被籍没。得黄金三万余两,白金二百万余两,在珍宝服玩中就有"玛瑙象棋子""象牙棋子""香棋子""玉棋子"的载录。

这一时代的民间艺人,当数嘉靖、隆庆年间,被誉为"都下八绝"之一的象棋绝张京。万历朝后七子诗文复古派的盟主王世贞(1526年—1590年)及李先芳(1511年—1594年,嘉靖时累官至尚宝司司丞,升少卿)等都嗜好象棋。周晖《续金陵琐谈》有一则记载万历间王世桢升任南京刑部尚书后,观看棋手棋赛的故事:

"象棋国手忻杰、苗辅二人,王凤洲(王世贞号凤洲)公在刑部时,门下有端姓瞽目者招牌云:'下棋无敌手,算命有神通。'有客荐忻杰与较胜负,凤洲公出银五钱为彩,相约曰:'能两局胜者得银。'忻即连胜两局。坐客蹴忻足,忻悟,第三盘佯为和局。"

这里为我们提供了万历朝金陵象棋国手忻杰、苗辅。瞽者端某虽然败了,但以盲目抵抗国手很不容易。

万历间南京太常博士臧懋循,字晋叔,长兴人。既是棋迷又是球迷,每逢外出,总是把棋盘和球挂在车上。汤显祖有诗云:"深灯夜雨宜残局,浅草春风姿蹴球。"地方县志也有记载下棋的人,据《兰阳县志》载:"秦科,明兰阳人,善象棋,成精围棋,天下无敌。"

明末大将袁崇焕(1584年—1630年)运用象棋治军传为棋坛佳话。天启二年(1622年),袁崇焕请缨,被破格提拔为兵部佥事,监关外军,驻守关内。戍辽后看到士兵斗志低落,军营中赌天九通宵达旦;遂将融军事、娱乐于一体的象棋,取代赌博的天九,并于军务之暇,与士兵横车跃马,手谈枰上,由此深得兵士信赖。后有击败努尔哈赤取得"宁远大捷"及大败皇太极取得"宁锦大捷"的战功,与其以象棋整肃军风、激励战志不无关系。

天启、崇祯朝,以"无敌手"朱晋桢为首的朱氏一家堪称"象棋之家",是明末象坛代表人物。朱晋桢总结前人战术成就,辑成象棋谱《橘中秘》四卷。其兄朱翼维(号无住居士)为《橘中秘》作序,说自己在天启间曾任云南总督镇压云南少数民族,"以象战克之"。又在崇祯二年抵御后金皇太极军队于北京广宁门,"以炮击走之",并言季弟朱晋桢《橘中秘》"其多所发明,更以新意点缀,灵机跃跃满楮",皆为行家之言。《橘中秘》由其侄朱尔郇、朱景箫为之校阅,可见其侄对象棋亦颇有研究。

《橘中秘·凡例》谓"象戏向因市廛童叟纷然从事",则反映了这一时期社会崇尚象棋。

至嘉靖以后,文学作品涉及并推崇象棋,是鼎盛期发端的又一特点。

诗歌方面以李开先的诗最具影响,尤以前后《象棋歌》最为著名。《前象棋歌》97句628字,记述了他战胜"海内号无双"的象棋国手吴唐的弈局经过;《后象棋歌》136句788字,则系统地阐述了自己的象棋心得。这样长的诗歌,在古代诗歌史上、象棋史上都是一份重要史料。他的《咏象棋》诗:"坐守楸枰不记年,用心无所此犹贤。休官久作林居士,对客堪称橘隐仙。"《后象棋歌》:"赌酒不输难中圣,用心于博似犹贤。"《赠谢少溪》诗:"将棋度日酒为年,局中何如中圣贤。"在这些诗中,他大张旗鼓地宣扬象棋,把象棋视为生活寄托者,视为荣耀,视为有益的活动。

成书于万历间的长篇小说《金瓶梅》,以土豪恶霸西门庆发迹暴亡为线索,反映了明代中后期各阶层人物的状况和社会现实。从书中可以看到上至官僚地主,下至书童无赖,无不嗜好象棋,以象棋为特长、为技艺。

第二回写西门庆"从小儿也是个好浮浪子弟,使得些好拳棒,又会赌博,双陆象棋,抹牌道字,无不通晓"。又写卖茶王婆对西门庆说:"这个雌儿(指间壁的潘金莲)来历,虽然微末出身,却百伶百俐,会一手好弹唱,针指女工,百家奇曲,双陆象棋,百般尽知。"

第七回说孟玉楼"双陆、棋子不消说"。

第十回合说"一分儿家财都嫖没了,专一跟着富家子弟帮嫖贴食"的应伯爵"双陆、棋子,件件皆通",又写"帮闲谢希大和书童儿两个在书桌上下象棋"。

第十八回写西门庆的女婿纨袴子弟陈经济"诗词歌赋,双陆象棋,拆牌道字,无所不通,无所不晓",并以《西江月》一词对其进行了入微的刻画:

> 自幼乖滑伶俐,风流博浪牢成。爱穿鸭绿出炉银,双陆象棋帮衬。 琵琶笙筝箫管,弹丸走马圆情。只有一件不堪闻,见了佳人是命。

第十九回写西门庆第一夫人吴月娘"于是走在一个最高亭子上,名唤卧云亭,和孟玉楼、李娇儿下棋"。

其他如官僚蔡御史、妓女吴银儿及董娇儿等,西门庆的妾、书童等无不嗜好象棋,象棋已成了这些人生活中必需的点缀品。

明音律家、数学家朱载堉(1536年—1611年)《醒世词》有一首散曲《山坡羊·十不足》:

> 逐日奔忙只为饥,才得有食思为衣。
> 置下绫罗身上穿,抬头又嫌房屋低。
> 盖下高楼并大厦,床前缺少美貌妻。
> 娇妻美妾都娶下,又虑出门没马骑。

将钱买下高头马，马前马后少跟随。

家人招下十数个，有钱没势被人欺。

一铨铨到知县位，又说官小势位卑。

一攀攀到阁老位，每日思想要登基。

一日南面坐天下，又想神仙下象棋。

洞宾与他把棋下，又问哪是上天梯？

上天梯子未做下，阎王发牌鬼来催。

若非此人大限到，上到天上还嫌低。

全曲自然流畅，一气呵成，把一个贪得无厌之徒刻画得入木三分，淋漓尽致。

明末小说家冯梦龙(1574 年—1646 年)辑的时调集《挂枝儿》有一首《象棋》情曲：

闷来时，取过象棋来下。要你做士与象，得力当家。小卒儿向前行，休说回头话。须学车行直，莫似马行斜。若有他人阻隔了我恩情也，我就炮儿般一会子打。

该曲巧妙地运用象棋比喻，把一位妻子对丈夫的期望、规劝、恩爱，绝不容许第三者插足的泼辣性格，鲜明地展现在读者眼前。

冯梦龙所辑的《山歌》中有咏《棋》二首：

收子象棋着围棋，姐道我郎呀，你着着双关教我邮亭移，零了中间吃郎打子辘轳结，结来结去死还渠。

收子围棋着象棋，石炮当头须防两肋车。我只道你双马饮泉叉起个羊角士，罗道你一卒钻心教我难动移。

后一首曲，仅 42 字，以隐喻的手法，通过象棋开局布置"当头炮"，中局杀法"两肋车"，残局杀势"双马饮泉""一卒钻心"(俗称"大胆偷心")，解杀的手段"叉起个羊角士"等常见的象棋术语，把一位情人(勇士)的强烈求爱欲望及勇猛进攻方式，惟妙惟肖地透示在棋子行间。曲意盎然，情感炽烈。

其中"双马饮泉"残局始见于《事林广记》，明时甚为流行。明王圻将其收入《三才图会》的《人事》卷一象棋部类。

《山歌·私情杂体》还辑有一首《象棋》情歌：

> 结识私情像象棋，棋逢敌手费心机。渠用当头石炮，我有士象支持；渠
> 用卒儿掤进，我个马会斜移。姐道郎呀，你摊出子将军头要捉我做个塞杀
> 将，小阿奴奴也有个踏车形势两逼车。

该曲首联即已扣题，喻男女之间结识的私情，如同棋逢对手让人颇费心机，
捉摸不透。运用象棋的中炮进攻与士象防守，卒挺进与马斜移，露将做杀与马踏
双车解围的激烈争斗场面；把一个聪慧女子的机敏应变能力，活龙活现地展示给
读者。

明郑若庸创作了一折小戏《博弈》，描写了临安城中解帮闲、张鬼熟，去哄骗
专好花酒赌博，挥金如土的财主咎喜员外的故事。戏中并有唱词："平马森然成
势，俨鸿河楚汉，犄角相持。"这样象棋上的术语。

明浮白主人《笑林》记载了一则笑谈："两人下象棋，旁观者往外小恭，再至，
则两人俱不见矣。遍觅之，乃在门角里夺车。"这两位棋迷的争强好胜，正是象棋
普及，受到推崇的一个缩影。

嘉靖以后，众多的文学作品涉及、推崇象棋，反映了象棋的普及与人们的喜
爱。故中明文学家杨慎在《丹铅杂录》说："今之象戏，芸夫牧竖，俄顷可解。"由于
象棋的普及，涌现了涉及象棋的文学作品；文学作品宣扬了象棋，而象棋又丰富
了文学作品的内容。这种相辅相成、相得益彰，是象棋发展和兴盛的重要作用和
力量。

第二节　明代著名高手及棋艺活动

明代中后期，象棋呈盛行发展势头。前文列出的有名有姓的象棋名手就有
30多位，但不足囊括明代中后期所有的象棋名手。由于统治者向来贵弈贱象，视
象棋为"末艺"，而有所限制。如李开先由于"浮白对弈，谈笑竟日"，被奸人辱为状
由而罢官。"有职守"的京官陈珍，"为避小嫌，出京傲馆章城，有友人荐之德府，与
希秋(当时名手张希秋)相较"(见《李开先集》闲居集之四《赠棋客陈国用·有
序》)，为赛象棋还得从京城跑到章城，避人小嫌。至于民间象棋高手，很难登大
雅之堂，又无人为他们树碑立传，不知多少名棋手被湮没。

仅就已掌握的史料，择其有代表性的三位象棋高手予以叙述。

一、象棋可高古今的李开先

李开先是明代嘉靖朝的象棋第一国手。

李开先(1502年—1568年),字伯华,号中麓或中麓放客。明山东章丘人。嘉靖八年(1529年)中进士,自嘉靖十一年(1532年)至二十一年(1542年),历任吏部考功司主事、稽勋司员外、文选司郎中、太常寺少卿等职。常与唐顺之、王慎中、陈东、赵时春等诗文唱和,号称"嘉靖八才子"。时阁臣夏言、严嵩弄权,朝政腐败;开先不畏权贵,怒而抨击,结果失败,被削职为民,从此与官场无缘。

李开先出生于明代盛行象棋的山东章丘县,从小就爱下象棋、编曲,所作《诰封宜人亡妻张氏墓志铭》(时李开先46岁)记述了他本人的嗜好及贤妻的规劝:"余性好游,敲棋编曲,竟日无休,归则读书夜分,务补昼功。宜人每戒之曰:'人言白日沿村啜茶,夜晚点灯编麻,子之谓夫?且人生血气有限,昼夜兼劳,久之血气兼病矣。'"

贤妻规劝他不要昼夜兼劳,好友御史唐顺之也屡次劝他"不当着棋",他自己也曾作了《四戒诗》,戒棋、诗、花、思,《戒棋》诗说:"名擅棋中圣,心神良以劳。虽不称坐隐,不着更为高。"可这些都动摇不了他下棋、作诗的癖好。仕途被扼杀,抱负已破灭,精神无寄托;只能"将棋度日酒为年",以棋为乐,以诗为趣,以酒解愁,这也是众多失意文人已走过的道路。故在他的《后象棋歌》中有这样的诗句:"逃名海岛有今日,坐隐楸枰不论年。招呼众友终朝为戏具,一任人情世事雨覆共云翻。"

李开先另一首《咏象棋》和上面四句诗有异曲同工之妙,相映成趣,道出了隐仙境界:

坐守楸枰不记年,用心无所此犹贤。

休官久作林居士,对客堪称橘隐仙。

妙法近从温国得,微辞原自陕州传。

花阴覆局云侵榻,自许何殊小洞天。

李开先凡"以棋投谒者,俱赠之诗",因而他的诗既留下了同时代众多象棋名手的活动状况,又揭示了他非同凡响的象艺造诣。他在《赠棋客陈国用》诗序中说燕京人陈珍"以象棋擅名,举世无与抗衡者","与希秋相较,亦胜之矣","独余长饶一马,终年止和数局,余皆败北。人咸称予:只此一技,可高古今"。李开先与专业棋手吴橘隐、吴升甫较量，饶一马亦绰绰有余。《戏赠棋子吴橘隐》诗云：

> 相逢不爽相期日，触暑冲泥慰所思。
> 终岁终朝饶一马，千盘未得一和棋。

在《送棋客吴橘隐兼及吴升甫》诗中，亦有相同的描述：

> 虽云国手同推汝，叵奈强兵独有吾。
> 每让三先难成埒，纵饶一马亦长输。

李开先归居故里章丘后，他的家成了北方象棋活动的乐园，在《与客游百花园》诗中自豪地说："棋客有谁为敌手，园丁与我总闲身。"由于他高超的棋艺，吸引着众多的棋客拜谒。在《前象棋歌》中曾有记述：

> 吾以棋名擅天下，后先访者纷相望。
> 蔡荣陈珍有职守，屡会朱相共曹杨。
> 二吴担簦不惮远，一岁一来惟小张。
> 神品方能称入室，有如此辈只升堂。

朱、相、曹、杨四人生平不可考，与李开先的棋艺交流甚多。二吴即指吴橘隐、吴升甫，小张似指张希秋。他们的棋力还够不上神品，只有升堂的资格。唯有李开先在京做官时的旧相识吴唐，象棋海内无双，艺臻神品，但棋力仍逊李开先一筹。《前象棋歌》就记述了李开先战胜国手吴唐的弈局经过：

> 无事偏知夏日长，诗书懒读程匡床。
> 有客款门称国手，敲棋海内号无双。
> 既出大言定绝艺，又疑良贾必深藏。
> 呼童延入欣相见，乃是旧识名吴唐。
> 京国别来今数载，声音如昨鬓毛苍。
> 里中棋友来相会，共说棋高不可当。

昔日的旧相识，京都的国手，数年不见，专程来访，怎能不让开先喜出望外，乃遍邀乡里棋友,会一会京城老国手。轮番上阵,均遭败绩,"共说棋高不可当"。此句呈前启后,既点出了国手非同凡响的高超棋艺,又为与吴唐激战设下伏笔:

恼余奋起试临局,长啸高呼如病狂。
几度攒眉筹上策,片时屈指得中行。
能使寸心远千里,角弓百步可穿杨。
九十之路横还纵,三十二子定低昂。
二炮隔物方击物,直冲五卒不回翔。
兵戈外列如屯戍,士相中环厚自防。
将出九宫离窟穴,河分两界守封疆。
马走首摇须尾应,车伤齿冷为唇亡。
马似入林之虎豹,车为当道之豺狼。
宁失一子,勿履危乡,
机关莫露,出入宜祥。
或攻其必救,以为可通之路;
或因其无备,以为致胜之方。
双凫戏水机偏巧,独鹤旋空声愈扬。
鼓角喧阗惊朔漠,旌旗荡漾映甘凉。
一天雨骤燕山黑,万里云长塞草黄。
震曜声容披草木,严明号令肃风霜。
一苇轻飞穿急峡,投鞭端可断长江。
谈笑风生白羽扇,指挥雾涌碧油幢。
驱役三千虎旅,分敷十二龙骧。
捷如驰八骏,险如攻五羊。
或盟于召,或会于黄。
不但雄兵犁草地,够将尺组系名王。
青海又闻征可汗,白登忽报走高皇。
迟如围莒速入蔡,倏忽迟速谁能量。
惊骇远探藏虎穴,喧哗不减斗鸡场。
危如张许支孤垒,狭比孙刘保一方。
战酣日影移松榻,毕剥之声闹竹窗。

近友旁观如旧怯,远人丧气纳新降。

击节高歌青玉案,摊盆赢得紫罗囊。

曹公智穷败赤壁,项王势蹙刭乌江。

行云流水,一气呵成。如果没有深厚的棋力,犀利的笔锋,超脱的境界,很难有此佳构。其绘声绘色的描述,将读者引入枰场,犹如身临其境目睹国手激战风采。作者还有一首较《前象棋歌》多160字的《后象棋歌》,系统地阐述了自己的象棋心得。如"彼强我弱避其锋,我寡彼众张其势";"禁子若泰山之压,成家如磐石之安";"行行不断,着求求先";"知和而和,可速则速","莫走颠崖,宜居要地";"当头用炮能惊众,夹肋藏车可突围"等象棋经验,今天读来,不无裨益。由于时代的局限,李开先没有留下任何对局记录,我们只能借助他留下的诗歌,了解到他高超的棋艺和棋坛轶事。

二、"象棋绝"张京

民间象棋,世人称嘉靖、隆庆年间,北京象棋绝张京最为卓绝。张京生平未详,对中、残局特别有研究,沈榜《宛署杂记》卷二十记载,他"与人棋将半,即定几十着以某子取胜,无不验者。然性和易,不欲上下,无高下,辄终日与之和局,盖棋隐云"。算定几十着之后取胜,已非易事;而终日与人下和棋,实属难能。没有超人一等的象棋水平,没有驾驭局势的洞察能力,没有"和为贵"的处世情操,"终日与之和局"是很难做到的。

由于张京象棋超绝,被冠誉为"象棋绝"。他与围棋绝阎橘园、踢毽绝郭从敬、投壶绝苏乐壶、琵琶绝李近楼、吹箫绝王国用、三弦绝蒋鸣歧、八角鼓绝刘雄,被誉为嘉、隆间的"都下八绝"。钱伯城《寄散木》云"凡艺到极精处,皆可成名"。他们都是些社会地位低下的市井艺人,以一艺技压群芳,艺冠京都,确实不易。他们丰富了京城文化生活,推动了文化艺术的发展和传播,功不可没。

三、"无敌者"朱晋桢

朱晋桢,字进之,明末江苏东海人。朱晋桢是明末象坛最著名高手,号称"无敌者"。他既能驰骋枰场搏杀,又喜握管操觚总结前人战术成就,辑成象棋谱《橘中秘》四卷。

朱晋桢据其兄无住居士朱泰(字翼维)所作《橘中秘》序文介绍,说他"多才多艺,寄心于中极,其所至神巧出焉,亦足自树";他"资性素敏,而抑知其殚精求详";

"每见其锐志不帷,思入微渺,篝灯丙夜,靡有他念"。一位天资聪慧、刻苦勤奋、殚精求详的朱进之映入眼帘。后因家累所牵,遂"旁涉雕虫,悉造其巅,而于象戏,尤得三昧,即明眼人,鲜不敛手,称'无敌者'"。

朱晋桢总结前人成果,加之悉心研究,编辑成《橘中秘》象棋谱四卷,成为明代最具影响的名谱。兄朱泰林泉休暇,看到他所辑《橘中秘》,发出了"见其多所发明,更以新意点缀,灵机跃跃满楮,余叹服之"的赞语,因而"益信手谈,闲消日月,橘中虽隘,自觉天地之宽",遂"赞付梓人,公诸同好",留下了一部影响深远的范本。

第三节　明代象棋谱

明代嘉靖以后,象棋兴盛,象棋谱琳琅满目。类书有明初《明本大字应用碎金》及《永乐大典》收录的象棋,嘉靖进士王圻编辑的《三才图会》收录的象棋部分。象棋谱据目录学著作考察,就有 13 种之多。每种卷数,少则一卷,多则十卷;既有残局谱、全局谱,也有残局、全局兼收的棋谱,还有象棋理论专述。有的残局象棋谱,局数多达上千局,蔚为大观。这些棋谱大部分已佚亡,有的古代传来而创作年代尚不完全清楚,如《梦入神机》等谱,尚需我们进一步探讨。

众多的象棋谱问世,促进了明代中后期象棋艺术的发展和推广,显示了我国古代文化的光彩夺目。明代,欧洲各国的棋书刚刚出现,因此,明代的象棋谱在世界象棋史上具有先驱的地位。

一、明代收录象棋的类书

明代最早收录象棋的类书,是洪武年间(1368 年—1398 年)问世,佚名撰《明本大字应用碎金》(《百爵斋丛刊》本)卷下《技乐篇第三十七》,共列技艺 152 个名目,其中棋类有"围棋、弹棋、象棋、双陆、鳖棋"等种。该书题"内阁大库洪武刊本",是明宫廷藏书。

我国最大的一部类书《永乐大典》,是明成祖朱棣于永乐二年(1404 年)命解缙(1369 年—1415 年)、姚广孝(1335 年—1418 年)等人始编辑,成于六年(1408年),共有 22 877 卷,外加凡例及目录 60 卷。全书按韵目分列单字,按单字依次辑入此字相联系的各项文史资料。据《永乐大典》抄本,棋字韵占 23 卷,其中围棋占 22 卷,"弹棊、象棋"为一卷,其间很可能保存了今所不知的宋元时期的象棋史料。可惜八国联军侵入北京(1900 年)时,该书惨罹浩劫,今仅残存 720 卷,有关象棋部分,荡然无存,令人痛心疾首。

以上两部类书,既是明初象棋中落的反映,又是贵弈贱象的实录。《明本大字应用碎金》在《技乐篇》棋类中罗列了"象棋",不等于对象棋的重视,它只是作为社会存在的一种技艺予以介绍而已。至于《永乐大典》,有关围棋的部分占了22卷,而象棋、弹棋合在一起仅占一卷,孰贵孰贱,泾渭分明。

《事林广记》类书明代有多种版本。永乐十六年(1418年)《纂图增新群书类要事林广记》,建阳翠岩精舍刻本,六集十二卷;另有成化十四年(1478年)《新编纂图增群书类要事林广记》,福建刘廷宾等刻本;还有周宏祖《古今书刻》所载,临江府刻本《事林广记》。《事林广记》类书屡有增删,象棋也不例外;因未见到明版本,象棋内容不得而知。

嘉靖进士,曾官至御史的明朝史学家王圻,后辞职还乡,筑室吴淞江旁,以著书为事。他编辑的类书《三才图会》106卷,其《人事》卷一收录的象棋部分,前面已论述,完全照录后至元本《事林广记》。其"象棋局面图式"即《事林广记》之《枰图式》,其他如"象棋下子法""局面各数""棋九十分""象棋数诀"除个别字改动,内容与《事林广记》相同。《三才图会》所收录的六个残局图谱,前文已论证过,则完全是后至元本《事林广记》原班人马的照搬。残局"二龙出海势""双马饮泉势""三跳涧势""步步随势""藏机势""隐智势"图式更是一模一样。

王圻编著的《续文献通考》,上起南宋宁宗嘉定年间,至明万历止。南宋宁宗以后的风物人情(包括象棋)不可能不晓,他编辑《三才图会》中采撷有影响的类书《事林广记》所收录的象棋内容,亦在情理之中。

二、《梦入神机》残局谱

古之传来,至明嘉靖以后甚为流行的残局谱《梦入神机》,曾被一些名藏书家收藏。最早收藏该谱的是嘉靖进士晁瑮,他于嘉靖二十四年(1545年)至四十五年(1566年)著成的《宝文堂分类书目》有"《梦入神机》徽",可知《梦》谱在明代有徽刻本。徽,即安徽歙县,徽刻是明代最佳刻本之一。明赵用贤的《赵定宇书目》,与其子赵琦美的《脉望馆书目》均著录"《梦入神机》十本"。清初曾编著《明史·艺文志》的黄虞稷,著录的《千顷堂书目》子部《艺术类》有"《梦入神机》十卷",足见《梦》谱至清初尚完整存世,系卷,分装十册。

隆庆庚午(1570年)刊出的《适情雅趣》,卷首拙逸道人引言"惟夫象棋,叙全局有《金鹏秘诀》,摘变形有《梦入神机》",可见《适》谱的残局部分大都辑自《梦》谱。清嘉庆薛丙在《梅花泉》跋文中云:"皆全枰而无残局,自对垒以至让先及车马不一其目,要皆所谓《梦入神机》耶?"薛丙由于没有亲眼看到《梦》谱,才发出了这样不负责任的谬词,把全局的《梅花泉》与残局的《梦入神机》混为一谈。此后,《梦》谱销声匿迹,无人著录。

1949年8月26日,天津静海县郑国钧从本县独流镇一杜姓商贩处,购得包裹杂货用纸,实《梦入神机》残本285图。其中仅卷七幸存完帙,一百图;卷一、二、三只余残页,有185图。序、跋、作者,一概不存,成书时间无法得知。郑国钧得谱后,将其中与《适情雅趣》雷同的126图提出后,分赠诸友。所余159图悉数送给福州《象棋月刊》主编林幼如,林又删去与《适情雅趣》相雷同的15图,实得144图。后几经转手,最后由陈慎康刻印200本,始传于世。(附《梦入神机》木版本残局)

《梦入神机》谱长约27.2厘米,阔约16.8厘米。版框略有参差,大约高20.9厘米,宽13厘米,中缝不计。前后鱼尾内上刊《梦入神机》,中刊卷数,下刊页数。每半页刊棋图一幅,上题局名,下注着法提示,如"炮破四卒胜""弃车双炮胜""退炮破象胜"等。从残存的《梦入神机》近300个残局,与《适情雅趣》对照,有一半以上的残局是《适》谱所没有的,其丰富的内容可见一斑。《梦》谱卷七全,有残局图100个,说明每卷残局图100个,或者近似100个。按《适情雅趣》八卷,前六卷有

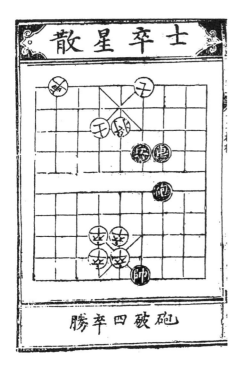

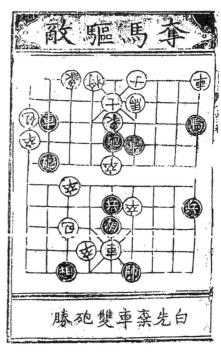

图 550 个,卷七至卷八开列着法;《梦》谱十卷,如果后两卷开列着法,可能有残局 700 局左右。故明末《橘中秘·凡例》称"旧谱残不啻千计",不为过分。《梦入神机》规模之巨大是前所未有的,可惜至今难窥全貌,殊为惋惜。

残本《梦入神机》都是以胜局为主的残局,大多数局势简单,甚至有些局有疏漏现象,但也有不少精彩佳构。下面介绍一局:

士卒星散(炮破四卒胜)

兵四进一	将五退一	兵四进一	将五退一	车三平五	将五平四
车五进三	将四进一	车五平八	士四退五	车八退六	将四进一
车八平六	将四平五	车六平五	将五平四	炮三平五(白胜)	

为保持《梦》谱原貌,依照原图制图。该谱棋子以凹入阴刻的为白方,凸出阳刻的为黑方,似有宋谱遗风。兵种已有"帅"与"将"、"相"与"象"、"炮"与"包"、"兵"与"卒"之区分。今残存《梦入神机》原谱,仅有棋图及获胜提示而无着法,其着法均为今人所拟,原谱着法有无"接变"至今仍是一谜。诠注古谱,责无旁贷。但增拟着法应依原图为准则,为使棋局"使增几着,且较深一层"。改变了原图本来面目,有损古谱真谛。如《梦》谱"周旋中矩"局,原图只需九着即可获胜,没有必要改变原图使增几着。

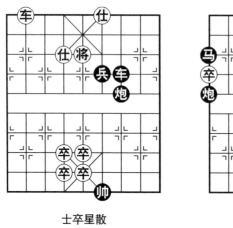

士卒星散

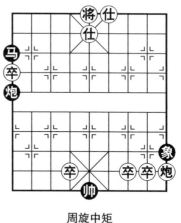

周旋中矩

周旋中矩(炮开背攻胜)

| 炮九平三 | 将五平四 | 炮三进四 | 将四进一 | 马九退七 | 将四进一 |
| 炮三退一 | 士五进六 | 炮三平九(红胜) | | | |

"周旋中矩"局虽然着法朴素简单,但自然流畅,无牵强附会之感,属初级的

马炮联攻范例。为了多凑着数,改变原图,则就不是《梦入神机》矣。

三、《适情雅趣》

《适情雅趣》是我国现存内容最丰富、局例最多、规模最大、最完整的象棋古谱。全书十卷,共分八册,共计 445 页。刻本书面小签竖书"适情雅趣",扉页正中直题"适情雅趣"四个大字,框眉上横书"爽心怡神"四个小字,右上角刊"金鹏十八变"五字,左下角是书肆作坊的署名,如"三畏光启堂藏板"或"敦化怀德堂藏板",字体均为宋体。(附《适情雅趣》扉页复印件)

三畏光启堂开本长 21.7 厘米,宽 13.7 厘米;敦化怀德堂本长 24.5 厘米,宽 15.5 厘米。两种版本的版心相同,均是长 18.3 厘米,宽 12 厘米。三畏光启堂本卷首并多一拙逸道人的"引"言,内容均相同。先"棋经论",次为全局目录;次后是卷一至卷六的棋局图势 550 局,每局名称都是四个字的成语,图下注有着法(获胜)提示,如"白弃双车马炮胜""弃白车双炮闭塞胜"等;卷七、卷八是前六卷图势的着法,卷九、卷十是《金鹏十八变》前后集全局着法。后四卷的卷首均题有"金陵玉川徐芝精选,会稽养真陈学礼校"字样。"引"言如下:

> 尝谓诸士大夫,每于崇本时暇,游艺靡蠲,期于适情焉尔矣。棋分围象,弈均著声,注想究业,贤于忘所用心。品载艺谱,小道可观。适情觅豫者,谅在弗遗。围棋有经,述者种种。惟夫象棋,叙全局有《金鹏秘诀》,摘变形有《梦入神机》。奈偶获者,珍视无穷,冀擅芳称,潜匿罔昭,书多罕睹。游艺殚虑者,辄以慨韬致感。幸玉川徐君,秩丽荆藩,衷涵普物,游艺遣眼,孚浃舆情,辑购《金鹏秘诀》《梦入神机》善本,如膺拱璧,不忍私己,以图角胜,迺欣与适情觅豫者共焉。诚佳兴同春之意,君子所甚重者,爰题曰"适情雅趣",请寿诸梓,以广其传云。隆庆庚午仲夏吉旦,拙逸道人书于安乐窝中。

最早著录《适》谱的是钱曾(1629 年—1701 年)的《也是园书目》,载"《适情雅趣》八册",还有另一本象棋古谱《自出洞来无敌手》;但未列入刊印于明崇祯壬申年间(1632 年)的明代另一象棋名谱《橘中秘》,可推断《适》谱刊印在《橘中秘》之前。从《适》谱与《橘》谱内容上分析,两谱在全局方面均以《金》谱为蓝本,《适》谱保存了《金》谱本来面目,未作增删,而《橘》谱则对《金》谱原著有所校正。又据《适》谱拙逸道人的引言,隆庆庚午年推算,即明穆宗隆庆庚午年(1570 年),《适情

神怡心爽　金鵬十八變
適情雅趣
懷德堂藏板　敦化

敦化怀德堂本《适情雅趣》扉页

雅趣》要比《橘中秘》早六十二年刊行。

据孙殿起《贩书偶记》一书载,《适情雅趣》九卷,金陵徐芝精选,会稽陈学礼校正,无刻书年月,约清康熙年间敦化斋刊;清抄本《寥天一楼藏书总目》载有,《适情雅趣》十卷,国朝徐芝编,原刻本八册。似未见到载有拙逸道人引言的《适》谱原版本,不足为据。海宁乐均(均士)藏有明版三畏光启堂本,因破碎不堪邮递,故用油笺临摹原文以存其真,寄给《象棋谱大全》主编谢侠逊,所临摹的卷首有《适情雅趣》"引"一篇,署"隆庆庚午仲夏吉旦拙逸道人书于安乐窝中"。至抗日战争胜利后,上海新闻报编辑部的编辑陈达哉从乐均处借得原谱,找人鉴定,确系明版本,并将卷首拙逸道人的"引"照像制版,刊载于当时《新闻报》象棋专栏上。

已故象棋评论家张雄飞先生,藏有二种《适情雅趣》:一种三畏光启堂本,一种敦化怀德堂本。经棋坛名宿徐家亮和藏谱家刘国斌逐页对比、鉴定,两种版本均出自同一木板。三畏光启堂本卷首多一拙逸道人"引"言,各卷各页图势着法较为清晰,线条字迹较少残损,开本尺寸略小,用纸判断系明代印刷。敦化怀德堂本经鉴定,印刷在三畏光启堂之后,系明版清印。据此,《适情雅趣》原刊于隆庆庚午(1570 年)年间,由明人金陵(南京)徐芝(字玉川)精选,会稽陈学礼(字养真)校正。

保存下来的《适情雅趣》为数甚少,数十年来陆续发现了以下几种

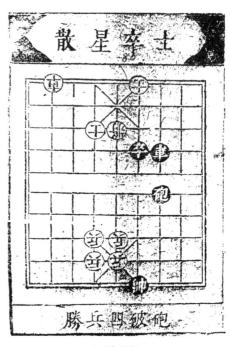

散星拿士

勝兵四破砲

适情雅趣

藏本：

1. 1917 年江华邓云龙在长沙购得残本，仅存 400 余局，清乾隆版。

2. 仪征张孝钧家藏本，539 图，清乾隆版。

3. 海宁乐钧藏本，明版三畏光启堂本。

4. 成都杨伯康家藏本，442 图，传明版本。

5. 北京杨同璞在西安购得全本，551 图，传明版本。

6. 芜湖张雄飞藏本二种，均 550 图，一种为明版明印的三畏光启堂本，另一种为明版清印的敦化怀德堂本。

7. 北京田耕藏本，550 图，明版清印敦化怀德堂早期刻本，书面小签横刊有光启堂三字。

8. 北京刘国斌藏本，550 图，敦化怀德堂本。

9. 上海杨明忠藏本，清康熙版，敦化怀德堂本。

10. 北京图书馆藏本，敦化怀德堂本。

11. 芦阳李浭藏残本，缺一卷，敦化怀德堂本。

12. 南通宋志慎藏本，敦化怀德堂本。

13. 北京吴明大藏本，传明版本。

《适情雅趣》是一部难得的象棋谱大全，包罗了象棋开中残局及全局的内容。它编排合理，循序渐进；又前后连贯，脉络相通。可以说典型杀法，应有尽有；常规战术，切合实际；入局技巧，各具特色；深得棋艺爱好者赞誉。无怪乎一些老棋手谈到自己的切身经验时说，精读《适情雅趣》一遍，即可提高一马的实力。

象棋界前辈谢侠逊曾以邓云龙由长沙购得的清乾隆版《适情雅趣》残本，在他主编的《象棋谱大全》中，刊出《适情雅趣》校正本，分上中下三卷，共 360 局，仅占原谱的三分之二。1983 年，经徐家亮同志诠正和校订的《适情雅趣》，由北京出版社发行。明版明印的三畏光启堂本大白于天下，《适》谱 550 局图谱全貌和盘托出。

《适》谱棋子分白黑两色，白先黑后。白方是阴文的"帅""士""象""车""马""炮""卒"，黑方是阳文的"将""士""相""车""马""炮""兵"。与《梦入神机》及现制棋子均有不同的地方，为保持原貌，仍采用原图式样。（附《适情雅趣》局势图）其中"士卒星散"局与《梦入神机》谱"士卒星散"局局势相同；但着法提示不同，《梦》谱是"炮破四卒胜"，《适》谱是"炮破四兵胜"，《梦》谱是白兵，而《适》谱是白卒。前、后图可对照，一目了然。采撷《适》谱中另二局：

<h2 align="center">担雪填井（白弃车马炮胜）</h2>

炮七进二　　相一退三　　车三进一　　车九平七　　马八进七　　将五平六

马一进三　　车七进二　　炮五平四（白胜）

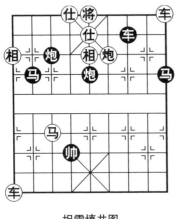

担雪填井图　　　　　　　　　　　　一心向火图

仅有九着，似行云流水，顺理成章。弃炮、弃车，再弃马，一气呵成，无半点拖泥带水之感，令人拍案叫绝。回想1957年全国棋类锦标赛，兰州管必仲战胜李义庭，也曾用炮五平四闷罐杀，是否得力于该局的启发？

<h2 align="center">一心向火（炮平中过将右边胜）</h2>

炮二平五　　相一进三　　炮五进二　　相三退一　　帅六平五　　相一进三

帅五平四　　相三退一　　炮五平二　　士六进五　　帅四平五　　相一进三

帅五退一　　相三退一　　炮二平七　　相三进五　　炮七平五　　相一退三

帅五平四（白胜）

典型的实用残局，绝无故弄玄虚、哗众取宠之感。该局从白炮架空头，帅移右翼，平炮摧杀，帅又回中路控制黑士活动，再一顿挫，炮移左翼布控，挟持黑补中相，炮定中路，再平帅摧杀，环环相扣，弹无虚发。实用杀势，从卷一至卷六，枚不胜举；甚至有不少是后两卷《金鹏十八变》全局着法的最后杀势。

《适情雅趣》"引"言，《适》谱是以《梦入神机》和《金鹏秘诀》为底本选编而成的。而《适》谱只列入了《梦》谱残本卷七一册局势简单的100例杀局，而其他例如"狐兔争穴"等较精彩的棋局，却未入选，所以《适情雅趣》并未全部收入《梦入神机》残局图势。所指《金鹏秘诀》显系《金鹏十八变》之误。关于《金鹏秘诀》不同于《金鹏十八变》前文已论述。

《适情雅趣》既收录了包括《梦入神机》在内的明以前的中残局550局,又完整地保存了宋谱《金鹏十八变》,在我国古代象棋史上有着重要的地位和价值。

四、《橘中秘》

《橘中秘》是一部流传甚广,颇具影响,版本最为繁多的象棋谱。仅木版本就有"江左书林藏板""会文堂·本衙藏板""金闾书业堂梓""本衙藏本""味根斋校刊""静乐斋"等多种版本,后来石印和铅印本也不少。以明崇祯五年(1632年)江左书林刊本《橘中秘》最为著名,朱晋桢辑著,侄朱尔邺、朱景萧校阅。

《橘中秘》序文后有"全旨",系朱晋桢据《棋经论》修订的象棋论著。较原作有所增益,攻守原理阐述甚详。又有歌诀五则,其中《士角炮诀》中附注:"存原语,多不合,俟改。"可见歌诀为前人所传。五则歌诀实际是五种布局方式:

当 头 炮 诀

起炮在中宫,比诸局较雄。

马常守中卒,士上将防空。

象要车相护,卒宜左右攻。

若将炮临敌,马出渡河从。

士 角 炮 诀

炮向士角安,车行二路前。

过河车炮上,炮又马相连。

车先图士象,马将炮向前。

敌人轻不守,捉将有何难。

飞 炮 诀

炮起边塞上,翻卒势如飞。

横并当头妙,冲前落后宜。

乘虚士可得,有隙象先图。

夹辅须车力,纵横马亦奇。

象 局 诀

象局势常安,中宫士必鸳。

车先河上立,马在后遮拦。

象眼深防塞,中心卒莫前。

势成方动炮,破敌两旁边。

破 象 局 诀

一炮在中宫,鸳鸯马去攻。

一车河上立,中卒向前冲。

引车塞象眼,炮在后相从。

一马换二象,其势必英雄。

《橘中秘》从内容上考查,是依据《适情雅趣》为蓝本的。其全局部分与《适》谱九、十卷《金鹏十八变》前后集相同。如《金》谱得先局共 21 局,《橘》谱也是 21 局。但《橘》谱是经过一番整理,有所增补的,如首局"顺炮横车破直车弃马局",《金》谱"接变"包括变中变为 16 个;而《橘》谱的"接变"包括变中变及两个增变共有 23 个,且接变清楚,为后来的棋谱作家所称道效法,故《心武残编》凡例特加赞誉:"旧谱接变之法,以朱进之先生《橘中秘》为最善,可使阅者易于参变,是编变仿朱法。"

《橘中秘》三卷卷首载有朱晋桢的一篇象棋论文《残局说》,指出了残局的重要性和规律性,并应把握形势,掌握胜、和关键,是作者殚精竭虑的经验总结。

全文如下:

棋有残局,补全盘之未备也。全盘子多而难明,残局子少而易悟,尤可取法。况得其一诀,便可触类引伸,其于全盘所裨实倍至。如局本成和,贵乎能守,惟刚愎自用,锐其攻而布其胜,胜不可寻,而反致失中,败且随之。局固可胜,贵乎善谋。彼昏不知,馁于进而诿于和,和已自慊,而安敢他谋,子并弃之,此皆不审局之误也!故必确有持循,方可为法。是集余从旧谱殚精毕虑,务别雌雄,精阐识未,使胜者必胜,和者必和,至无余蕴而后敢录焉。共得百四十局,伸其说者十之五,订其谬者十之三,间亦有窃附云。

录《橘中秘》三卷第八局"车马冷着"(第二局),该谱实录自《适情雅趣》卷四第三百二十六局"奇妙文武";但对棋图作了一些改进,取掉了黑方无价值的九路边兵,把红方花心的黑兵改为黑车,壮大了黑方阵容,并多了一个"接变"。

车马冷着(车马类第二局)

(一本)　车二进三　帅六进一　马四进二　帅六进一　车二退一
　　　　象五退七　车二平三(二变)　帅六平五　车三退四　士五进六

马二退四	帅五退一	车三进四
帅五进一	车三平六	士六退五
车六退四	帅五平六	车六平四
(二变接上)	车二平三	兵四进一
车三进一	帅六退一	车三退三
帅六进一	马二进三	帅六平五
车三进三	士五进六	车三平四

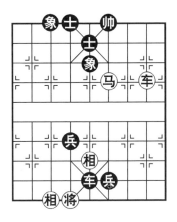

《橘中秘》从"不啻千计"的残局谱中,选录了一百四十局实用残局,分门别类地进行了归类,计有:双车、车马、车炮、车卒、单车、双炮、马卒、炮卒、单炮、单马、双马、兵卒共十二大类。并按同类型残局的共同规律,总结为胜或和的若干定式,有些局还进行了深入的剖析,为对局者运筹决策大开了方便之门。因而《橘中秘》深受广大象棋爱好者的欢迎,一版再版,广为流传。

《残局说》是一篇很有实用价值的论文,也是中国象棋史上已知的首篇残局专论,对于残局的认识与发展将产生深远的影响。

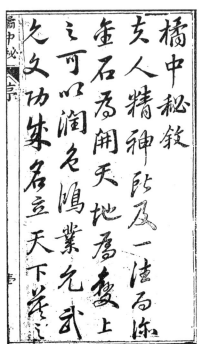

《橘中秘》封面及"序"墨迹

五、明代亡佚的象棋谱

古谱是象棋艺术在棋史上各个时期成就的总汇,是棋坛先贤的宝贵遗产。可惜偏见的世俗历来贵弈贱象,使象棋谱被"混合鲁鱼,弃同刍狗","即有一、二行世"(《橘中秘》凡例),也未能全部或大部保存下来。幸赖历代一些有识之士,收藏并在书目中著录了象棋谱,为我们研究中国象棋史提供了珍贵的资料。从历代书目中考出明已佚的古谱就有十余种之多。

(一)《象棋势谱烂柯经》

明代高儒在嘉靖十九年(1540 年)著作的《百川书志》卷十一《子志五·杂艺》著录:"《象棋势谱烂柯经》一卷(明南极遐龄老人臞仙编)。"此谱的异名亦多:明赵用贤《赵定宇书目》、明周弘祖《古今书刻》、明晁瑮《宝文堂分类书目》、清沈复粲《鸣野山房书目》录作《烂柯经》,《千顷堂书目》《明史·艺文志》录作《宁献王权烂柯经》,而《传是楼书目》则录作《烂柯经十三篇》。在原谱未发现前,此谱应依最早刊录之《百川书志》定为《象棋势谱烂柯经》。

《象棋势谱烂柯经》之作者署名"明南极遐龄老人臞仙编",考南极遐龄老人、臞仙皆系明代藩王朱权的别号。朱权(1378 年—1448 年)是朱元璋第十六子,关于他的传略前文已述。《象棋势谱烂柯经》在《传是楼书目》中著录作"一本","传"目所著录之书名又明示为"十三篇",前条所引其他诸书目的著录作"一卷"。因而,此谱可考定为十三篇、一卷、一本装。该谱约成于宣德、正统间,故自署"南极遐龄老人臞仙编"。

据周弘祖的《古今书刻》,有晁瑮的《宝文堂分类书目》,可知《象棋势谱烂柯经》在明代有北京都察院、福建书坊、宁国府、徽州府等刻本。可惜均已亡佚。

(二)《金縢七着》

《金縢七着》是十五世纪流行的象棋谱,已亡佚。

据明朝文学家、书画家唐寅(1470 年—1523 年)约在弘治十八年(1505 年)至正德六年(1511 年)间为沈津《欣赏编》中的《谱双》撰跋云:"独象棊、双陆盛行。《象棋神机集》不见传,今惟有《金縢七着》。""金縢"一词系周书篇名,疏:"武王有疾,周公作策书告神请代死,事毕,纳书于金縢之匮,遂作金縢……縢束也,藏之于匮,缄之以金,若令人钉鐷之不欲人开也。"

唐寅于诗句中也谈到了"金縢着",如《唐伯虎全集》卷二《言怀二首》之一中有:"山房一局金縢着,野店三杯石冻春。"唐寅后来又将此诗略加改动,改"着"为"著",收入《四十自寿》组诗,此诗约作于正德四年(1509 年)唐寅四十岁时。看来

《金縢》谱在当时颇为流行,仅言"七着"或许是一种初级棋谱。从唐寅《谱双·跋》所列书名俱为宋编,反映《金縢七着》有可能为明代以前棋谱,俟考。

(三)《金鹏秘诀》

《金鹏秘诀》一卷,作者佚名,已亡佚。

《金鹏秘诀》始见于赵用贤《赵定宇书目》著录:"《金鹏秘诀》一本。"高儒《百川书志》记有:"《象棋金鹏十八变》二卷(不著姓氏,起行变胜之局也,谱前述洪迈丞相论及行子指明。""《金鹏秘诀》一卷。"赵琦美《脉望馆书目》则录"《金鹏秘诀》一本,又一本。《金鹏十八变》二本。"当系用贤死后,琦美又扩充了一本《金鹏秘诀》及《金鹏十八变》二本。说明《金鹏秘诀》和《金鹏十八变》不是一回事,不属同一种谱,前者是残局谱,后者是全局谱,今天已真相大白。至于《适情雅趣》卷首的拙逸道人的引言"叙全局有《金鹏秘诀》",显系《金鹏十八变》之误,不足为凭。又如明佚名《近古堂书目》及清钱谦益(1582 年—1664 年)《绛云楼书目》均著:"《金鹏诀秘》。"其"诀秘"可能系"秘诀"之误刻。说明该谱至明末并非孤本,而至清初尚存世间。

(四)《破金鹏》

明末清初名藏书家钱曾(1629 年—1701 年),字遵王,号也是翁,江苏常熟人。其藏书屋名述古堂和也是园,所辑两部书目取名为《述古堂书目》和《也是园书目》。他收藏了大量象棋谱,可惜除《自出洞来无敌手》《适情雅趣》等个别古谱犹有留传外,许多明代古谱今已失传,只留下了书目中的谱名。

《述古堂书目》卷四《艺术》,著录"《破金鹏》四卷,二本"。《破金鹏》想系破《象棋金鹏十八变》全局着法之古谱,正如《反梅花谱》之破《梅花谱》。《金鹏》谱一系列之炮局着法(包括继承《金鹏》谱之《适情雅趣》《橘中秘》《韬略元机》等),在早期即有了破法专著,着实可贵。但原谱已亡佚,作者佚名,更值得我们努力寻访,一窥《破金鹏》之秘诀。

(五)《象棋秘诀》

《象棋秘诀》九卷,作者姓氏不详,已失传。

黄虞稷《千顷堂书目》子部艺术类,著录"《象棋秘诀》九卷",可能系其父黄居中(1562 年—1644 年)"千顷堂"藏本。黄居中是万历间举人,官至南京国子监,藏书甚富。此谱卷帙之多,在宋元明古谱中仅次于《梦入神机》《适情雅趣》,居第三位。规模如此宏大之《象棋秘诀》,可惜未能留下凤毛龙须。

(六)《橘中乐》

《橘中乐》一卷,撰者佚名,已亡佚。

钱曾《也是园书目》，著录佚名撰"《橘中乐》一卷"。当是明代象棋谱，绝非朱晋桢所辑的《橘中秘》。清代末年有传抄本《橘中乐趣》，是否与此谱有关，亦很难查考。

(七)《桃溪象戏谱》

《桃溪象戏谱》一卷，佚名撰，已亡佚。

《桃溪象戏谱》著录于钱曾《也是园书目》，当系明代象棋谱。据清嘉庆薛丙改编的《梅花泉·凡例》中说："同一金鹏之局，或讹为桃溪谱，眩人目耳。"似乎该谱在薛丙时代尚有流传，由于与《金鹏》谱相似而混同，疑是否属《金鹏》谱之系列。

(八)《江行象戏谱》

《江行象戏谱》一卷，佚名撰，已亡佚。

《也是园书目》著录："《江行象戏谱》一卷。"应是明代象棋谱。《江行象戏谱》从书名分析，可能是"江湖流行象棋谱"的缩名；从内容上分析，可能为早期江湖残、排局的汇集。

(九)《赛弈搜玄》

《也是园书目》著录："《赛弈搜玄》二卷。"应是明代象棋谱。《赛弈搜玄》从其书名推测，是针对世人贵弈贱象的世俗而取名的，称士大夫、文人说弈贵象贱，我偏要说象棋比围棋好。《赛弈搜玄》二卷，佚名撰，已亡佚。

(十)《金鹏十八变棋势》

《金鹏十八变棋势》一卷，佚名撰，已亡佚。

明万历三十年(1602年)编的《徐氏家藏书目》著录："《金鹏十八变棋势》一卷。"按"棋势"一词，我国古代一般指残棋，此谱是指《象棋金鹏十八变》棋谱呢？还是如《适情雅趣》中不少的残局，或是取之《金鹏》谱全局着法的最后杀势，还是辑录《金鹏》的残局呢？因该谱已亡佚，故很难论断。

象棋艺术虽然受到贵弈贱象偏见的压抑，但仍以前进的势头稳步发展。从众多亡佚的象棋谱，可以反映明代，尤其是嘉靖以后象棋活动的盛行。若没有众多的象棋爱好者，又怎么能产生如此众多的象棋谱呢？

第四节　明代象棋战略战术

象棋的运筹如同战争，既有指导全局总方针、总路线的战略，又有解决局部战斗原则和方法的战术运用。

"明人用炮，清人用马。"这是对两个朝代在象棋艺术领域内，战略主导思想最精辟的概括。自南宋《自出洞来无敌手》《金鹏十八变》等全局谱的出现,以炮局为主的攻防战略体系已显露端倪。又经过四百多年的发展、充实、提高,至崇祯五年(1632年)《橘中秘》诞生,归纳了前一阶段的战术经验,从而为以中炮为主的战略攻防体系作出了划时代的总结。残局方面,则是以胜负局为结局、为主流的残排局,出现了以和局为结局的发展趋势。残局趋向实用(无论《适情雅趣》或《橘中秘》),并对实用残局作出规律性总结,也是这个时代的特色。

兵来将挡,水来土掩;大刀阔斧,攻杀凌厉;针锋相对,速战速决;是这个时代棋战决策者的风格,从顺手炮、列手炮局中得到淋漓尽致地展现。其次,就是布局门类趋于多样化,除了顺手炮、列手炮外,屏风马、飞象局、起马局、单提马、转角马等布局已初具规模,相映生辉。布局体系承前启后,继往开来;既总结了以攻对攻的战略构思,又以马抗炮的战略防御设下了伏笔,从而拉开了象坛姹紫嫣红的帷幔,迎接象棋鼎盛期(嘉靖——嘉庆)的到来。

一、明代的布局

局,即为棋盘。东汉班固《弈旨》有"局必方正,象地则也"之说。全局,或谓之一局棋,是由开局、中局、残局三个阶段组成的。开局,即布局,就是贯彻战略意图的起行着法,其着数大致在十来个回合左右,此后即进入中局。以先走起手第一着所走的棋子,可分"炮""马""兵""相""士"五大类,其中中炮类开局在古局中出现最多,而明人尤重炮,故有"起炮在中宫,比诸局较雄"的歌诀流传。

开局,是整个对局的先手开始和基础,对中局、残局都有直接影响。故先手方要尽量保持先手,扩大先手,占取上风;后手方则根据对手情况,以采取守势伺机抢夺先手,或以攻对攻,对抗争先。《事林广记》至顺本收录的两个全局着法,其开局都是执行的以攻对攻,对抗争先的战略意图。宋、明谱一脉相承,《自出洞来无敌手》《金鹏十八变》《适情雅趣》《橘中秘》,其全局谱的主流开局格式,无不采用以攻对攻,对抗争先的策略。因为全局谱皆辑自《金鹏十八变》,当然后者对《金》谱有所改进、修订。

由于明代象棋的战略方针是以攻对攻,在对攻中求胜,故而表现在战术运用上,大有孤注一掷、鱼死网破之势。如集中兵力猛攻一翼、强行突破、弃子夺先等战术的运用,在今天的对局中仍不失为可鉴之范例。《适情雅趣》《橘中秘》全局部分第一局,得先顺炮横车破直车弃马局开局着法,也就是《金鹏十八变》首局的开局着法:

炮二平五　炮八平五　马二进三　马八进七　车一进一　车九平八

车一平六　车八进六　车六进七　马二进一　车九进一弃马　炮二进七
去马　炮八进五

白方(红方)的战略意图非常明确,采取主动进攻。故而先架中炮,李开先《后象棋歌》中有"当头用炮能惊众",先声夺人,再根据战略指导思想,制定了突破对方防线的方法,即战术的运用,先将右车率先调往左翼对方下二路生命线,作好激战前的潜伏,继而升车弃马,诱对方撤离防线,再抢占对方炮台,轰击敌马,战术运用得当,令人击案叫绝。黑方不示弱,首着即以牙还牙,还一中炮,总方针亦非常清楚,以攻对攻,对方弃马,我亦敢食,何惧哉。这是宋、明时期斗炮局的典型开局。据《橘中秘》象棋谱全局部分的统计,仅顺炮局就有12种类型:

1. 顺炮横车破直车类:包括弃马局、他先上马弃马局、不食弃马局、用马局等

2. 顺炮横车破背补士角炮局

3. 顺炮横车破先补士角炮局

4. 顺炮窝心横车破士角炮局

5. 顺炮横车破夹马炮局

6. 顺炮直车左炮巡河破横车局

7. 顺炮直车左炮巡河破横车夹马局

8. 顺炮横车破横车局

9. 顺炮直车破横车局

10. 顺炮直车巡河破横车局

11. 顺炮直车夹马炮起相保马胜横车局

12. 顺炮直车卧槽马局

二、明代的残局

明代的残局,数量可观,如当时流行的《梦入神机》象棋谱,就有十卷,约700个残局,《适情雅趣》八卷,辑有550个残局。而《适》谱所辑大部分残局来源于《梦》谱,明代另一名谱《橘中秘》所收录的残局又源自《适》谱。

明代的残局受全局战略意识的影响,以胜、负局占主导地位,和局次之。明代残局的另一个特点就是简单实用,着数大都不超过十回合,超过二十回合的长局为数极少,变着特别繁复的也不多,如《适》谱中一着胜的残局就有100多个,占全谱总数的五分之一。《适》谱所辑的中残局杀势,绝大部分都偏重实用;而《橘》谱所采撷的140个残局,则百分之百的是实用残局。

20世纪40年代以前,残局与排局原为一体;后经区分,残局始有实用残局与

排局之分。

　　明代象棋的攻防战略,当以中炮局(顺手炮、列手炮)较为完备;尤其顺炮局经过明代象棋棋手不断地创造和丰富,已经形成了具有相当水平的攻防战略体系。以"得先顺炮横车破直车弃马局"(即"弃马十三着"名局)为例,在《适情雅趣》收录的《金鹏十八变》局中,接变加上变中变仅有十六变,至《橘中秘》已发展为接变加变中变共有二十三变(包括原注二十一变增加的二变),这是一个明显的发展。另以"饶先大列手炮局"为例,《金》谱"接变"二十六变,而《橘》谱"接变"二十七变,也是发展了。再以"饶左马顺炮横车破直车局"为例,《金》谱"接变"二十一变,《橘》谱"接变"二十四变,增加了三变。无疑,明代的战略构思较宋时已前进了一大步。

　　明代象棋战术受宋代传统战术影响,已初具规模;无论全局或开、中、残局,都已显山露水。开局的弃子争先,运子取势,对方的不食弃子,预先防范,争抢先手都是布局的典型战例。中、残局的战术运用更是不胜枚举,其中中路突破、四面设伏、侧击一面、围魏救赵,以及以退为进、寓攻于守、佯装出击、寓守于攻等战术绝不陌生。弃子战术随处可见,计有弃子争先、弃子取势、弃子吸引、弃子引离、弃子腾挪、弃子变径、弃子堵塞、弃子解杀等,其他如困子、闪击、拦截、埋伏、闷杀、抽将、顿挫、牵制、迂回、封锁等战术已觉不鲜。

　　各兵种的协同作战(如车马、车炮、车马炮卒或车马炮士相卒等),与战术综合运用,在明代象棋中已显露端倪。如《适情雅趣》中的"四面楚歌""登高履险""头辆舆轮"等局,《橘中秘》中的"借车使炮""借炮使马"等局都是战术的综合运用。明代象棋战略战术的运用、发展,既显示了明代象棋的兴盛,又为清代象棋的发展打下了坚实的基础。

第五章　清代象棋——从鼎盛期向稳步期演变

清代象棋包括两个时期,即清军入关后(1644年)至嘉庆年间(1820年)的鼎盛期后阶段的巅峰时代和鸦片战争至辛亥革命(1911年)的稳步期。清代象棋与明代象棋虽然都横跨两个时期,但发展趋势不同。明代象棋从明初中落期到鼎盛期发端,是从低向高呈直线趋势向前发展。清代象棋则是在明代象棋的基础上进一步发展,达到嘉庆时期的巅峰;而后相对沉寂,稳步地向前发展,其趋势是先上升而后平稳地发展。

清代象棋,是马炮争雄、刚柔并存的时代;也是残局由简单实用向深奥复杂、曲折多变、以和局为主的排局递进阶段。

第一节　清代象棋的高潮与低落

国运盛则棋运盛,象棋的发展无不打上历史的烙印。清代象棋如同清代国势,一脉相承,有着盛世发展与低落下降的同步曲。

一、鼎盛期的巅峰时代

明崇祯十七年(1644年),清军入关,开始了大清王朝对全国的统治。清朝统治者为了缓和矛盾,采取了一系列安定社会秩序、恢复经济发展、休养生息的措施,使人民有了一个较为安居乐业的环境,全国的人口、耕地面积和农作物产量,都超过了明代。入关初期,清朝统治者采取了为我所用的宽厚政策,留用了大批明代官吏,甚至一些明代重臣仍保持他们的高官厚禄,因而清朝的统治能为一大批士大夫、文人所接纳。所以,清代象棋虽然受到清军入关后二十余年与南明小王朝的战争影响,但时间相对来说是短暂的;况且,象棋并未受到明文限制,民间象棋一直未中断,因而待政权稳定之后,象棋能以迅速的势头向前发展。

康熙王朝的盛世,为象棋艺术的发展创造了一个良好的环境,又为乾隆至嘉庆时古代象棋登上巅峰奠定了坚实的基础。以八局屏风马为特色的王再越(著)《梅花谱》脱颖而出,开拓了布局的一个新时代。《梅花泉》《百变象棋谱》《韬略元机》等谱纷纷问世。鼎盛期特色中的特色是排局谱的兴盛。号称嘉庆四大排局谱的《心武残编》刻印最早,《百局象棋谱》流传最广,《竹香斋象戏谱》内容最深,《渊深海阔》采撷最精。其中以张乔栋《竹香斋象戏谱》三卷水平最高,陈文乾《渊深海阔》沉睡多年之后,1988年才评注刊行。乾隆至嘉庆年间,象棋谱琳琅满目,计有周廷梅《会珍阁象棋谱》四十卷、《五大臣象棋殿谱》十四卷、陆凤瑞《石琴室象棋谱》十四卷、朱禅《雪映簃象棋谱》十六卷、张沛霖《桐花馆象棋谱》二十卷,蔚为大观。

本时期的另一特点,则是象坛已发展形成的流派。乾隆中叶多达九派,即毗陵派、吴中派、武林派、洪都派、江夏派、彝陵派、顺天派、大同派、中州派。其中棋手有江东八俊、河北三杰,以周廷梅水平最高,战胜诸派,创毗陵派,成为历史上江湖棋人的代表。

文坛突出的表现,是思想观念的转变;一大批文人对象棋产生了浓厚的兴趣,贵弈贱象的世俗开始受到摒弃。这个时期,象棋谱明显在数量上超过了围棋谱。象棋的发达也反映到文艺作品中。写象棋的诗歌,不乏其例,且多长篇,以黄之隽的《象棋歌》最为著名。小说《红楼梦》《歧路灯》《镜花缘》等都有象棋的片断;笔记、弹词与象棋相映成趣,屡见不鲜。这一切构成了中国象棋发展史中鼎盛期最辉煌灿烂的画面。

二、国力衰微导致象艺沉寂

清朝在乾、嘉盛世时,已有两条黑影逐渐吞噬着清王朝的国力。一是统治阶级的内部因素,在"天朝物产丰盈,无所不有"(乾隆五十八年给英王乔治三世的信)遮掩下,养尊处优,穷奢极侈,以及顽固昏聩的闭关政策;二是帝国主义利用鸦片对中国的掠夺。乾隆三十八年(1773年),英国东印度公司独占鸦片专卖权,开始对中国经营鸦片贸易,乾隆四十五年(1780年)至嘉庆二十一年(1816年)公布的数字,每年向中国输入鸦片四千至五千箱。由于清王朝已感到鸦片的压力,遂于嘉庆元年(1796年)、十九年(1814年)、二十年(1815年)三次严令禁止,终因举措不力,半途而废,留下了鸦片这个祸根。

清道光元年(1821年)后,国势每况愈下;而帝国主义对中国的鸦片输入,却逐年增长。至道光十八年(1838年)竟达40 200箱,价值2 577万元,大量的白银外流,造成了清王朝的银源枯竭。在清统治者残酷剥削压迫和帝国主义无限贪暴掠夺下,灾难深重的中国人民在忍无可忍的情况下,先后爆发了太平天国、小刀会、捻军、张秀眉、幅军、义和团等农民起义。在这样一个国运趋衰、局势动荡的氛围中,象棋运动进入低潮,相对沉寂,亦在情理之中。

三、晚清象棋稳步发展

象棋经过了从明朝嘉靖(1522年)至清朝嘉庆(1820年)300年来一浪高过一浪的发展,在道光年间内忧外患的影响下相对沉寂了。由于象棋有广泛的群众基础,扎根于民间沃土,明、清以来地位相应提高,逐渐得到士大夫、文人,甚至统治阶级的青睐,相对来说低落的程度比围棋要小,在沉寂中仍能稳步地发展。

道光年间,文人嗜好象棋犹承前朝遗风,为象棋仍能发展起到了促进作用。嘉庆时进士、严禁鸦片的民族英雄林则徐(1785年—1850年)一家子都爱好象棋。他所著的《云左山房诗钞》收有寄夫人诗云:"有时对弈楸枰展,瓜葛休嫌一著输。"自注云:"常与子妇、女儿对局,故戏及之。"《林则徐年谱》载有公夫人郑氏"工诗、善弈,公甚敬之"。清李元度《国朝先正事略》也载:"文忠(林则徐死后的谥号)善饮、善弈。"林则徐被流放新疆的三年期间,除在该地勘垦屯田,兴办水利,推广先进生产技术,并把象棋传入新疆。曾代表乌鲁木齐市参加1956年第一届全国象棋锦标赛,并战胜上海何顺安的青年农民纳金元说,他听得父亲讲,象棋在他们那里,只有100多年历史,"是当年林文忠公传给他们的"。晚清名臣左宗棠(1812年—1885年)嗜好象棋,光绪二年(1876年)率兵出击新疆,在击败俄、英支持的阿古柏侵略军戎马途中,访问象棋高手对弈的轶闻至今流传。

曾受左宗棠"特达之知,赏黄马褂,加红顶,遭逢之盛,几无其匹"(据李伯元《南亭笔记》)的安徽绩溪人、浙江巨商胡雪岩(1823年—1885年),由于与王有龄(?—1863年)弈棋,资助王捐官而发迹。胡有妾36人,一日弈兴发作,召来32妾分红、蓝两军对峙,衣上分别写车、马、炮等棋子,棋盘画在高台台面上,胡夫妇则高据楼上凭栏各握一长竿,指某妾行至某位,某妾便行至某位,谓之下活人棋。"红顶商人"下活人棋,是晚清官僚地主侈靡生活的典型一幕。

清末弈棋专横残暴莫过于慈禧太后。据爱新觉罗·溥仪《我的前半生》记载，一次慈禧太后与一个太监下象棋，在中局对杀时，这个太监说："奴才杀老祖宗的这只马。"她却立刻恼羞成怒起来，道："我杀你一家子！"就把这个太监拉出去活活打死了。从这个太监被无辜地杀害事件中，既可以看出皇权的专制，又反映出清宫廷中盛行象棋。

本时期的特点是象棋名手辈出，范围更广，北京的叶仪、耿四、傻贝，广州的旧泽、胡须林、喃呒苏，扬州的周焕文、王浩然、张锦荣，浙江陈笙，福建杨源如，山东邵次明，辽宁石焕辰，陕西马玉刚，甘肃彭述圣等，并驱争雄。晚清象棋谱虽然粗制滥造者不少，伪书亦有之，但仍有吴梅圣《象棋让先秘谱》、巴吉人《梅花心法象棋谱》这样高水平的全局谱问世。残局谱则相形见绌，明显不如嘉庆盛世那样光彩夺目，这也是象坛沉寂的一个反映。然而晚清象棋在沉寂时也有发展，寓低落期有中兴，孕育着 20 世纪的现代象坛风云。

第二节　清代的异种象棋

我国幅员广阔，人口众多，是一个伟大的多民族国家，汉族和各兄弟民族之间的文化交流源远流长。各兄弟民族同样也有着爱好象棋的悠久传统，他们的象棋活动当然是中国象棋史的组成部分，理应得到重视和整理。清代就有多种象棋，理应介绍。

一、清初的满洲棋

前文已述早在宋皇祐年间（1053 年）之前，象棋已传入契丹。满族的前身女真族，伺服于契丹，后在部长完颜阿骨打（1068 年—1123 年）统领下叛辽自立，并于辽天庆五年（1115 年）建立大金国。完颜阿骨打之子完颜亶（1119 年—1147年），童年时得到了辽臣及中国儒士的教化，学会了包括象棋在内的各种伎艺。南宋绍定五年（1232 年），金被蒙古帝国所灭。至明万历四十四年（1616 年），建州女真族在努尔哈赤统领下复兴，在赫图阿拉（今辽宁新宾境），建立了后金王朝。明崇祯九年（1636 年），努尔哈赤第四子皇太极改国号为清，定族称为满洲（译音，即妙吉祥义）。崇祯十七年（1644 年），清福临继位，改元顺治，乘李自成农民起义军攻占北京立足未稳，利用明降将吴三桂为前导，打败了李自成农民军，取代了汉族政权。清统治者为了炫耀武力，激励八旗子弟恣意杀戮，曾仿象棋而创制满洲棋。近人雷震《新燕语》云：

余旅京时,见象棋之中,又有所谓满洲棋者。其法:敌手仍置十六子;行满棋者置将、士十二[士二]、象二、兵五外,余仅三子,能兼车、马、炮三用。故一交手,便纵横敌境,守者稍不慎,满盘皆无补救。

　　满洲棋是把现制象棋以河界分成了两方,一方十六子不变,着法与现制象棋同,所谓之敌方,称为"汉棋";一方只十三子,但三子能兼车、马、炮之用,象征满族,称为"满棋"。对弈双方象征满汉交战,因满方三枚强子力量极强,力量对比悬殊,汉方不堪一击。故小横香室主人《清朝野史大观》卷十一《清代述异》"满洲棋"条云:"此虽游戏,然可想见清帝入关后索伦兵之气概。"

　　这种为政治需要创制的象棋,因赛前已定了输赢,故而弈起来乏味,未能流传。

二、清初的蒙古棋

　　蒙古棋最早见于文献的是清康熙二年(1663 年)萨囊彻辰的《蒙古源流》卷七,叙述其祖父彻辰诺延即库图克图彻辰洪台吉(1540 年—1586 年)在万历七年(1579 年)奉阿勒坦汗(即俺答汗)之命迎接索诺木札木苏(即锁南坚错,三世达赖)事:"彻辰诺延云:'从前我在我父母膝下著棋为戏……'"俺达汗居士默特,在今内蒙古呼和浩特一带。万历七年彻辰诺延 40 岁,幼时约当明嘉靖二十九年(1550 年),至于他下的何种棋、型制如何?均不得而知。

　　康熙二十七年(1688 年),安和郡王岳乐(1625 年—1689 年)偕简亲王雅布往苏尼特,防噶尔丹,岳家的清客常熟徐兰随行出塞,撰《出塞诗》一卷,其中《塞上集唐六歌·蒙古棋》小序云:

　　　　局纵横九线,六十四罫。棋各十六枚:八卒,二车,二马,二象,一炮,一将,别朱墨。将居中之右,炮居中之左,上于将一罫,车、马、象左右列,卒横于前,此差同乎中国者也。其棋形而不字:将刻塔,崇象教也;象刻骆驼或熊,迤北无象也;多卒,人众以为强也;无士,不尚儒生也。棋不列于线而列于罫,置器乎安也;马横行六罫,驼横行九罫,以驼疾于马也;满局可行,无河为界,所为随水草以为畜牧也;卒直行一罫至底,斜角食敌之在前者,去而复返,用同于车,嘉有功也。众棋还击一塔,无路可出,始为败北。

　　这段序,叶名澧(1662 年—1721 年)《桥西杂记》"塞上六歌"条亦引用之,据此

100

可知,清初的蒙古棋乃是国际象棋和汉族象棋的综合体,在国际象棋的基础上穿插了汉族象棋的成分,如炮、卒(象棋固有的称谓)棋子的出现。可惜该序对炮未能更详细的论述,否则对蒙古象棋会有更深一层的了解。罫,即棋盘上的方格。"马横行六罫"应解释为马在日字形的六格中从一角曲行到对角,"驼横行九罫"似指驼(相当于象)在田字形的九格中从一角斜行到对角,与古代印度象棋相同;"卒直行一罫至底……用同于车"指卒一步直行一格,吃子须斜进,行到底线,可升级为车,与国际象棋类似。

18 世纪以来,帝国主义分子纷纷相继潜入我国蒙、藏地区,进行政治和文化侵略活动,盗窃情报、文物,如德国帕拉斯(P·S·pal-las)、英国乔治·波波尔(GeorgeBogle)、德国本杰明·贝尔格曼(BenjaminBergmann)、英国杰姆斯·吉尔摩(JemesGilmour)、瑞士瓦尔特·波斯哈德(WalterBosshard)及英国蒙特尔(G·Montell)等,从今内蒙古自治区劫走我国棋子和棋盘实物不下六幅之多,棋子立体雕刻,车、马各如其形,"象"者刻成骆驼,"后"者刻成狮、虎,兵卒除刻成摔跤、奏乐、读写或坐立骑等侍从外,也有刻成小狮、小虎的,但王则刻成头戴花翎的满式官帽的蒙古族王公,作骑马、乘轿或坐堂等姿态,显然出于清代。

1959 年 6 月和 9 月,在元大宁路故城遗址(今内蒙古自治区昭乌达盟宁城县大明城)出土的一面是图像,一面是文字车、马、炮、将、士、象、卒的铜质象棋子,说明了蒙古象棋与汉族象棋必然有着紧密的联系。

三、两副奇特的象棋

北京故宫博物院文物部收藏着两副奇特的象棋,博物院的同志只知它们属于象棋,无法叫出它们的名称,更谈不上棋子的走法。

一副立体图形象棋,制作讲究,造型逼真,32 枚木制立体象装在木制方盒内,从棋子造型和服饰看是一副清代象棋。其中有:

"将"和"帅"各一枚,各身着红、黄色清朝朝服,高 64 毫米;

"车"四枚,黑、绿色各二,都是马拉轿车,车内坐着一位赶车的人的图形,高 50 毫米;

"马"四枚,杏黄和驼色各二,"马"是全马形状,高 46 毫米;

"骆驼"是双峰驼形态,有浅驼与深驼各二枚,高 48 毫米;

"兵"十六枚,其中八枚兵带着清朝兵帽,八枚兵未带帽留着长辫,高均是 39 毫米;

"狮子"一枚,高 42 毫米;

"麒麟"一枚,高42毫米;

棋子的不同高度反映了封建社会的等级制度和棋子本身威力。由于无棋盘佐证,就其棋子形态、型制而论,与蒙古象棋非常相似,或者是一副清朝蒙古象棋。

另一副为扁圆形平面木制象棋,有黄与黑色棋子各15枚装在木匣内。(见图)棋子上写着白色的字,由于年久有的字迹已磨光或看不清。能看清字的黑色棋子有十四枚,其中"大帅"一枚,"先锋"一枚,"车"一枚,"象"一枚,"卒"一枚,"兵丁"九枚。能看清字的黄色棋子仅有六枚,其中"元帅"一枚,"先锋"一枚,"接应"一枚,"右翼"二枚,"兵丁"一枚。

一副奇特的象棋——北京故宫博物院藏

按照象棋对称与对等子力的规律看,这显然是一副不完整的象棋,至于它应当有多少枚? 怎样行棋? 具体产于何时? 因没有棋盘和其他资料发现,尚难确断。因其属清宫廷故物,故作为清代一种象棋对待。

四、郑晋德的三友棋

康熙间张潮(1650年—?)刊行的《昭代丛书》甲集收有《三友棋谱》一种,歙县郑晋德撰。心斋居士张潮题跋:

"吾友破水道人始创为之。较之旧制似为稍难,然唯其难,斯其巧愈出,盖化腐朽而为神奇者也。"

郑晋德,别号破水道人,清初安徽歙县人,系张潮同乡。乾隆四十八年(1783年),金学诗在《牧猪闲话》"象棋"条说:"本朝新安郑晋德又以意制三国象棋云。"

"局道"条又说："郑晋德作三国棋谱，即用象棋局道，而增其半，蜀正向，魏、吴俱斜，中有城、有山、有海，每国各用十八子，共五十四棋，皆仿象戏而增益之者也。"（附"三友棋"）

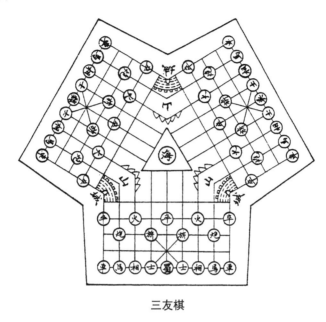

三友棋

稍晚，梁绍壬《两般秋雨盦随笔》卷一对这种象棋的看法曾有简单的分析，亦称其为近时始有：

近又有三人象戏：士角添旗二面，在本界直走二步，至敌国始准横行，然亦止二步。去二兵，添二火，火行小尖角一步，有去无回。棋盘三角，中为大海，三角为山、为城。兵、旗、车、马俱行山、城；炮、火过海。起手大抵两家合攻一家，然危急之际，亦须互相救援，缘主将一亡，则彼军尽为所吞，以两攻一，势莫当也。故往往有彼用险着制人，而我反从而解之者，夫救彼正所以固我也。钩心斗角，更难于二人对局者。谱见《昭代丛书》。

三人对局的象棋，最早出自南宋。南宋晁公武《郡斋读书志》卷十五《叶子戏格》一卷收录："《三国图格》一卷。"南宋陈振孙于淳祐九年（1249年）后所作的《直斋书录解题》卷十四收录为："《三象戏图》一卷，汲阳成师仲编。"以上两书均被元马端临（1254年—1323年）的《文献通考》卷二百二十九收录。其中《三国图格》直到明代中叶以后,其书尚有存者。陈第(1514年—1617年)在万历四十四年(1616年)撰的《世善堂藏书目录》就收录"《三国图格》一卷"。其后两书俱佚亡。

三友棋仅有游艺用途,缺乏竞赛价值,在第三方失将,余子悉被敌方吞并以后,敌我兵力悬殊,殊难对阵,因而终归被淘汰。

第三节　清代的象棋诗文

清初至嘉庆年间近200年,是中国古代象棋发展史上的黄金时代,是象棋鼎盛期的巅峰时代,也是文化艺术中兴时期。象棋文学作品琳琅满目;名人妙笔生辉,相映成趣。从不同角度、不同形式对象棋进行描写,有的甚至是浓墨重彩的刻画,构成了蔚为壮观的清代象棋诗文。

一、清代象棋诗歌

承宋、元、明文坛遗风,清代以象棋为内容的诗歌屡见不鲜。继南宋刘克庄、明代李开先以诗歌描写象棋的长篇巨制之后,清代的长篇象棋诗歌尤多,以黄之隽的《象棋歌》最具特色。按作者先后,分述如下:

(一) 钱谦益《后观棋六绝句为吕小隐作》之二

> 坐隐浑如禅定人,世间象戏自争新。
> 笑他橘里商山叟,老大犹夸赌玉尘。

作者最爱看围棋国手下棋,写了很多弈棋诗,故有"世间国手知谁是,镇日看棋莫下棋"。这是一首写象棋而实咏围棋的绝句诗,仅此"世间象戏自争新"一句,揭示了清初象棋活动的兴盛局面及象棋不以人们意志为转移的发展势头。

钱谦益(1582年—1664年),字受之,号牧斋,江苏常熟人。明时官至礼部尚书,清时为秘书院学士兼礼部侍郎、明史副总裁。钱谦益是明末清初诗坛领袖,著有《牧斋集》《初学集》《有学集》等,前诗载《有学集》卷十二。

(二) 李绂《象戏限三十韵,局终篇就》

> 轩辕始兵制,握胜在中宫。傅会沿周武,规模到小戎。
> 军机流益别,弈数象犹工。分国鸿沟界,防边大漠空。

陈兵齐向外，谋帅独居中。天阵衡依地，云图角应风。
出车当壮垒，飞炮胜弸弓。直进从方轨，遥连似断虹。
交绥何太疾，辎重不须丰。犄角围初急，攻心甲已衷。
两军分左右，并帝各西东。抽策鞭中驷，回轮式怒虫。
走侦杨大眼，劫将楚重瞳。武借前茅劲，文知夹辅功。
寸长藉厮养，小忍弃丁公。专制权能一，交锋敌乃丛。
股肱凭士力，臂指属车攻。二广偏厢接，连环我马同。
寻行斜间直，分帜黑兼红。境静心忘象，神闲目送鸿。
化蜩还比寂，斗蚁独闻聪。胜气喧横吹，输筹引罚醲。
溯原忘贰负，微义缺六黻。伸纸篇将就，当场局赴终。
叩扉闻剥啄，惊梦失笾铜。暇日犹堪遣，闲心也自雄。
策勋仍穆穆，表海故汹汹。与巧谋能获，犹贤道益崇。
长材还肆应，馀事许旁通。观物探元造，阴符秘已穷。

　　该诗作于康熙五十一年至五十五年(1712年—1716年)间，是作者在象棋对局席上，奉命限时限韵局终篇就的即兴诗。在长达六十句的诗中，引经据典，抒发象棋之贵，才思敏捷，殊属不易；然内容泛泛，条理不够清晰。其诗眼"胜气喧横吹，输筹引罚醲"，将对局宴席上热闹场面，刻画得淋漓尽致。

　　李绂(1673年—1750年)，字巨来，号穆堂，江西临川(今抚州)人。康熙进士，历任内阁学士、户部左侍郎等职。著有《穆堂类稿》《陆子学谱》等，前诗录自《穆堂类稿》卷六。

　　(三) 黄之隽《象戏歌》

学者何事不游艺？象戏造于周武帝。
三光五行今不传，庾信王褒裁其制。
后人沿讹为象棋，唐宋以来踸习之。
雍门遗语偶符合，岑顺传闻尤怪奇。
车坚马肥炮冲突，壁拥士象辕列卒。
夹河陈兵斗两雄，三十二子判吴越。
相持方互有杀伤，将帅死亡已倏忽。
或再整军而恢复，或屡出师而覆没。
或节而和解，或傫而颠蹶。

或躁举而不定,或沉谋而未发。

或旁人指示而心嗛,或两相悔争而色勃。

青天鬼阵力不遗,过眼烽烟便销歇。

吁嗟市夫牧竖靡不能,著棋遂同担粪称。

岂知此中蕴兵法,用心独贤胡可憎。

君不见轩辕蚩尤亦戏耳,钜鹿昆阳不过此。

世间蛮触何营营,蜗角封疆一局纸。

该诗作于乾隆四年(1739 年),是象棋史上巅峰时代的一座丰碑;犹如一篇驳斥弈贵象贱的宣言,为象棋受鄙视鸣不平的呐喊书。吟咏全诗,格调高昂,朗朗上口;结构严整,脉络分明,前后呼应,堪称诗歌中之佳构。一句"学者何事不游艺?"为引子的提问句,道出了周武帝造象戏,唐宋以来沿袭继承的象棋史;继而对交战场面绘声绘影的描写,则是象棋至"唐宋以来踵习之"和"市夫牧竖靡不能"深受人民大众喜爱的揭示。"岂知此中蕴兵法"句承前启后,既是对"著棋遂同担粪称"的反驳,又为令人击案叫绝的"君不见轩辕蚩尤亦戏尔,钜鹿昆阳不过此"的高论铺陈。作者高大的形象,豁然而至。诗中"鬼阵"典出《采兰杂志》:"吴耽不好棋,见人著曰:'汝非死将军,奈何辄以鬼阵相攻?'"后人因名棋曰鬼阵。"著棋遂同担粪称"见宋沈括(1031 年—1095 年)《梦溪笔谈》记载,林和靖常说:"世间事皆能之,惟不能担粪与着棋耳。""钜鹿",今之河北首平乡县境。秦末(前 207 年),项羽率 8 000 人破釜沉舟,击败秦章邯围赵 40 万兵于钜鹿。"昆阳",今河南省叶县。东汉初光武帝破王莽兵百万于昆阳。

黄之隽(1668 年—1748 年),字石牧,号唐堂,江苏华亭人。康熙六十年(1721年)进士,官至左中允。《象戏歌》载其所著《唐堂集》卷三十九。

(四) 袁枚《春日偶吟》

扰袖观棋有所思,分明楚汉两军持。

非常欢喜非常恼,不着棋人总不知。

该诗形象地刻画了一位棋迷观棋的神态与内心世界,具有其"性灵说"的特色,可以看出作者是一位象棋内行,深知象棋奥妙,因而随着棋局的变化才会产生"非常欢喜非常恼"的不同思想境界。诗意清新灵巧。作者《随园诗话》卷六记载了他的两位好友金质夫、裴叔度下棋的趣闻：

> 在都，余与金质夫文淳、裴叔度日修居最相近。金棋劣于裴，而偏欲饶裴。金移居，裴以诗贺云："追趋秘阁两年余，一日何曾赋索居。雪苑对裁新著稿，风帘同校旧抄书。吟简惠我宁嫌数，棋局饶人实自誉。早有声华传日下，故知名士定无虚。"

袁枚（1716年—1797年），字子才，号简斋，晚年又号随园老人，浙江钱塘（杭州）人。乾隆四年（1739年）进士，入翰林散馆，曾任溧水、江浦、沭阳诸县县令。35岁辞官，卜居南京小仓山筑"随园"，创作诗文，优游其中50年。有《小仓山房诗文集》《随园诗话》等。前诗见《小仓山房诗文集》春日偶吟第十三首之第六。

（五）刘墉《咏象棋》

> 隔河灿烂火茶分，局势方同列阵云。
> 一去无还惟卒伍，深藏不出是将军。
> 冲车驰突诚难御，飞炮凭陵更轶群。
> 士也翩翩非汗马，也随彼相录忠勤。

该诗通俗易懂，全诗大意是河界把鲜明的红白棋子分为两方，排列着相同的阵容。只有卒儿勇往向前一去无还，将军深藏不出九宫。车的威力神速难于抵挡，炮依靠其他子配合力量更超群。士虽然风度文雅不能汗马疆场，然而也会记录下它和相的忠勤。末句典作宋文天祥勤王，刘洙、谢翱等相随的故事。刘墉《观棋》诗云："尝怜象戏亦称棋，名目纷纭可是奇。"足见他的雅兴。

刘墉（1719年—1804年），字崇如，号石庵。清乾隆间进士，由编修累官至体仁阁大学士。其《咏象棋》诗载《刘文清公遗集》卷十二。

（六）李调元《象戏》

> 车马纷纷各动兵，居然两国隔河争。
> 棘门灞上皆儿戏，试看谁为细柳营。

尾联典出《史记·绛侯世家》，汉文帝时，宗正刘礼军灞上（今陕西省长安县东），祝兹侯徐将军军棘门（棘门，秦王门名，今陕西省咸阳市东北），河内守周亚夫军细柳(今陕西省咸阳市西南),共同防御胡人。帝自往劳军,至灞上及棘门皆直驰入,至细柳不得入。上使使持节诏将军,亚夫乃开壁门,请以军礼见。帝为动容曰:"此真将军矣! 灞上、棘门如儿戏耳!"后人因称军营之有纪律者曰细柳营。治棋如治军,只有真将军才能统领好车、马、炮。

李调元(1734 年—?),字羹堂、赞庵,号雨村、童山蠢翁,四川绵州人。乾隆进士,历任广东学政、直隶通永道。有《南宋宫词百首》《童山诗集》。《象戏》诗载《童山诗集》卷三十八。

(七) 石韫玉《观象棋作》

清簟疏帘坐隐同,枯棋四八竞雌雄。

两家对敌分疆界,一著争先在折冲。

二士比肩惟翊主,五兵越境助成功。

神机玄妙原无定,局外人常胜局中。

该诗作于乾隆五十八年(1793 年),载其所著《竹堂类稿》卷十三。"簟"即下棋坐的竹席。"四八"指三十二枚棋子。全诗比较通俗,尾联议论贴切。一句"神机玄妙原无定"尤觉清新,具有发展的眼光。世界上任何事,随着历史的前进都在不断地发展,象棋也不例外。过去"神机玄妙",今天不一定"神机玄妙";今天"神机玄妙",将来也不一定"神机玄妙",所以"原无定"。最后一句"局外人常胜局中"既扣题,也是对当局者迷,旁观者清这一弈棋中经常出现的现象的总结。同时,也反映了作者具有相当的象棋水平,否则是看不出棋局中奥妙,发不出"局外人常胜局中"人这一论述的。

石韫玉(1756 年—1783 年),字执如,号琢堂,江苏吴县人。乾隆五十五年(1790 年)进士,授翰林修撰。有《竹堂类稿》等。

(八) 张问陶《观象棋乙卯八月戏作》

胜负如儿戏,闲情壁上观。人夸兵势众,我觉将才难。

已见全军覆,犹闻呼渡河。焚舟凭一战,不在杀人多。

举手夸车战,当头笑火攻。欺人何太甚,谨慎是英雄。

猛马方窥堑,奇兵又合围。此时谈相业,珍重得军威。

养士宁无报,居然左右君。子房在帷幄,休笑不能军。

阃外攻心急,相持亦可怜。旁观有明眼,一着看谁先。

张问陶这首观象棋诗作于乾隆六十年(1795年),收录在《船山诗草》卷十二。该诗格调活泼,时而写景,里面写话,景话交融。"已见全军覆,犹闻呼渡河。"景写得惟妙惟肖,眼看兵临城下,缺士少象,老将遭擒;忽而绝处逢生,车马渡河,妙手回春。一"见"一"闻",如历眼帘。其"人夸兵势众,我觉将才难"及"谨慎""奇兵""火攻"等,寓军事哲理于象棋对弈之中的描述,更增强了象棋的战斗性和诗的感染力。

张问陶(1764年—1814年),字仲治,号船山,四川遂宁人,乾嘉时期诗坛性灵派的著名诗家。有《船山诗草》等。

(九) 焦循《象棋赋》

世俗贵弈而贱象,余怪焉。象棋之戏,其名著于《楚辞》,古之通儒多有撰述,传亦古矣。厥类止七,厥棋止三十有二,厥路每半纵者九、横者五。一棋之用,变亿化万,斜直错综,运之不竭。若弈者,尽三百六十一而更无余力,是故义蕴若精,用思若奥,小慧之夫,可尽其技。象之为术,妇孺农牧,无不可能,及其至也,虽巨儒名贤,莫敢自擅。弈难而易,象易而难,表之为赋,以咨识者,辞曰:

演涿鹿之黑豹,布牧野之豺罴,抒片缣之咫尺,括千军之纷披。行或斜而或直,用倏正而倏奇。各尽其用,以卫一人。旞以动而遥击,驷相连而互牵。驾雷辎以蔽路,练劲卒以披坚。恝长驱以入蔡,元拒水而散秦。蕴阴符之诡谲,抱玉帐之幽玄。势彭骉而制敌,机疾骇以争进。非潜思而渺算,畴擅誉而号贤。何倓窥而谍视,久屈郁而莫伸。

焦循为了反对贵弈贱象的世俗传统,替象棋鸣冤,因而"表之为赋,以咨识者"。其对象棋的论述"一棋之用,变亿化万,斜直错综,运之不竭",言辞中肯。认为象棋开展于"妇孺农牧,无不可能",若要达到佳境,"虽巨儒名贤,莫敢自擅",分析透彻。然而,对围棋评论过激,言过其实,认为"若弈者,尽三百六十一而更无余力",凡有小聪明的人都能穷尽其变化,"弈难而易,象易而难",失之太过,不足为取。此亦为"矫枉过正"者也。

焦循(1763年—1820年),字里堂,甘泉(今江苏扬州)人。嘉庆举人。出身治《易》世家,是著名经学家、戏曲理论家。有《雕菰楼易学三书》《剧说》等。其《象棋赋》载《雕菰集》卷一。

(十) 张光藻《象戏用明道程子原韵》

> 谁工象戏称无敌,善弈真如善用兵。
> 千古河山同此局,两家将帅不知名。
> 长驱直捣车行速,陷阵摧锋马足轻。
> 胜负须史成底事,旁观袖手笑纷争。

这首诗是作者遭贬流放黑龙江,于同治十年(1871年)作的,收录在其《北戍草》上卷。题中的"用明道程子原韵",指用北宋著名理学家程颢《象戏》诗原韵。作者以棋喻世,感叹人生的变化如同棋局,片刻之间已成往事,冷眼旁观,笑世人纷争,抒发了他无限感慨之情。首联中"称无敌"者,作者未道出姓名,但亦反映北疆有相当的善弈者。尾联诗句与程颢诗"却凭纹楸聊自笑,雄如刘项亦闲争"有异曲同工之妙。

张光藻,字翰泉,福建广德人。有《津案始末》等。

象棋诗歌是象棋艺术的组成部分。以上收录的十首清代象棋诗歌,都是代表之作。其中鼎盛期九首,稳步期一首,从象棋诗歌的量上明显反映出象坛在嘉庆前的兴盛、至道光年间后的沉寂。

二、清代文艺作品中的象棋

清代文艺作品中,除了涌现大量的象棋诗歌外,小说、词典、笔记、弹词、小曲等反映象棋内容的作品琳琅满目,尤以乾嘉时期最为丰富多彩。

(一) 纪昀《阅微草堂笔记》

卷十一《槐西杂志》载:

> 景城真武祠未圯时,中有一道士,酷嗜象棋,人以棋道士呼之,其本姓名乃转隐。一日,从兄方洲入所居,见几上置一局,止三十一子,疑其外出,坐以相待。忽闻窗外喘息声,审视之,乃二人四手相持,共夺一子,力竭并踣也。癖嗜乃至于此……

卷二十四《滦阳续录》载:

> 棋道士不知其姓,以癖于象戏,故得此名。或以为齐姓,误也。棋至劣

而至好胜，终日丁丁然不休。对局者或倦求去，至长跪留之。尝有人指对局者一著，衔之次骨，遂拜绿草，诅其速死。又一少年偶误一著，道士幸胜。少年欲改著，喧争不许。少年粗暴，起欲相殴，惟笑而却避曰："任君击折我肱，终不能谓我今日不胜也。"亦可云痴物矣。

以上两则笔记既是故事，又是笑话，嗜棋成癖，古有之，今亦有之。这也正是象棋独特的魅力所在。

纪昀(1724年—1805年)，字晓岚，号石云、春帆，河北献县人，乾隆进士。《四库全书》总纂官，官至礼部尚书。有《纪文达公遗集》《阅微草堂笔记》二十四卷。

(二)曹雪芹《红楼梦》

第二十四回:写贾芸，"到贾母那边仪门外绮散斋书房里来。只见茗烟改名焙茗的并锄药两个小厮下象棋，为夺车正拌嘴呢"。

曹雪芹晚年居北京西郊，有一象棋佳话流传:

相传乾隆年间，北京香山东宫门前的八旗印房附近，有一座春秋棋社，棋社主人是八旗宗室觉罗学堂的赵瑟夫先生。此人下得一手好棋，门上贴着"棋才冠八旗，艺名满香山"的对联，还把"将"钉在棋盘上。他声称任何人与他下棋，休想让他的将动一步，谁能杀败他，就把钉着的老将拔走。

曹雪芹见此人如此狂妄，决定杀杀他的威风。于是带上铁钳，来到春秋棋社。先看赵瑟夫与别人下棋，摸透了他们棋路。然后再与他对弈，并采用欲擒故纵的策略，第一盘负了，第二盘和了，第三盘曹雪芹胸有成竹，一鼓作气，杀得赵瑟夫损兵折将，节节败退，困守孤城。一着"将"，赵瑟夫急忙提将避"将"，可老将被钉死了，曹雪芹这时从腰间取出铁钳子，把将从棋盘上拔了下来。赵瑟夫只好拱手认输。

曹雪芹熟悉象棋，把弈棋中屡见的纷争现象写进小说，亦是信手拈来。

曹雪芹(1724年或1715年？—1764年？)，名霑，字梦阮，号雪芹、芹溪居士，汉军正白旗人。其《红楼梦》对后世文学艺术的创作与研究产生了深远的影响。

(三)李汝珍《镜花缘》

第七十回《打双陆嘉言述前贤，下象棋谐语谈故事》，有一段关于下象棋的描绘:

紫芝走出,要去看看象棋,找了两处,并未找着。后来问一丫环,才知道在围棋那边。随即来到白荒亭。只见崔小莺同秦小春对局,旁边是掌乘珠、蒋月辉、董珠钿、吕祥蓂四人观局。那对局的杀得难解难分,观局的也指手画脚。紫芝道:"教我各处找不着,原来却在围棋一处。看这光景,大约也是要借点馨香之意。"只听蒋月辉道:"小春姐姐那匹马再连环起来,还了得。"董珠钿道:"不妨,小莺姐姐可以拿车拦他。"吕祥蓂道:"我的姐姐!你这话说的倒好,也不望马后看看!"谁知秦小春上了马,崔小莺果然拿着车去拦。这里吕祥蓂连忙叫道:"小莺姐姐拦不得,有个马后炮哩!"话还未说完,秦小春随即用炮把车打了。崔小莺道:"人家还未走定,如何就吃去? 拿来还我!"秦小春道:"你刚才明明走定,如何还要悔?"掌乘珠道:"小春姐姐把车还他罢。况且这棋小莺姐姐业已失势,你总是要赢的,也不争此一车。"紫芝道:"二位姐姐且慢夺车,听我说个笑话:'一个去找朋友,乃至到了朋友家里,只见桌上摆着一盘象棋,对面两个坐儿,并不见人。这人不觉诧异,忽朝门外一望,谁知他那朋友同一位下棋的却在门后气喘嘘嘘夺车。'恰好今日二位姐姐也是因车而起,好在有例在先。"

作者以细腻的手法,绘声绘色地描写了一群女子下象棋的精彩片断。从而揭示了女子不但像男人一样热爱象棋,能下象棋,而且同样和男人一样争强好胜,具有谋略。作者在《镜花缘》长篇小说中,就是通过唐闺臣等100个才女的故事,用浪漫主义手法,大胆否定了男尊女卑的封建礼教。

李汝珍(1763年?—1828年?),字松石,直隶大兴(今属北京)人。曾任河南县丞。有《镜花缘》《音鉴》。

(四)李绿园《歧路灯》
第十六回 《地藏庵公子占兄位,内省斋书生试赌盆》

隆吉道:"药铺老梁相公丢下的那盘象棋呢?"范姑子道:"他丢在这里,又没人会下,只怕少了子儿。"隆吉道:"少两个,写上块瓦片儿。"希侨道:"贤弟奇想:棋子少了,瓦片儿就算了不成?"隆吉道:"算得了。"范姑子寻了一会,拿来。盛希侨笑道:"看来却不少。只是些木头片子,如何下他。也罢,谁下哩?"隆吉道:"大哥与表弟下。"绍闻道:"我下不来。"隆吉道:"咱同学时,先生不在家,咱没在邓祥厨房下过么?"大家笑了。范姑子叫慧照摆在桌上。希侨道:"不如咱喝酒罢。"隆吉恐怕希侨太露轻薄,只是怂恿下棋。绍闻也说不吃酒,要回去,希侨只得与绍闻下起棋来。

这是纨绔子弟盛希侨拉青年学生谭绍闻,到地藏庵范姑子处下象棋的一段描写。从小说中人物、环境与象棋的铺陈,可以看出作者是着意贬斥象棋的。

李绿园(1707 年—1790 年)是李海观的号,字孔堂,河南汝州宝丰县人。曾做过一任知县。

(五) 华广生辑《马头调·下象棋》

打扫打扫堂前地,抹了抹桌子,排下了象棋。下棋的人,个个都是有缘的,输了棋,千万莫要伤和气。你有炮来我有的是车,连环马,看你老将往那里去。那时节,莫怪俺们无情意。

"马头调",清初至道光间流行的民间曲调名,句式与"寄生草"略同。"下象棋"即民间广为流传的一首小曲。

华广生,字春生,山东历城人。有《白雪遗音》俗曲选集四卷。辑南北曲调780 首,多为散佚之作,于马头调选录最多。

清代鼎盛期,文学艺术空前发展;其他如词曲、弹词等体裁,亦有反映象棋的词句、片段。不难想象,如此众多的、丰富多彩的文艺作品涉足象棋,一个象棋发展史上名手辈出,棋谱五彩缤纷,交相映带,象棋的巅峰时代已孕育而成。

第四节 清代的象棋名手及棋艺活动

清代宫廷内有弈棋的习俗。从康熙大帝的好弈,雍正皇帝的赋诗,乾隆皇帝殿试五大臣棋技"观弈六月",到清末慈禧太后下棋虐杀太监,有关宫廷象棋的传闻、笔记不胜枚举。然而清代众多的象棋高手中,未有一位如明代李开先棋艺可冠古今的达官贵人芳名留世;他们大都是"芸夫牧竖",即劳动人民。至巅峰时代,棋坛蔚为大观,名手荟萃,流派林立。

一、康熙时期的王再越、刘上林、棋童四

(一) 一代宗师王再越

王再越,字正己,号安寨先生。清康熙时象棋名手,著《梅花谱》六卷,这是一部具有划时代意义的全局象棋谱。《梅花谱》卷首一小传云:

安塞先生，姓王名再越，字正己。康熙时人。性刚直，家贫力学，不求闻达，而世亦无知之者。一身坎坷，抑郁无聊，为象戏以消岁月，得意疾书，爰成六则，名之曰《梅花谱》。其间纵横驰骤，不可端倪，真有行至水穷、坐看云起之妙，诚象戏之钜规也。弈虽小道，亦可见先生之一斑也。

通过这一小段小传，使我们仿佛看到一位虽然坎坷一生仍有着刚直不阿，贫贱不能移的人品，及执著追求象棋艺术最高境界的既刚且痴的铮铮形象屹立眼前。

（二）象棋国手刘上林、棋童四

刘上林，康熙时崇明县人。据乾隆间《崇明县志》记载：

刘上林弈为天下第二手，象棋终身无敌者。棋童四，康熙初人也，亡其名字。工象棋，天下莫与敌。其行四，故俗以四称。

刘上林、棋童四终身未遇到过敌手，反映出上海崇明县地区象棋弈风昌盛。

二、名扬三朝的双枪将——程天桂

程天桂，又名慎诒（1690 年—?），字兰如，号钝根，安徽新安（歙县）人，是康熙、雍正至乾隆初最为著名的象棋国手。他围棋技艺高超，于康熙末年，在京击败风云围棋坛 40 年的徐星友，一举成为第一国手。他与梁魏今、范西屏、施襄夏并称为雍乾间围棋"四大家"。据乾隆间《歙县志》记载：

兰如名天桂，乃汪汉年之同乡后学。幼尝师事郑国任。及兰如艺工，国任老遂不复谈弈云。

李斗《扬州画舫录》卷十一又说：

"程兰如弈棋不如施、范，而象棋称国手。"程兰如年龄比施、范大，在施襄夏 21 岁时，程在湖州还与施下授先棋。青出于蓝而胜于蓝，日后施、范棋力超过程兰如亦属情理之中。然而乾隆十九年（1754 年），60 多岁的程兰如仍"丰神闲静"，与新秀韩学之、黄及侣在扬州晚香亭下了一个多月围棋，从中选录了 15 局，由"兰如评骘为谱，以志一时之雅集"，这就是有名的《晚香亭弈谱》。可惜程兰如未能流传一星半点象棋谱，这就深刻说明了，象棋仍未受到社会的重视。

三、乾隆间江东八俊、河北三杰

乾隆时期,象棋鼎盛。朝野上下,蔚然成风。名手荟萃,流派林立。尤以江东八俊、河北三杰,各霸一方,具有影响。谢侠逊《象棋谱大全》初集卷四说:

> 当乾隆中叶,象戏盛行,人才辈出。其最著者,共有九派,十有一人,曰:毗陵派(武进周廷梅,阳湖刘之环);吴中派(吴县赵耕云,长州宋小屏);武林派(钱塘袁彤士);洪都派(南昌乐子年);江夏派(江夏黄同孚);彝陵派(宜昌汤虚舟);顺天派(大兴常用禧);大同派(大同阎士奇子年);中州派(开封许塘)。时称江东八俊,河北三杰。而周廷梅遍历南北各省,战胜诸派,遂成天下国手,而创毗陵派。从之学者二百余人,颇极一时之盛。

诸派中以周廷梅和刘之环的毗陵派势力最强。周业木商,颇知诗书,于棋艺尤精,弱冠即负盛名,行子敏捷,棋路多变。曾遍历南北,各地名手均非其敌,时称"天下国手",追随弟子达 200 余人。周廷梅有《会珍阁象棋谱》四十卷,并改编增订王再越《梅花谱》二卷。

流派之间,互相挑斗,各有镇山佳局,竞相媲美。如毗陵派以所创排局"雪压梅梢"(金鸡独立),"具有深机者,杳不可得"。吴中派和武林派则以棋局"停舆待渡"中的少卒与多卒,各舒己长。无论是吴中派的"少卒待舆",还是武林派的"多卒停舆",均称得上当时棋坛上的佳构。流派之间相互竞争的结果,必然促进了排局艺术乃至象棋艺术的飞速发展。

四、乾、嘉间苏州象棋名手吴绍龙

吴绍龙,又名吴兆龙,乾隆末至嘉庆初苏州吴县象棋名手。今存《吴绍龙象棋谱》一卷,谱前有未署名的序一篇,云:

> 乾隆间吾苏吴子绍龙,弈品居第一,而名不出里巷,谈艺家不之奇也。予耳其名久,惜生也晚,不获一面,其所著弈又急切不易得。今春马子士元,手编遗余,余受而演之,果出一时名手上。因志数语于其首曰:惜哉吴子不遇时也,人挟一材一艺遨游公卿间,显名可操券得,间有幸获富贵者。吴子碌碌尘埃,卒无所遇,而贫老以没,是可伤己!虽然,弈之为数,小数也,天下奇才异能,湮没不彰,不能一、二数,独吴子也乎哉!幸其生平有此一编存,

吾故乐与马子共宝之。

"序"中说吴绍龙是"乾隆间"人，但嘉庆五年出版的《心武残编》曾经他校阅，当享高龄。"序"作者言其"名不出里巷"，似未看到《心武残编》之校阅人名。吴绍龙成名于乾隆间，从对局记录看，与他同时的象棋名手还有刘尚龄、施嘉谟、宣才宝、傅瑞天、陈泰丰等人，生平均不可考，棋艺多不及吴绍龙。

五、乾、嘉间棋谱作家薛丙、张乔栋

(一) 茸城名手薛丙

薛丙，号橘隐居士，乾隆至嘉庆间，云间(松江)茸城(青浦)人。家境贫困，穷而在下，游艺于片楮尺幅之间。少时曾得名手何克昌指导、传授，后常与之对局，棋艺益精，称雄茸城一带。有排局谱《心武残编》，并增订童圣公《梅花泉》全局谱。

据薛丙《梅花泉·自跋》中说："茸城昔推唐切冠、翁文彩、毛玉山、何克昌四公最善斯艺。余不及见唐、翁、毛三公，惟何公以寿跻耄耋，少时得其指授，后嘉与对局，幸叨青蓝之誉。"由此推算，唐切冠、翁文彩、毛玉山、何克昌四人约在雍、乾年间称雄茸城。

(二) 排局作家张乔栋

张乔栋(？—1812年)，号橘洲散人，后又称栎洲散人。有《竹香斋象戏谱》三卷。最早的《竹》谱卷首有一"自叙"，是一篇兼论象棋的自白。全文云：

> 夫心之为物，日用则日精，数之为理，愈变则愈出。以日用日精之心，驭愈变愈出之数，可历千古而不尽。象戏固属小数，然象征乎用军之妙，其技虽小，其变无穷，非心与天游，神与物会，未易跻其巅也。余性喜寂静，无声色犬马之好，闲居多暇，独嗜象戏。家嗜象戏已三世，网罗旧谱至百余种，予参之既久，乃成棋癖。每于疏簾清簟之间，夜雨秋灯之际，与二三同好，一枰坐对，万念俱消，玩之既久，其变愈出，反观旧谱，转觉肤乏。因不揣谫陋，即其心得，录二集：初集八十四局，二集七十六局，综成百六之数。凡所著录，皆复夏独造，不袭前贤，非敢问世，聊以自娱。而同好争相传抄，因络绎付梓。夫心无尽日，数无穷期，后之学者能愈变而愈奇，则此书可以覆瓿矣。岁在阏逢困敦陬月竹香斋主人识。

据《尔雅》，太岁在甲曰"阏逢"，在子曰"困敦"，"陬月"即正月。该序写于甲子

年,即嘉庆九年(1804年)正月。张乔栋在《竹》谱三集"序"中又说:"而独于象戏有偏嗜,然又不好全盘,而好残局,以其应变存危,出奇莫测也。"因而他倾毕生精力于残排局的研究,留下了三集不朽之作。

六、嘉、道间浙越象棋高手郑谷畊

郑谷畊,嘉道间浙越棋高手。据光绪间《嘉兴县志》载:"清嘉道间,有郑谷畊其人,为士奇之孙,善弈象戏,名盛浙越间。人谓谷畊象棋第一,围棋第二云。"

七、道、咸间番禺象棋高手李荣

李荣,广东番禺市桥村人。市桥村背环水,风景清幽,清道、咸间,各地象棋高手常聚于此,名手代出。据番禺黄寅初《枰坛琐语》记载,李荣的象棋是当时"独霸一方者"。

八、咸丰至光绪间温州名手陈笙

陈笙(1851年—1908年),又名瑞华,温州人。从事祖传的雕花板手工艺,排行第三,故绰号"花板三"。陈笙是历经三朝(生于咸丰元年,经同治,卒于光绪末年),温州地区的象棋高手,从小酷爱象棋,稍长即享名,30多岁游访福建时曾获得银质象艺奖牌。陈先手擅长中炮盘头马,行棋神速,着法凶悍,时称无敌。光绪间,他自任主将,由好友高手娄松亭任先锋,在温州小南门举办"棋杆斗"象棋擂台赛,三年多无一人破擂。后因年迈,为乐清县张某所破。

陈笙热衷对后辈的培养,经他指教的名棋手如林弈仙(原名银贵,1879年—1969年),在十一二岁时就出战乐清张某,胜归。平阳谢侠逊年青时,亦曾向他请教过。

九、清末镇江象棋高手巴吉人

巴吉人,号巴不斗,清末镇江人,满族。从小即耽象棋,十余岁已成镇江象坛一名将。后称雄华东一带,殊少敌手,时有"巴不斗"之称。开局不拘一格,擅饶双马,精于巡河炮攻法,故有"沿河十八打,将军拉下马"之誉。有《象棋梅花心法谱》(后人改名为《反梅花谱》)。

巴吉人对象棋精益求精,"刻意研求,尝于卧帐上粘一纸棋局,每于夜间登床时,必凝视沉思,倦极始入睡"。因此,棋艺突飞猛进,特来镇江与之较量者,如南京高手张某、扬州名将杨淦庭等人,均以败北扫兴而返。扬州国手索万年亦曾渡

江与巴吉人作过一场精彩表演,被传为佳话,杨剑虹《镇江棋话》有一段绘声绘色的描述:

> 巴索二氏晤面后,以彼此均系此中佼佼者,诚恐一日失利,有亏荣誉,莫不有戒心。往还数日,始约战于镇邑著名之瑞源茶楼。事先消息秘密。然及期,往壁上观者,已有数十人。巴索二人,着来均极审慎,于平淡处具见真实功夫。连弈三日,胜负相当,雌雄莫辨。当决斗时,曾发生一极有趣之笑谈,即以时在蒲节后数日,双方鏖战兴酣,中午不进食,迨饥肠雷鸣,始以角黍果腹。乃巴索二氏,均嗜淡巴菇烟,包置于几间,竟以黍蘸食烟叶以尽。迨吸烟时,又将白糖装入烟筒,就火不燃,才知其误。旁观者群为哄堂。然当时匪特局中人心有专注,浑然不觉,即观战之徒亦无不聚精会神,毫无察及。由此可见,巴索二氏固属用志不分,而棋艺之引人入胜,竟有如此。

比赛结果,巴索两人以和局而告终。从此,他俩竟成莫逆之交,索万年还在镇江收徒数人。

十、清末扬州象棋高手索万年、杨健庭

索万年,号"索万敌",成名于清同光间的扬州象棋国手。棋艺造诣极深,每与人对局常饶一马或三先,驰骋棋坛多年未遇敌手,号称无敌。张毓英《象棋萃鲭·例言》中说:"象棋盛衰其久,远者已无可考,以耳目所及而言,则莫盛于扬州,而扬州尤莫盛于近岁,盖自索君万年后迭有闻人,名噪一时。"

杨健庭,邗江(属苏州府辖)人,年龄稍晚于索,棋艺亦逊于索。原为江湖测字先生,后至扬州南乡教读蒙童而终老。

杨健庭的棋艺先比索万年略差半马,后杨苦心钻研,游历四方,棋力大进。于是邀索一决雌雄,由棋迷马德安任裁判,为双方约合在教场聚宝茶馆内开战。消息传出后,哄动棋坛,观者云集。当棋子摆好,议定每局彩金二元,索即拈去左马,提出按他二人以前老例行事;而杨坚称本人此时不比往日,对子分先两局,如不敌,再受让马。索则为了保持素日英名,非先让马不弈;虽经马德安与观众再三说合,奈因索、杨双方各执己见,只好收兵罢战,观众亦扫兴而归。

这是索万年与杨健庭一次公开赛的实况,他们二人还有对局遗世,即后来的《石杨遗局》。

十一、清末北京象棋高手叶仪、耿四、傻贝

清末,北京地区象棋名手荟萃,各霸一方。拈花寺了然和尚雄据西山一带,超尘和尚在海淀镇坐地为王,叶义、耿四在京城名手聚集地崇外花市金山居双领风骚,而傻贝子则以象棋游戏江湖未逢敌手。其中以傻贝、叶义、耿四名声最著。

(一)京城双雄叶义、耿四

叶义、耿四,二人棋力不相上下,约成名于光绪初,其生平不可考。光绪二十六年(1900年)前,尚未遭八国联军之兵燹,京都象棋名手常聚会于崇外花市金山居,以叶义、耿四最负盛名,执京都之牛耳,无人敢撄其锋焉。二人均擅长屏风马与当头炮,叶义以多年的实战经验著称,耿四则以熟谙《梅花谱》(或《吴氏梅花谱》)、《橘中秘》见长。当叶义、耿四对局时,其他局都不下了,均围拢来观看他二人的精彩着法,其名声之大,可见一斑。

(二)京都无敌者傻贝

傻贝(1850年?—1915年?),姓连,称傻连四辈,清之宗室,袭封贝子(《清会典》"贝勒子封贝子",贝子是爵号,是固山贝子简称),因其嗜棋成癖,不事生产,乃有傻贝子之称。稚年即负盛誉,年长更无与敌,以象棋终此一生,其名鲜为人知。傻贝遗有象棋排局谱400余局传其子。民国初,段祺瑞闻此谱,曾派人联系,因5 000元(银元)索价过高,未能成交。韩毅亲见此谱,其中双炮盖车及双车盖炮各有100局以上,后下落不明。

据福州《象棋月刊》第三十一期李荣奎《棋话》说,八国联军未兵燹北京前,某年端午,叶仪和耿四在金山居棋社对垒相持,乞丐模样的傻贝临枰观战,局终虽和,但傻贝对叶仪说:"如弃车杀象,二十三着内走胜对方。"众犹未信,傻贝即详细演出,并说明正着之变,众人无不叹服。傻贝之深谋远虑可见一斑。叶仪、耿四不服,与傻贝各战三局,结果傻贝六战皆捷。终局后始悉傻贝为海淀象棋名手也。

李荣奎《棋话》还说:当庚子(1900年)变乱后,时局草定,西山拈花寺了然和尚以象棋称雄,所遇者皆让一马或一炮,来访者不乏名公巨卿。一时名大噪,好事者到处访高手与他角战,燕京名手郝某、常某,皆俯首称臣。内监李二访得傻贝同至寺,并悬百金为彩,请他二位较量。了然自恃棋高,照例要让傻贝一马,"傻贝不受,仅先行一步,及开局僧势大胜,似再三进傻贝便负矣。不意傻贝车尚未动,子亦多未进,竟走一路卒,复进一路车藏卒后,僧不之识,以为闲着也,乃将军之,岂料傻贝连闪其将,弃双炮双卒一相一士一马,五十余着,反回先手,此藏

卒后之车,一平而出,了然僧遂无解败北。次局,僧为收复失地,即不加谦逊,先走以当头炮,继以蟠头驾马猛攻。傻贝严守阵脚,毫不紊乱,三十着后,僧力渐疲,而傻贝之应付,犹绰有余裕。僧以一马换双相,似较得先,谁知傻贝之跃河双炮,使僧之九宫内各子麻木不仁,双(应为一)马亦退居边隅。再弈十余着,僧又败北。按僧于西山,持雄数十年,未曾负一局,今竟两番失利,羞惭无地。于是内监大喜,偕傻而去。至于了然僧,惨败无颜,次日即悄然离京而他往矣。"

十二、清末广州象棋高手旧泽、胡须林、喃呒苏

清末,执广州象坛牛耳的有旧泽、胡须林、喃呒苏等人。因其均属社会下层者,生平不可考。他们大都活动于古寺名园,如珠江之北的光孝寺、城隍庙等地,都是他们经常聚集以棋谋生的场所。

阿泽有名无姓。后来出了冯敬如(名泽),棋风与阿泽相似,因而博得"棋王泽"称号,故将早于他的阿泽,称为旧泽。喃呒苏以喃呒为业,仅传其姓而佚名。可惜他们都没有对局遗世。

十三、清末西安象棋高手马玉刚

马玉刚(1857年—1928年),西安人,回族。清末西安象棋高手。

同治末叶,马玉刚少时经常与毛友邻,在西安骡马市开业的毛家茶馆(1872年?—1951年),用一副枣木棋子与人厮杀(这副制于清同治间的枣木棋子至今尚存)。光绪间,他已成为名震邻省的高手。传说他屡次击败了东来西往的名将。以擅长用马闻名于秦。五四以后,他已很少下棋,在象棋界起着指导作用。在他70岁时,还不能忘情于毕生所喜爱的车马炮,经常到毛家茶馆摆摆残棋,对青少年循循善诱。后来成为西安象坛盟主的王新民,就受到这位清末名手的指教。

十四、清末民初福建象棋高手杨源和

杨源和(1860—?),福建人。年青时致力于提倡象艺不遗余力,曾遍历南洋诸邦,所向披靡,被誉为"常胜将军"。后年迈,隐居马来西亚槟城。1938年,谢侠逊赴南洋宣传抗日救国,年近八旬的杨源和亲临赛场与谢氏举行对抗赛,轰动槟城。杨源和与谢侠逊对弈多局,互有胜负,年龄悬殊,实属不易。今仅存谢侠逊先胜槟榔屿杨源和一局。

清代的象棋名手绝非仅此,从具有代表性的30位名手,可以看到清代象棋

发展的脉络,象棋扎根于民间,具有根深蒂固的基础。尤其是清末以后众多地区名手辈出,并驱争雄,一个"山雨欲来风满楼"的现代象坛已孕育而成。

第五节　清代的象棋谱

清代是中国古代象棋发展史上的辉煌时期,也是古代象棋断代上称为鼎盛期的巅峰时代和稳步期。自明代嘉靖以后300多年来,象棋再未受到像元末至明初那样大的摧残;而民间象棋又一直处在发展的环境之中,人才辈出,流派林立。城市工商业、手工业空前发展,造纸业、印刷业的规模和水平已远远超过明代。种种因素,促成了清代象棋谱的迅速发展,如雨后春笋,琳琅满目。

以八局屏风马为特色的王再越的《梅花谱》标志了鼎盛期巅峰时代,开始了布局的新时代。《梅花泉》《百变象棋谱》《韬略元机》纷纷问世。排局谱《心武残编》《百局象棋谱》《竹香斋象戏谱》《渊深海阔》相继刊印。《吴绍龙象棋谱》《石(索)杨遗局》实战对局谱,遗世传抄。《吴氏梅花谱》与《反梅花谱》,则墨守输攻,各叙己长。按有据可考的清代亡佚的象棋谱,就达四种一百二十四卷之多。

数量可观的清代象棋谱,是象坛先辈留下的宝贵财富。在这些众多的象棋谱中,也确实存在伪书问题,给后世研究者带来很大麻烦。造成了时代背景混乱、发展顺序颠倒,以及源流混淆、史料失真等问题。明明是清代的棋谱,却要署上明嘉靖的时间;犹如宋代王铚写了一部《龙城录》,署上柳宗元的大名,以博得读者欢迎,取得了较大的经济效益。清代的书商为了牟取暴利,步前人之后尘,伪造成书年代也就不足为怪了。清代以来,辨伪的著作不少,如姚际恒的《古今伪书考》、胡应麟的《四部正伪》、康有为的《新学伪经考》、梁启超的《古书真伪及其年代》等等;然而,有关辨伪象棋谱的著作、论文一篇也没有。至当代,已引起李松福、张雄飞、刘道平等先生的注目,可惜均未留下遗著。

清代象棋谱除了木刻本外,就是棋坛先贤靠着对象棋艺术的热爱,以顽强的毅力留传下来一大批内容丰富的手抄本,有的堪称清代象棋谱的精华。计有《梅花谱》《梅花泉》《渊深海阔》《吴氏梅花谱》《反梅花谱》《摘精梅花谱》《梅花变法象棋谱》《善庆堂重订梅花变》《湖涯集》《棋学捷径》《蕉竹斋象棋谱》等。这些手抄本由于种种原因未能及时刊印,流传至今,弥足珍贵。另外,清谱还有《棋谱秘录》《烂柯神机》《新增神妙变化象棋谱》《象棋满盘谱》《烂柯真机》《胜券秘》《象棋新谱》《象戏汇编》《象棋老谱》《新镌金鹏变法象棋谱》《效古子象棋谱》《江湖秘谱》《乐在棋中》等。在收集这类珍贵手抄本的过程中,上海的杨明忠和北京的刘国斌先生倾其所有,作出了最突出的贡献,他们的藏谱在海内外首屈一指,有"南杨北刘"之美誉。他们两位汇集的大量古代棋谱,既是我们研究棋史赖以考证的依据,又是我国古代文化艺术的宝贵财富,功不可没。杨有《古今象棋谱简介》发表。

一、我国象棋史上一部具有划时代意义的棋谱——《梅花谱》

《梅花谱》是我国象棋史上一部具有划时代意义的棋谱。它标志着我国古代象棋从明代的斗炮局已迈入一个新的阶段,即屏风马对当头炮的马炮争雄时代。从而形成了一柔一刚迄今并存的两大布局体系,在象棋界产生了深远的影响。

《梅花谱》抄本,清代王再越著。六卷,分前、后两集,每集分上、中、下三卷,均为全局着法。有两种原抄本,其一为五类三十一局,共三百三十七变,称《梅花必胜谱》;其二分五类二十五局,共三百六十余变。据李松福先生说,他藏有五类二十五局传抄本,每局冠以题名,如让先屏风马破当头炮的第一局为"降龙伏虎";第二局为"暗渡陈仓"等。谱前有"棋说"一篇,"棋品"一篇,"序"二篇。每一局后常缀以评语,有的甚是精彩。《梅花谱》在清代没有刻印过,民国六年始有朝记书庄的石印本,继则二友书屋、三乐堂、江左书林等均有石印,但都不是善本。及至民国十五年武进吕思勉校阅,上海文明书局铅印本较为精确。一般都依谢侠逊《象棋谱大全》所收的潘定思藏本《梅花谱》为据,计五类三十一局,三百四十二变。

王再越以"梅花"命为谱名,寓意深长:一、谱就不易,纵使朔风似刀雪如箭,巍然屹立的傲骨蕴藉其中;二、取五出梅花之意,切合谱中屏风马、过宫炮、转角马、顺手炮、列手炮五类局法。唐代李卫公用梅花阵法练兵,取梅花五出;故唐代沈佺期《塞北》诗:"柏坛飞五将,梅吹动三军。"

《梅花谱》的记录方法,属以字定位,以字代着法。将九十个字的诗词,标定在红、黑双方各四十五个

石印本《梅花谱》封面

交叉点上,红、黑双方各自从右向左竖行读。

　　红方:整军队,排雁行。运帷幄,算周详。一霎时便见楚弱秦强。九宫谋士侍左右,五营貔貅戍边荒。叹英雄,勒勋立业类枰场。

　　黑方:论形势,两相当。分彼此,各参商。顷刻间化出百计千方。得志纵横任冲击,未雨绸缪且预防。看世情,争先好胜似棋忙。

　　《梅花谱》流传很远,影响颇大。乾隆间(1736 年—1975 年)武进(常州)周廷梅有《改编梅花谱》二卷,已亡佚。以后的《吴绍龙象棋谱》《吴氏梅花谱》《反梅花谱》,一直到近代的许多棋谱无不受到《梅花谱》的影响。其中以八局屏风马对中炮为全书精华,录其第一局:

屏风马破当头炮(饶先)
(第一局　破当头炮及车去河卒)

[一本]　炮八平五马2进3　马八进七卒7进1　车九平八车1平2　车八进四马8进7　兵三进一卒7进1　车八平三卒3进1　炮二平三马7进8　车三进一炮2进2　(变三)车三平七马8进6　车七进二象7进5　车七退三马6进8　马二进一马8进6　帅五进一炮2平6　(变二)帅五平六炮8进6　车一平二车9进1　车七平六车2进8　帅六进一马6进5　炮五退一车2平4　帅六平五车4退3　黑胜

[二变接上]　炮2平6　炮五进四士6进5　车七平四车2进8　帅五进一车9平6　炮五退一炮8进2　炮三进三炮8进3　炮三退三马6进5　炮三进一炮6进5　车四进五将5平6　马一退二马5退6　炮三退一车2平4　车一进二马6退5　增车一平二　马5进3

[三变接本]　炮2进2　炮三进七士6进5　车三平七马8进6　(变六及九)炮三退五车6进4　炮三平六象3进5　(变四)车七平二马4进3　炮六退三炮2平3　车二进二炮3进3　相七进九车9平6　车一进一车2进9　车二平五车2平4　帅五平六车6进9　炮五退二炮3平4　炮六平五车6平5　帅六进一炮4退6

[四变接上]　象3进5　车七退一车9平7　马二进一马4进3　车六退三炮2进4　车一进一炮8进5　(变五)马七退九车7进9　车七进三车2进7　炮五进四车2平6　仕六进五炮2平4　仕五进四马4平8　帅五平六马8平1增仕四退五炮8进2

［五变接上］　炮8进5　炮五退一车7进7　炮五进一车7平5　相三进五
炮8平3　车七平四炮3进2　帅五进一炮2平4　帅五平六炮3平1

［六变接三］　马8进6　炮三退八车9平7　（变八）　马二进一马6进4
车七进二车7进8　炮五平六车7平4　仕四进五象3进5　（变七）　车七退三
炮2平5　车一平二车4退1　车二进七车4平7　帅五平四炮5平6　车七平六
车2进5　车二进二士5退6

［七变接上］　象3进5　车七平五车4退1　车五平二车4平3　相三进五
马4进3　帅五平四炮2平6

［八变接六］　车九平七车7进2　炮八进六炮3平9　车七进九车7平2
马六进七士6进5　炮二进五马7退8　车二进八炮5平4　马七进六车2退6
马六退七炮4退2　车二平五增车2平5　车七平六

［九变接三］　马8进6　车七进二马6进8　车七平二马8进6　帅五进一
车9平7　马二进一炮2平5　炮五进三车2进8　帅五进一马6进8

从上面一局，可以看到作者运用屏风马抵御中炮的独具匠心，已把清代以前仅具雏形的屏风马发展成为一个新型的独立体系。当然这一局棋在开局时，双方个别着法有欠妥之处，但中残局，以及接变着法都相当紧凑。其以静制动，稳健多变，防御中蕴藏反击的战略意图，及弃子取势、运子占位、精彩杀局的战术动作在该局中都得到淋漓尽致的表现，令人拍手叫绝。

二、《梅花泉全谱》

古谱《梅花泉》的成书年代长期以来众说纷纭，难以定论。现将笔者的研究奉献同好，以供鉴赏。

《梅花泉》是一部布局丰富多样、新颖别致的全局古谱。作者童圣公，江苏海门人。童圣公原著《梅花泉》手抄本已佚。今传《梅花泉》上、中、下三卷，是清嘉庆丙寅年（1806 年）经"云间后学橘隐氏薛丙增辑""内府官学云巢居士伊灵阿同校"的增订手抄本，名为《梅花泉全谱》。薛丙在卷末"自跋"有明了的介绍：

　　象棋《梅花泉》谱，乃海门童圣公先生所作也。皆全枰而无残局，自对垒以至让先及车、马不一，其目要皆所谓"梦入神机"耶？相传数百年来，藏者皆手抄而无刊本。盖弈谱有《桃花泉》，而象则有《梅花泉》，两考智巧相埒。《桃花》之继《梅花》而有其谱也，除弈谱《桃花泉》外，又有《弈理指归》，皆议论边角大势,惟《弈妙》与《兼山堂》及近谱,乃属对子而著其人。圣公此谱,不知当日固与人对局乎? 抑或如过百龄先生自撰《四子谱》以启迪来者乎? 固莫能考矣。茸城昔推唐切冠、翁文彩、毛玉山、何克昌四公最善斯艺。余不及见唐、翁、毛三公,惟何公以寿跻耄耋,少时得其指授,后喜与对局,幸叨青蓝之誉,乃获睹《梅花泉》上册,继得中册于酒肆中,近年始见其下册,谱于是乎克全。核其原本仅三十六局一百三十二变,余今衍为五十局二百十变,仍离其卷为三。余岂妄敢继武前人哉! 亦聊就管见所及,变本加厉,亦如前所制《心武残编》一册以就正有道耳。况谱既举世无刊本,余所获者又别无他本可较,安知其果全与否耶? 世多高车,尚祈指谬而启发之,实所跂望焉。嘉庆丙寅孟秋上浣橘隐居士薛丙跋。

从"跋"文中得知《梅花泉》原本仅三十六局,一百三十二变,经薛丙增订以后,发展为五十局,二百十变,计增加十四局七十八变。又据"凡例"所云:"初因参考此谱,即附鄙见于局变之内,深愧碔砆混玉,故注贱氏于下以别之。"这就为把原稿从增订本中分离出来,提供了可靠的依据。今考《梅花泉》增订本,总数则为五十局、二百二十七变,比薛丙自述的变着总数多了十七变。这十七变是薛丙在作"自跋"后增补的,或者是后人增补的,尚难定论。增订本明确注有"橘隐氏撰""橘隐增"字样的共五局六十一变,仅注有"增"的有二局四十六变;合计七局一百零七变,比他自述所增要少七局而多二十九变。尽管数字不相符,但余下的绝大部分毫无疑问是童圣公原著。

因而,增订本《梅花泉》为《梅花泉》的成书年代留下了有力的佐证。

薛丙在跋文中说:"《桃花》之继《梅花》而有其谱也,除弈谱《桃花泉》外,又有《弈理指归》,皆议论边角大势,惟《弈妙》与《兼山堂》及近谱,乃属对子而著其人。"说明先有《梅花泉》,继而有《桃花泉》《弈理指归》等。今考《桃花泉》弈谱,清范西屏(1709 年—?)作,成书于乾隆三十年(1765 年)。《弈理指归》弈谱,施定庵(1710年—1770 年)作,成书在《桃花泉》之后。《弈妙》是清黄仲弢等编,国手施定庵、范西屏棋局的汇集。《兼山堂弈谱》,是曾享高誉于康熙间的围棋国手徐星友编撰,康熙六十一年(1722 年)刊行。由此可以论定《梅花泉》问世的下限年代,在康熙六十一年(1722 年)之前。

跋文中讲道:"抑或如过百龄先生自撰《四子谱》以启迪来者乎? 固莫能考矣。"这里的"如",如同,好像,似也。全句说《梅花泉》抑或如同(好像)过百龄的《四子谱》,以启迪来者,实在不能考矣。一个"如"字,一目了然点明了先有《四子谱》，后有《梅花泉》，只有后者才能如同(好像)前者。过百龄(1587年—1660年?)明末清初围棋国手，著有《四子谱》二卷、《官子谱》一卷等多种棋著。过百龄于清顺治间乃是弈坛霸主，诗人钱谦益写过《京日观棋六绝》一首赞誉他。其《四子谱》在顺、康以后广为流传。既然《梅花泉》晚于《四子谱》，《梅花泉》问世的上限年代，约在康熙前期。

跋文中又说："惟何公以寿跻耄耋，少时得其指授，后喜与对局，幸叼青蓝之誉，乃获睹《梅花泉》上册，继得中册于酒肆中，近年始见其下册，谱于是乎克全。"说明薛丙十岁左右时，受到八十岁左右高龄茸城高手何克昌指授，并获《梅花泉》上册。同时揭示了手抄本《梅花泉》在当时绝非孤本，在世流传多本(册)。再如"跋"中"亦如前所制《心武残编》一册"，今考《心武残编》是薛丙于嘉庆五年(1800年)刊印的，假设薛丙时已四十五岁，何约生于康熙二十四年(1685年)，《梅花泉》应在康熙二十四年以前面世流传。

至于跋文中说"相传几百年来，藏者皆手抄而无刊本"，"相传几百年来"一句不是定语，不过估计而已。由于"藏者皆手抄而无刊本"，因而著作年代不知，又历经康熙、雍正、乾隆至嘉庆四朝，故有"相传几百年来"之说，也是一些文人易犯的版本愈早愈好的一个通病。

《梅花泉》是炮、马抗衡的必然产物。纵观宋、明时期诸多的象棋谱，中炮无不主宰象坛，因而才有"起炮在中宫，比诸局较雄"的歌诀流传。至清代王再越的八局屏风马破当头炮问世，扭转了中炮霸主格局，然而过于强调马的作用。象棋史上，既然有以炮称雄的时代，又有以马争霸的时期，必然会产生平衡炮、马之争的新着和新谱。这个新谱急遽来到，它就是诞生于《梅花谱》之后的《梅花泉》。

《梅花泉》关于当头炮与屏风马孰优孰劣的问题上，采取了就势而论的实事求是的态度。认为当头炮与屏风马各有所长，互有优劣，立论比较全面、中肯。童圣公在该谱第一局当头炮横车鸳鸯马进中兵破屏风马化当头炮横车对敌局，本局与两个变着，均以和局告终。第二局当头炮横车鸳鸯马进中兵破屏风马直车左炮巡河对敌局，该局有15变，然而本局与14变终局皆和，仅第15变1变为黑胜。从第三局至第十三局，本局全部以和局告终，出现了这么多和局，不足为怪，它是炮、马争雄发展的必然产物。它不是孤立的，与残局谱一脉相承，遥相呼应。犹如《韬略元机》《百变》谱出现了大量和局。

《梅花泉》丰富发展了《梅花谱》。世界上任何事物，总是由浅易、粗糙向深奥、精细发展。《梅花谱》以八局屏风局破当头炮著称，兼述当头炮破过宫炮、破转角马、顺手炮、列手炮;《梅花泉》则以当头炮鸳鸯马对屏风马,对左、右单提马载誉,兼述当头炮巡河车对屏风马、先手屏风马、当头炮对左叠炮、顺手炮、列手炮。《梅花泉》并出现了古谱前所未有的"让两先""让一马一先""让炮""让车"局。

《梅花泉》卷中第一局(原增订本)屏风马直车破当头炮直车巡河对敌局,前六回合:

⓿二平五🔴8进7　🔴二进三🔴3进1　🔴一平二🔴9平8

🔴二进四🔴2进3　🔴七进一🔴3进1　🔴二平七🔴2退1

而《梅花谱》第一局至第五局,屏风马方走到第六回合时,均走🔴7进1,事实证明这是一着劣着,炮方只要走🔴五进一,或⓿五平七,亦或🔴八进七,屏风马方均易处下风。所以⓿2退1这着棋,是抵抗当头炮巡河车的最佳应着;是童圣公总结前人经验,吸取前车之鉴的创新之着。

《梅花泉》在多则局势中,出现了后手方不同寻常的获胜先例。这些后走方获胜的"先例",《橘中秘》不会产生,《梅花谱》时机尚未成熟,发展到《梅花泉》顺理成章,水到渠成。根据上面的分析论证,《梅花泉》的问世年代当在《梅花谱》之后,约在康熙中期。

三、《百变象棋谱》

木刻本《百变》谱是清代除《百局象棋谱》外,流传最广的象棋残(排)局谱。全书一册,分胜、和两集,有简短残局七十局(其中胜局八局,和局六十二局)。扉页正中间直书"百变象棋谱"五个大字,右上角有"新增异样形势,秘传神妙着法"十二字分两行直书,左下角有"同盛栈梓行"或"兴发堂梓行"等刻本字样。而所谓的"嘉靖本"扉页左下角却是"举手便知"四字,框外上楣还多一从右到左"翻刻必究"四字。(附同盛栈刻本扉页、"始康本"扉页)

《百变》谱有以下几种版本:

1. 兴发堂本,康熙甲申岁花月刊印(广州彭树荣藏本);

2. 霁月山房本,据林幼如先生生前提供的资料可知该谱是康熙年的版本(北京刘国斌藏本);

3. 宏道堂本,乾隆庚午岁花月刊印(武进李寿臣藏本);

4. 同盛栈本,乾隆庚午岁花月刊印,该谱不足七十局,是书商偷工减料的产物(上海杨明忠藏本);

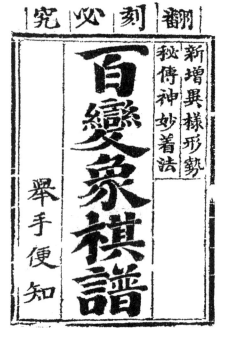

同盛栈本《百变象棋谱》扉页　　　　始康本《百变象棋谱》扉页

5. 文秀堂本，该谱无"序""引言"及刊印时间，但有通常见到的"象棋要诀""新增十则"，棋局排列的先后次序及四局局名的个别文字与前谱略有出入（北京佟醒华藏本）；

6. "始康本"，嘉靖元年中秋月始康壹览子序（上海杨明忠藏本）。

《百变》谱除"嘉靖本"版本书长约 20.1 厘米、宽约 13 厘米，其余版本大致都是书长 18.5 厘米，宽约 10.7 厘米。版心尺寸均为长约 15.3 厘米，宽约 9.3 厘米。首页有一《象棋谱引》：

棋之为技，创自古圣，盖所以启发智术，游泳心神，非徒为嬉戏之具而已也……阅之者当亦叹神妙之无穷矣。康熙甲申岁花月。

这是兴发堂本"引言"，霁月山房本"引言"后还刻有"白雪楼主人识"。"嘉靖本"开始两页则有"家藏棋谱序"。内芯三十五张，对折成页，每页两面，每面一局。上半面右上角横书局名，其余部分直书着法，每行一般为三着，较复杂的棋局，每行也四着、五着，甚至六着。全部残局，只列正着，不列变着。记录采用文字说

明，如"车进将，马回士角，象上河"等。下半面为棋图，中间空白处右首横印一
"",左首横印一"",用来标明"楚河汉界"。以阴文的黑底白字作为红棋，有
将、士、象、车、马、炮、兵；以阳文的白底黑字、黑圈作为黑方，有帅、士、相、车、马、
包、卒。棋图上方为红，下方为黑，双方兵种相对排列（附《百变》谱"双蝶戏梅"
局）。对页中缝的上部印有"象棋谱"三字，下部是页码编号，顺序为一至三十五，
中部鱼尾下印有"胜集"与"和集"之分。

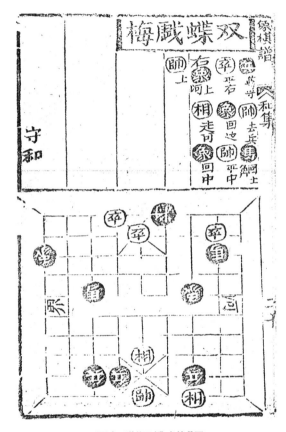

《百变》谱"双蝶戏梅"局

　　由于"始康本"的"家藏棋谱序"中有"按式重刊"句，故被认为原谱成书时间
还要早于嘉靖元年（1522 年），一时《百变》谱被认为"这是现存象棋谱中最早和最
完整的版本"（《中国象棋谱》第一集）。又因该谱自身的破绽，多年来已引起象棋
史学界诸如刘道平、张雄飞、李松福等先生的质疑，但一直未成定论。其实只要
将各种版本的《百变》谱比一比，伪书自会暴露。

《百变》谱所有版本的版心尺寸相同,唯独始康本开本明显大于其他版本开本,正说明了始康本晚于其他版本。君不见《适情雅趣》,明版清印的敦化怀德堂本的开本(长24.5厘米,宽15.5厘米),大于明版明印的三畏光启堂本的开本(长21.7厘米,宽13.7厘米)。古谱中只见到再版再印谱的开本,大于或等于原版原印谱的开本;而再版再印谱的开本,小于原版原印的开本尚未见到。

《百变》谱始康本与众版本扉页不同,框外上楣多"翻刻必究"四字,一语自泄天机,该谱绝非明嘉靖元年(1522年)刊本。查《明律》,并未发现这种只能体现资产阶级法权思想的条文,也未见明籍中打上"翻刻必究"的烙印。再如其他版本扉页左下角均刊印的梓行作坊名称,如"同盛栈梓行""霁月山房梓行"等,而始康本扉页左下角则与众不同,刊印了"举手便如"四字,纯系清代始有的招徕广告的标记。

所谓"始康本"与其他版本不同的,还有开始两页多了一篇《家藏棋谱序》,而无《象棋谱引》。该序云:

> ……余赋性疏懒,乖僻好棋,几忘寝食,苦于着分不高。昨向友人处偶得家藏棋谱,胜为珙(拱)璧,不舍昼夜,殚心力以求之,颇有会悟,真所谓学棋之梯航也。弗敢秘藏,视为独得之奇,特付梨枣,按式重刊,以供同好,是为序。嘉靖元年中秋月始康壹览子序。
> 编者　祖龙氏
> 校者　静天氏　象乾氏
> 重校者　绿水山人
> 板藏始康紫霞村

今考,始康是南北朝时一度使用过、隋时已作废而不再使用的地名,唐时恢复汉制新都称号,即今四川新都。序中人名"编者祖龙士,校者静天氏、象乾氏,重校者绿水山人",全属假托;这就和扉页中"翻刻必究"自相矛盾,谁是版权的主人? 谁来究? 假托者? 这就让人不得不对序文的落款时间"嘉靖元年"产生怀疑。人名、地点假托,难道唯独时间不假托? 让人难以置信。"嘉靖元年"绝非笔下之误,而是"壹览子"着意伪造序文落款时间,借以提早成书年代,谋取销售效益的一个手段。

按序文中"按式重刊"之说,似乎原谱成书年代还要早于"嘉靖元年"(1522年),为什么唐寅约在弘治十八年至正德六年间(1505年—1511年)为沈津《欣赏编》中的《谱双》撰跋时,不提《百变》谱,而只说"《象棋神机集》不见传,今唯有《金鹏七着》"。而且从明代至清代初所有的大藏书家,均未见其著录《百变》谱。

《百变》谱不是明代的产物。《百变》谱计有残局七十局,其中和局六十二局,占总数 88% 以上。既无明代象棋残局以胜局为主流的特色,又不符合象棋残局从杀局逐渐发展到和局的规律。刊于明隆庆庚午年(1570 年)的《适情雅趣》,比所谓的"始康本"《百变》谱要晚出 49 年,在其六卷五百五十局残局中,仅卷六一卷是实用残局和棋绝着八十四局,只占总数的 15%。这八十四局是作为和棋的范例出现的,至于一到四卷的残局棋势,则百分之百是胜局。将古谱胜、和局列一表格对照,就更能使人一目了然。(参照第 138 页表格)

然而,《百变》谱与刊于康熙四十六年(1707 年)的《韬略元机》有某种亲缘,虽谈不上孪生姊妹,却有极其相似的成分。在《百变》七十二局残局中,其中有五十一局与《韬》谱全同或绝似,占 73%。如《百变》谱第二局"二十八宿闹昆阳"、第三局"四将出师"、第四局"十面埋伏"、第十六局"诈败诱敌",分别与《韬》谱卷三第二十九局:"甲坚兵利"、卷四第三十二局"双骥驱雷"、第五十六局"多算者胜"、第三十三局"马前骁卒"相比较,不但局势相同,获胜着法也全同。只是《韬》谱在"甲坚兵利"与"多算者胜"两局中,分别删去《百变》谱"二十八宿闹昆阳"黑方三路过河卒及"十面埋伏"红方五路底兵二枚无用冗子。《韬》谱"马前骁卒"局改正了《百变》谱"诈败诱敌"局黑方八·九位黑卒为黑车,保证了其着法的严密性。

《百变》谱与《韬》谱有些同类局相比较,则又略显复杂一些。如《百变》谱为"九溪十八洞"和"曹操行刺",要比《韬》谱的"车马临门"和"勒马听风"深奥、丰富一些。但这绝不意味着《韬》谱早于《百变》谱,《韬》谱"长生不老"局原谱共六变,一本着法共五十四着,而《百变》谱"三车保驾"局仅有一变二十三着,深浅易见。从两谱全同或绝似的五十一局来看,除全同者,绝似的各有特色、各有取舍、各有发挥。这就说明了两谱均源于同一时代,来源于民间,经两谱作者采撷、汇选、诠正,有的棋势还要再加工、创新,因而形成了各具特色的棋谱。这个时代,只能是清代初期。象棋自明嘉靖以后一浪高于一浪的发展,至清代初期民间象棋活动已非常活跃,大量的民间棋势涌现,尤其是和局棋势的涌现,从而诞生了以和局为主的棋谱。

关于《百变》谱与《韬》谱,孰精孰简,孰先孰后?两相比较,一清二楚。《百变》谱全部七十局,每局均列正着而无变着;《韬》谱有一局一个变着,也有二个、三个、四个或者五个、六个、七个变着的,其中"四卒攻心"局十一变,"乌龙摆尾"局达二十二个变着,精细与简短,勿需赘述。《百变》谱的成书具体时间,在兴发堂本已

阐明很清楚,引言云:

"予闲居无聊,幽忧勿释,常与宾朋手谈,以解胸内之牢骚,因谱为棋势百局,名之曰百变。"

刊印年月刻为"康熙甲申岁花月",当为康熙四十三年(1704 年)问世。宏道堂本引言与康熙本同,下署"时乾隆庚午岁花月",即为乾隆十五年(1750 年),当是作者晚年将其旧作重校付梓,并改署时间以区别。至于所谓的"嘉靖本",序文下署"嘉靖元年中秋月",从前面的论证得出结论,纯属壹览子的伪造。李松福先生生前曾将上面所署三个不同年代的"序"(或"引")的四种版本《百变》谱放在一起比较鉴定,认为"但观其纸张印刷,当是'嘉靖元年'者最晚近。"论据确凿,结论明确。

从而,可以肯定《百变》谱成书于康熙四十三年(1704 年)比康熙四十六年(1707 年)成书的《韬略元机》早问世三年。《百变》谱虽是每局仅有一种变化的简短残局,但攻守兼备、精彩纷呈的佳构,不胜枚举。现录第四十五局"秋水共长天",依照原图制图:红方在上,黑方在下。红方是阴刻的黑底白字,黑方是阳刻的白底黑圈黑字。红黑子正面相对。原谱着法附后,一睹古谱风貌:

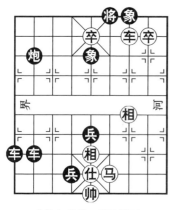

"秋水共长天"原谱图

秋水共长天

(红先和)

边车将,士下

车去相,相去车

炮进将,士上

炮退,士下

炮去车

卒去炮

兵平将

帅去兵

车退将,帅下

车去马

卒平将

车去卒

卒去车

将去卒(和)

132

第六节　清代象棋战略战术

　　清代,是中国古代象棋发展到最高阶段,即鼎盛期的巅峰时代,也是一个以马制炮、炮马争雄、刚柔执锐的时代。自《自出洞来无敌手》《无字袖手炮》,以五局五变的先手屏风马对中炮的布局,开创了以柔制刚的先河;《金鹏十八变》《饶先屏风马破当头炮局》,以一局五变的后手屏风马对中炮的布局,揭开了后手屏风马抵御中炮奥秘,整整经过了四百多年孕育,终于诞生了一部具有划时代意义的巨著《梅花谱》。其八局后手屏风马破当头炮,是象棋的战略战术从此发生了根本的变化,从而引伸出炮马各叙长短及炮马平衡论。

　　"明人用炮,清人用马。"正是明清两代战略思维的概括与体现。炮控制线,马控制面;炮直来直往,行动神速,马是盘旋而上,迂回深沉。因而明代的战略主导思想是以攻对攻,针锋相对,大刀阔斧,速战速决;清代的战略意图则是谨慎严密,缠绵细腻,寓守于攻,伺机进取。反映在战术的运用上,清代象棋明显的不如明代象棋奔放,然而稳健有余。这除了象棋本身的发展因素,似与清代汉民族遭受异族统治,思想蒙受压抑不无关系。

　　残局方面,康熙间先后问世的《百变象棋谱》《韬略元机》,打破了前一阶段大量创作实用残局,以胜负局为主的格局,开创了以和局为主、以排局研究为方向的新潮流。战略的变更,必然导致战术的替代。故而清代残局战术的构思,不是明代的孤注一掷,鱼死网破,而是具有"相生相克,虚实奇正,起伏顺逆之机"的平衡论点。以嘉庆间先后问世的棋路深奥复杂、曲折多变的四大排局名谱最具特色。

一、清 代 的 布 局

　　清代的布局从一开始,就以其独特的魅力,令人耳目一新。

　　孙子曰:"故善用兵者,避其锐气,击其惰归,此治气者也。以治待乱,以静待哗,此治心者也。以近待远,以逸待劳,以饱待饥,此治力者也。"孙武在这里谈的不是硬碰硬,不是以攻对攻,而是避其锐气,击其惰归,以治待乱,以静待哗,以逸待劳,把夺敌士气、扰敌将心、疲敌体力作为战术,高明地用于战争。清代象棋布局的高明,就在于含蓄深沉,柔中寓刚,寓守于攻,伺机捣虚。而这个新的战略体系的总设计师、开创者就是王再越。

　　王再越所开创的这一新的战略体系,对象棋发展产生了深远影响,在清代即已引起了连锁反应。赞成的、反对的、持平衡论的,各有著作,各抒己见,构成了一个清代象坛争鸣的盛况。王著《梅花谱》所列的八局屏风马破当头炮,主要是屏风马进三卒,破中炮巡河车及过河车的布局阵法。最早引起共鸣的,是乾隆间武进周廷梅《改编梅花谱》二卷,可惜亡佚,详情不知。稍后,同在乾隆间成书的《吴绍龙象棋谱》,在其二十六局中,共有中炮对屏风马四局,皆属屏风马胜,除了吴氏本身棋艺水平外,则显示了屏风马抵御中炮的时兴与有效性。约于晚清问世的吴著《梅花谱》,进一步丰富了屏风马的攻守内容,并总结、创造和发展了王著《梅花谱》传世后的实践。其"屏风马进七卒",具有战术上的创新,灵活机动,更富有反击力;"屏风马破士角炮夹马炮局""屏风马破当头炮夹马局""屏风马破士角马局",则又为屏风马的攻防战术增添了新的内容。《象戏汇编》是一部增补王著《梅花谱》的八局屏风马的手抄本,将原谱的 105变,繁衍为 311 变,并删改了一些原有变着,其对屏风马的发展程度,不言而喻。

然而与《梅花谱》大唱反调者,当首推《反梅花谱》,即《象棋梅花心法谱》,其开创性的布局构思充分发挥了当头炮的威力。巴吉人以其人之道还治其人之身,在其"当头炮直车破屏风马"局,前六个回合与王著《梅》谱开局着法一模一样,第七回合不平炮而急进中兵,紧紧掌握住主动,充分发挥了当头炮的威力,反映了其"以炮制马"的思想,并认为王著《梅》谱的屏风马不能与当头炮抗争,为此第三局开始,相继提出了以顺手炮、软屏风马、横车龟背炮等布局阵法来制约当头炮的攻势,提出了一系列的后手布局的研究课题。

炮、马平衡论最早由康熙间海门童圣公著《梅花泉》表露,认为当头炮与屏风马各有所长,互有优劣,没有偏袒任何一方。其卷上的第一、二局,卷中的第一、二、三局,当头炮对屏风马的布局,均以和局告终,有力地反映了作者"炮马平衡论"的观点和用心之良苦。与其观点相同者,有同治四年(1865 年)的《摘精梅花谱》、光绪二十三年(1897 年)的《梅花变法象棋谱》,后者的"炮马叙论,各见专长"观点非常明朗,该谱的第一、二局,屏风马攻当门炮(饶先)胜,而第三、四局,当门炮对攻屏风马(得先)胜,恰是作者"炮马平衡论"的着意安排。然而,"炮马平衡论"最突出、最实际的体现,莫过于清末《石杨遗局》中攻守均衡、各运匠心的七局"屏风马抵当头炮"的实战对局,全部七局以和局终,古谱绝无仅有。其中以第一局"屏风马巡河炮抵当头炮局"的布局,颇有新意。

"对兵局"最早见于康熙四十六年(1707 年)刊印的《韬略元机》。"对兵局"是清代象棋战略构思的重要组成部分,也是清代掘起颇为兴盛的布局之一。由于它以静制动,静观其变,以柔制刚,刚柔并济,变化多端,故为清人乐于采用,直至今天仍为稳健派棋手所青睐。因第一着走"兵三进一",形似仙人之指,意向莫测,故又名"仙人指路",这种布局以中残局斗棋力,于细微处比功夫。我国仅有的两部实战对局谱,都有"对兵局"记录。在《吴绍龙象棋谱》的十六局对局中,竟有十局"对兵局";在《石杨遗局》对局中,也有两局"对兵局"。《象棋满盘谱》亦收录了《韬略元机》卷六刊载的"七兵送子法"的布局。《反梅花谱》第八局"(让先)横车破直车士相局",实际就是后手挺卒破仙人指路局,给"对兵局"的先手方提出了一个研究课题,其布局如下:

㊗七进一　㊣7进1　㊗八进七　㊣8进7　㊗二进三　㊣9进1

㊗三进五　㊣3进1　㊗七进一　㊣9平3　㊗七进六　㊣3进3

黑方进卒、跃马后,立即抢出横车,先弃后取,抢占河口,取得了较为满意的布局。余着从略。

随着清代象棋战略主导思想的变更,适应棋局方针和策略的布局及独特奇异的布局应运而生。当然这些布局不是一朝一夕诞生的,有的可能在民间流传了很长时间,经过无数民间艺人加工,或者在明代已在民间流行,至清代总结方流传于世。除了前面谈到的多种布局外,再摘几则有代表性的布局如下:

(饶先)左叠炮破横车局

《韬略元机》卷六第一局

[一本着法](红先)

㊗炮二平五　㊣8进1　㊗马二进三　㊣炮2平8变⚏　㊗车一进一　㊣卒9进1

㊗车一平六　㊣卒9进1　㊗兵一进一　㊣车9进5　㊗车六进七　㊣车9进4

㊗相三进一　㊣马8进9　㊗车六平八　㊣马9进8　㊗炮八进七　㊣马8进6

黑方起手不俗。布局至此,黑方以弃一马换得了四子归边,红方在劫难逃。

[变二] 　㊣炮2平8　㊗车一进一　㊣卒9进1　㊗马八进七　㊣马8进9　㊗车一平六

㊣马9进8　㊗车六进七　㊣卒9进1　㊗兵一进一　㊣车9进5　㊗车六平八　㊣车9进4

[变三] 　㊣炮2平8　㊗马八进七　㊣马2进3　㊗兵五进一　㊣象7进5　㊗马七进五

㊣车1平2　㊗炮八平七　㊣车2进4　㊗车一进一　㊣卒9进1　㊗车一平四　㊣士6进5

㊗车四进三　㊣马8进9

变二与一本异途同归。变三布局至此,黑方边马显见灵活,且双车活动范围优于红双车。

(饶先)屏风马破士角马局

吴著《梅花谱》第五局

[一本] （红先）

相三进五　車8进7　马二进四　馬2进3变三　炮二平一　車9平8
車一平二　炮8进4　兵三进一　卒3进1　马四进六　馬3进4　兵七进一
馬4进5

布局至此,黑方明显反先,以下黑方伏有馬2进7打马或馬5进7的手段。

[变二] 馬2进3　马四进六　炮8平9　仕四进五　車9平8　炮二平三
象3进5　車一平四　卒3进1

黑方的"形"好,子力开拓,反先。

[变三] 馬2进3　马四进六　炮8平9　仕四进五　車9平8　炮二平三
象3进5　車一平四　卒3进1　兵七进一　馬3进4　兵七进一　馬4进5
車四进三　炮9进4　兵三进一　炮9进3

布局至此,黑方弃子抢攻,优势明显。变二红方第三着马四进六过急,宜走
炮八平七,变三红第九着車四进三捉马后底线空虚,应马六进七邀兑黑马稳健。

(饶先)横车象改转炮破当头炮局

《反梅花谱》第七局

炮二平五　马八进七　马二进三　车九进一　车一平二　车九平四
马八进七　炮八平九　兵五进一　士四进五　兵五进一　卒五进一
马七进五　炮二平五

布局至此,成中炮直车盘头马对后补列炮横车阵式。黑方第二着起横车鲜,
第七着反架中炮更鲜,灵活机动的战术运用跃然枰上。本世纪七十年代,颇为流
行的"半途列炮"布局,当受到该布局的启迪和影响。

清代的让先、让子局种类繁多,其布局的门类也相应繁多。明代只有饶先、
饶左马、饶双马,清代除以上三类外,另有饶两先、饶三先、饶右炮、饶一马一先、饶
车类。仅选录两局如下:

让傅瑞天双先第一局(吴胜)

《吴绍龙象棋谱》第六局

炮二平五傅先　马二进三傅先　马八进七　兵三进一　车九平八
马八进九　炮二平四　车九平八　车一进一　炮八进四
卒三进一　马三进四　象七进五　马四进五　车一平六

布局至此,红车左移,准备弃马,集中优势兵力攻击黑方右翼,局势明显占优。

(让车)当头炮横车进中卒破直车右单提马局

《梅花泉》卷下第二十局

［一本］（红先）

炮二平五　马八进七　车一进一　车九平八　车一平六变二马二进一

马二进三　象七进五　兵五进一　炮八平九　兵五进一　卒五进一

马三进五　车八进四　马五进七　卒三进一

本局是红方让左车的变化。据《梅花泉》凡例云:"让车者无车处之马炮及当头卒永不兑车",故黑二路炮不能打红八路马。布局至此,红方顺利完成了兵力的部署,一着⑤五进七极妙,诱对方挺卒落入圈套。黑方此着宜走⊕6进5较稳。

［变二］

车一平六　炮八进六　车六进六　炮二进二　车六平三　炮二平七

车三平八　炮七进五

这是一种对攻激烈的变化,黑方进炮压马诱对方捉双,然后进炮,提车打相展开抢攻。红方则我行我素,照吃不误,强攻一边。

"让先""让子"局与普通对局不同,它是高、低手为了使双方的实力相对平衡,进行交流、竞赛采用的一种棋力补偿手段。布局方法和战术运用有其特殊性,构思精巧,多采用陷阱、圈套、快攻,速决制胜。

二、清代的残局

清代是象棋残局发展的辉煌时代,仅流传于世的残局谱就有二十余部,其中《百局象棋谱》一部就有九种版本,可能还不止这些。至于乾、嘉间棋艺家张乔栋在《竹香斋象戏谱·自序》中说"家嗜象棋已三世,网罗旧谱至百余种",所云的象棋谱就更多了,可惜未能流传下来,也不知其中有多少残局谱,但据其"独于象戏有偏嗜,然又不好全盘,而好残局"来看,张乔栋所收藏的残局谱一定不会少,这确实反映了清代象棋盛况。

随着象棋艺术的不断发展,清代的残局受战略主导思想和方针的影响,已不再是明代的以实用残局为主,以胜、负局占主导地位的残局;而是代之以逐渐向深奥莫测、变化多端发展的,具有"相生相克,虚实奇正,起伏顺逆之机",以和局为主的残排局。残局谱中和局比例的侧重,正是最好的反映。以明代的残局谱《梦入神机》《适情雅趣》与清代的残局谱《百变象棋谱》《韬略元机》及四大排局名谱相比较,可以清楚地看到清代残局战略的变更。见下表:

古谱胜和局数对照表

序	朝代	谱　名	总局数	胜局数	和局数	和局％
1	明	《梦入神机》残存	144	133	11	8％
2	明	《适情雅趣》	550	466	84	15％
3	清	《百变象棋谱》	70	8	62	88％
4	清	《韬略元机》	204	108	96	47％
5	清	《心武残编》	148	4	144	97％
6	清	《百局象棋谱》	107	6	101	94％
7	清	《竹香斋象戏谱》	196	29	167	85％
8	清	《渊深海阔》	371	111	260	70％
备注	一、胜局、和局的划分,仍按原谱胜、和为准。 二、变法复杂的局,胜、和以一本着法为据。					

　　清代的残局虽然不似明代的残局偏重于实用,像《橘中秘》140 个残局,100％的是实用残局;但一些名谱仍然注意到了实用,收录并发展了一些实用残局。如《竹》谱初、二集仅有的十九个胜局"炮兵取象""马取单马""双炮禁双炮"……则全部是实用残局,两则和局"车兵和士""马双相和车"也是实用残局,二集第四十四局"低七星"则是车卒对车兵相的实用残局。有的实用残局如"车破双士相"共三局,"炮卒胜相士"共二局,"马禁单士"等局,是采自《适》谱,未进行加工;有的实用残局如"炮卒取相""单车捽马"共二局,"炮卒胜兵士",则是在《适》谱基础上进行了改进,增加了变化。"单车捽马"二局,是对《适》谱四百五十局"驽驹失厩"局棋势作了改进,增加了难度,因而由《适》谱的一着胜,分别增生二十回合及二十三四回合胜。《渊深海阔》第一百零五局"王翦拔营"、第三百三十八局"白起破敌",亦是"双卒巧胜炮四兵""车卒必胜四兵单士"的典型实用残局,后者录自《适》谱第三百六十七局"四门斗底",前者则是《渊》谱创作的新局。所以,清代的实用残局,既有继承,又有发展、创新,

　　清代残局的另一特点,是把表演单方杀着的胜局,改成内容博大、曲折巧妙、着法深沉的和局。如前所谈到的,明代《适》谱第三十七局"损人安己",经过无数民间棋人的修改、充实、提高,至嘉庆九年(1804 年)《竹》谱以"赤壁星稀"局刊出,历经二百三十余载,由红胜局演变为内容丰富、变化多端的和局,后因其着法仍未尽善,被张乔栋重刊时删去。又如《适》谱一百七十七局"声势相倚",是一则仅有七着的红胜局,经《竹》谱以同名局发展为十九回合的和局

（红方一·九位炮，应改为三·九位炮），并增加了二变。再如《适》谱三百一十四局"三将夺关"，是一则马炮卒攻车炮兵士相全的实用杀局，共二变；经《韬》谱修改为一百一十九局"春风穿柳"，发展为六变的和局，使人观后确有"山重水复疑无路，柳暗花明又一村"之感，特别扣题。兹录《适》谱第七十四局"登高履险"，与《竹》谱初集第五十四局"星移斗转"，作一简单比较如下（均按原谱制图）：

登 高 履 险

车六退三	将六进一	车六平四	车二平六	车七平二	车五平四
帅六进一	兵四进一	帅六进一	车六平四	帅六平五	车四退三
车二退八	相五进七	卒五进一	车四平一	车二平四	将六平五
卒五进一 （红胜）					

这是一局战术组合的妙用，连续要杀的杀局。红方首着抽将战术，选位恰当；二着弃子引离战术，达到调虎离山的目的；三着闪击奇袭战术，迂回包抄黑方最薄弱的左翼，从而达到围魏救赵，转危为安，反擒黑将。全局共十个回合，图势上黑方九路相似乎没有作用。

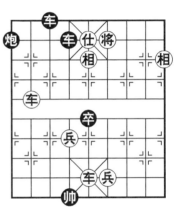
登高履险

［一本］车四退三　帅四进一二变

车四平六	车八平四	车三平八
兵五平六	将四进一	兵六进一
将四进一	车四平六	将四平五

车六退三	车八退八	相五进七
车八平六	帅四平五	卒五进一
炮九平五	车六进五	车六平九
车六平五	帅五平四	卒五进一
炮五退五	车五退一	车九进六
将五退一	车九平四	（和）

［变二］帅四进一　车四平二　相五退七

车二退四	炮九退六	卒五进一
炮九平五	（黑胜）	

明显看出该局取材于《适》谱"登高履险"，图式作了一番修改，移卒删相，黑方增加一枚九

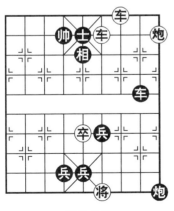
星移斗转

路底炮,加强了攻防力量(占中心的兵与车作用相同),棋局变化显见多姿。在战术运用上如前局所列战术外,又增加了牵引、兑子战术,着法增至十四回合,并增加了一变,结局修改为和局。无疑,这些都反映了清代的残局发展。可惜该局仍有不足之处,第十七着红方不应急于进卒,先退炮可相持成和,棋局则尽善尽美;黑方随后的平炮改走车六平九先吃炮,然后图谋夺取中卒,可操胜券,但这违背了原局成和的宗旨,仍以红方第十七着退炮为佳。

清代的残局,最大的特色是涌现出大量的博大精深、宏伟壮观、奥妙莫测、变化多端的排局。其数量之多,变化之广,着法之深,前无先例,后无来者。其中以嘉庆间先后问世的"四大排局名谱"《心武残编》《百局象棋谱》《竹香斋象戏谱》《渊深海阔》最具代表,显示了排局旺盛的生命力和艺术的感染力,而最负盛名的排局当数"四大名局"及"鸿雁双飞""跨海征东""竹林碎绿"等"大局",每局有二三十种,甚至四五十种以上的变化。其实正变结论是和局,往往造成先走方有获胜之假象,使对方误认为起着即可成杀局而坠入圈套。"大局"的特点是经过一场"序战"以后,局势仍然扑朔迷离,难解难分;双方短兵相接,又出现了一种新的矛盾,构成了一个新的小局,所谓局中有局;往往一步之差,胜负立判。兹录《百局》谱卷二"鸿雁双飞"第一局双飞象黑炮遮头和:

第一局　双飞象黑炮遮头和

炮三平六	车四进一	炮三平六	车四平七	车一平六	车七进二
象三进五	车七平八	炮六平三	车八平四	车六进二	兵三平四
炮三平五	兵五平六	将六进一	炮三进六	象五进三	炮三平五
炮五平六	兵四平五	卒五平四	炮五平七	卒四平五	炮七进三
卒二平三	炮七退七	卒九进一	炮七平六	卒九平八	炮六进四
卒八平七	炮六平五	卒五平四	帅四平五	卒七进一	兵五平四
卒七平六	炮五平八	炮六平五	兵四进一	卒六进一	炮八进二
将八退一	兵四进一	将六平五	兵四进一	卒六进一	炮八进一
象三退五	炮八退八	炮五进三	炮八平五	象五进三	炮五进五
象九进七					

该局构思奇巧,设计新颖,着法紧凑,残局功力深厚。特别让人称绝的是局末正好呈"鸿雁双飞"棋形,全盘子力位置恰到好处,帅似雁头,双卒似雁眼,双象高飞似雁翅双飞,炮似雁脊,双兵似雁足,将似雁尾,惟妙惟肖,犹如天工之作。

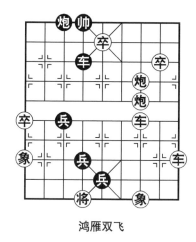
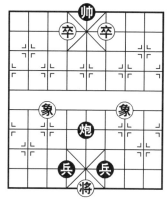

鸿雁双飞　　　　　　　　局末呈鸿雁双飞棋形

红方第九着前为该局的"序战",战术的运用亦显灵活多姿,堪称系列战术的妙用。红方前二着为弃子腾挪战术,黑方第二着反弃子,弃子堵截;第三回合双方扫清障碍,均采用歼敌攻杀战术;第四回合,红方逐车寓守于攻,黑方平车旁敲侧击;第五回合,红方闪将,黑方邀兑解杀;第六回合,兑子;第七、第八回合,双方抢点占位,弈来一丝不苟;第九着,红方象五进三,防患未然,先见之明。另有两种着法均负:

(一)象五进七,兵四进一,炮五平六,炮三进一,卒二平三,炮三平四,炮六平八,炮四平八,炮八平六,炮八进一,将六退一,兵六平五,炮六平三,兵四进一,炮三退四,炮八退二,卒三平四,炮八平四(原谱第三十一局官着红劣黑胜);

(二)卒二平三,炮三平五变,象五进三,炮五退五,卒三平四,兵四进一,炮五平六,炮五平八,卒四平五,炮八进七,将六退一,兵六平五,卒五平六,帅五平四,炮六平一,兵四进一,炮一退四,兵四进一,黑胜(原谱第三十一局变一)。

[变]炮三平五,炮五平六,兵六平五,将六退一,兵四进一,卒三平四,兵四进一,卒四平五,兵四进一,黑胜(原谱第三十一局变二)。

第十回合至十二回合,为"序战"结束,进入原局,兵力部署调整,黑方第十二着炮不打将而沉底,引而不发,欲平中打卒,深沉;第十三回合,红方弃子争先战术,延缓黑方攻势;第十四至十八回合,为双方集结兵力,组织进攻,抢占点位;第十九回合,原谱有疏漏,红方卒七平六是一步败着,应走卒七进一可和,黑方炮五平八是一步失着,如走炮五平四强兑可获胜;二十至二十三回合,是炮双卒对炮双兵比速度的残局较量;第二十四回合,原谱又一次出现错漏,红方卒六进一急躁,导致下一着黑方可以幸胜,应走象三退五可和,黑方亦又一次失去了获胜机会,应炮八退七打卒,末后几着,红方落象解杀,弃炮吸引,飞象困子等战术的运用恰到好处,以呈现"鸿雁双飞"棋形终局。

"鸿雁双飞"局,《百局》谱共有三十一变局,《渊》谱达四十七变局,可见其复杂程度。余变从略。《心》谱局名"鸿雁来宾",《竹》谱局名"鸿雁惊寒",与"鸿雁双飞"是同局,且"序战"完全相同。该局与"七星聚会""金鸡独立"被称为古谱三大局。

如果说明代象棋的战略尚欠重视,战术已初具规模,那么清代的象棋战略战术已臻完善。全局的统筹,兵力的部署,协调的攻守,以及战术综合、系列的使用,在清谱中已大显风采。《象戏汇编》一则全局发展为三十余变,《象戏新谱》中的"七星聚会"局,多达七十余变;都反映了清代战略意识的周详及战术思维的全面。顺应时代的战略构思,适应棋局发展的战术技巧,是象棋向深奥、复杂发展的必然产物。上面诸局的演变,正说明了这一点。

四、《韬 略 元 机》

《韬略元机》扉页

如果说《百变象棋谱》拉开了象棋残局史上以和局为主的帷幕,《韬略元机》则把残局艺术推向了一个更高的境界,开创了相生相克,虚实奇正,起伏顺逆之机的排局的新阶段。

《韬略元机》象棋谱,刊于清康熙四十六年(1707 年)。全书六卷六册,前四卷为残局,后二卷是采自《金鹏谱》的全局。棋谱扉页中书"韬略元机"四个大字,框外上楣书"象棋谱",右上角题"李君泰校定",左下角有"文锦堂梓行"字样。(附《韬略元机》扉页)书长 23 厘米,阔 14.3 厘米。卷首有"序"一篇,云:

……惠不肖奉先君遗训,订正之书无不敬梓。此谱寝废三十余年,以为游戏而易之,由今以思,殆昧所传矣。急撮所镌,但其卷帙散佚,因选金鹏诸变以佐之,其间进退弃取之法,神机妙算,非大智者不能运筹帷幄,决胜千里,虽孙吴无以过之,因颜之曰《韬略元机》云,安亦顾其喻意何如耳。

康熙四十六年仲冬月张惠春谨识。

卷一的扉页上有琅琊王相晋升、金陵张自文心所汇选,张自美崐所、余国玺君用、刘沂子浴合纂,应文玮孔润、张惠春元淑、赵义忠文臣同校,绣谷李君泰校定。

由此可知,《韬略元机》残局部分编成于康熙初年,由王相、张自文据古谱及民间江湖排局选辑而成,但编好后未曾刻印,卷帙散佚,后由其子张惠春等"选金鹏诸变以佐之",校订付梓。前四卷计有残局二百零四局,后二卷全局内容及排列格式与《适情雅趣》相仿。

《韬略元机》的精华在于残局,残局又分为"和局"与"红胜局"两大类。从卷一第一局至卷三第十三局,计有九十六个和局;从卷三第十四局至卷四第五十九局,计有红胜局一百零八局,大多数是杀局,少数为实用残局。其中作为主体的九十六个和局,选自民间流行棋势,大多形势惊险曲折,棋势深奥莫测,有相维相约之势,相生相克之机,两得其通成和局,一着错立见败北。有些和局似系民间根据《适情雅趣》胜局加工而成,如二卷第八局"计害三贤",显系《适》谱二百零四局"雷震八荒"所加工而成。该局又分别被《百变象棋谱》《竹香斋象戏谱》收录,同样局势一子不差,分别被称作"一计害三贤""上河景物"。这就说明了这个和局在清初广泛流传,先后被诸谱采撷。又如二卷第二十一局"香风穿柳",极可能就是民间棋人根据《适》谱三百一十四局"三将夺关"加工而成的,该局又经《心武残编》《竹香斋象戏谱》作者雕琢,成为异曲同工、各尽其妙的"香风拂柳""竹外横枝"局。有些局《韬》谱虽然同名同局实录自《适》谱,但着法均作了改进,或增加了变数。如卷二第二十二局"七擒七纵",就是《适》谱同名同局的实录,增加了四变,着法也作了一些改进。

《韬略元机》开创了大型排局的先河,首局"乌龙摆尾"是最早见于古谱的大型排局,原谱二十二变,前无先例。该局综合杀局与实用残局两类特点,经过精心编排,并列举了二十一种变化(其中红胜十六、黑胜四、和一),极为生动地展现了黑炮(乌龙)双卒悍斗红方车四兵的精彩盘面,全局起伏跌宕,险象环生,洵为佳构。其他如"四卒攻心""乌江大战""十面埋伏""紫燕双飞"等局,无不为早期排局中高水平的杰作。

《韬略元机》影响深远,后出的许多棋谱循此方向,将其雏形或较具规模的残局演进为高级排局。如"勒马听风"为《百局象棋谱》中"野马操田"大型排局的雏形,"虾戏骊龙"则是"蚯蚓降龙"早期的蓝本,"长生不老"则脱胎为后来的"棋局之王",即"七星聚会"。"七星聚会""野马操田""蚯蚓降龙"与"千里独行"并称为四大江湖名局。再如"西军保安"就是《百局象棋谱》中的"五子夺魁"和《竹香斋象戏谱》中的"溪复峰回"雏形。仅录一局"四卒攻心":

四 卒 攻 心

〔一本着法〕

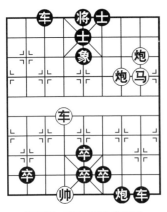

正局和,变局皆黑劣红胜

炮二进二	象5退7	炮三平五
士5进4	炮五退五_{变二}	卒5平4!
马二进三	将5进1	马三退四
将5平6	马四进六_{变三}	将6平5
马六进七	将5退1	马七退六
将5进1	马六退四_{变四}	将5退1!
马四进三	将5进1	炮二退一!
车8退8	车六退二_{变五}	车8平7!
车六进六	将5退1	车六平三
卒2平3!	车三退五	卒6进1
车三退三	卒6平7	炮五进二 (和局)

〔变二接本第五着〕 炮五退五!卒5进1?马二进三,将5进1,马三退四,将5平6,马四进六,将6平5,马六进七,将5退1,车六平五(红胜)。

〔变三接本第十一着〕 马四进六,将6进1?马六退五,将6退1,车六平四,红胜。

〔变四接本第十七着〕 马六退四,将5平6?车六退二!卒6平5,马四进六,将6进1,马六退五,将6平5,马五进三,将5退1,车六平五,象7进5,车五进五,红胜。

〔变五接本第二十三着〕 车六退二,将5平6,车六平四,将6平5,马三退四_{变六},将5进1,车四退一(变七、八、九、十),车8平4,帅六平五_{变十一},车4平3,马四退五,将5平4,车四进六,象7进5,马五进四,将4退1,车四进一,红胜。

〔变六接变五第五着〕 马三退四,将5退1?车四平五,士6进5,车五进六,将5平6,车五平二,红胜。

〔变七接变五第七着〕 车四退一(附图),炮7退3,马四退五,炮7平五,马五进三!炮5平6,车四进二,车8进8,师六进一,车8退1,车四平五,红胜。

144

〔变八接变五第七着〕 车四退一(附图),炮7退5,马四退五,炮7平5,马五进三!炮5平4,车四进六,将5退1,马三进五,炮4平5,马五进七,红胜。

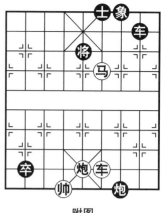

附图

〔变九接变五第七着〕 车四退一(附图),炮7退6,马四退五,炮7平5,马五进三!炮5平4,马三进五,将5平4,车四进六,象7进5,车四平五,将4退1,车五进一,红胜。

〔变十接变五第七着〕 车四退一(附图),车8进6,马四退五,车8平5,车四进四,车5进1,车四平五,将5平6,马五进三,将6退1,车五退四,红胜。

〔变十一接变五第九着〕 帅六平五,车4进4,车四平三,士6进5,车三进二,卒2平3,车三平五,将5平6,炮五平四,车4平6,马四进二!车6进3,马二退三,将6退1,车五进五,将6退1,车五进一,将6进1,马三进五,将6进1,马五进六,将6退1,车五平四,红胜。

该局是《韬略元机》首卷中第二大局,黑方在一着不慎立即败北的危局下,以四卒为核心,占据中枢,虎视红方主帅;并以车炮辅助,施展腾挪,扼制了红方车、马、双炮凌厉攻势;从而化干戈为玉帛,偃旗成和。全局构思奇巧,着法紧凑,题名寓意深长。

五、《万宝全书》象棋谱

《万宝全书》,原名"不求人",类书。书长23.7厘米,宽13.3厘米,扉页右上首直书陈眉公先生纂辑。清乾隆四年(1739年)毛焕文增补,版本有道光二十二年(1842年)本立堂再版本,咸丰四年(1854年)务本堂源记本,同治十三年(1874年)爱月堂梓,光绪九年(1883年)两仪堂及三让堂梓等版本。其卷十二"博弈门"有象棋排局十一局,一至十局的局名,第一个字均冠以数字,如"一计害三贤""二士入桃源""三战吕布""四马投唐""五虎下西川""六将下江南""七贤过关""八面埋伏""九子十登科""十三太保",第十一局"不要打去"。(附《万宝全书》象棋谱"不要打去"局)

《万宝全书》所选编的十一局象棋排局,除第四局"四马投唐"为其他各谱所未见,其余全采自《百变象棋谱》。但不是有些棋谱的抄袭照搬,而是对《百变》中

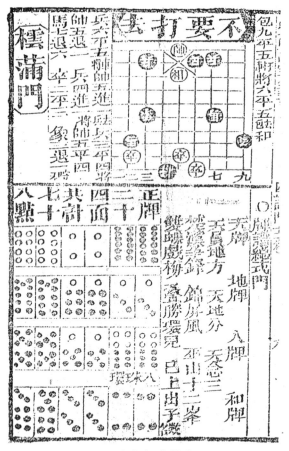

《万宝全书》象棋谱

原来有错误的四局作了修正。"不要打去"乃是订正《百变》谱中第四十局"双蝶戏梅",将两局同录于后,一睹诠订古局的特色,"不要打去"依原谱制图,黑底阴刻为红方,白底阳刻为黑方,红、黑双方均从左向右一至九路同古谱:

不 要 打 去
(红先和)

兵六平五① 　帅五进一　 兵三平四　 帅五退一　 兵四进一　 帅五平六
马七退六　 卒二平三　 象三退一　 (守和)

双 蝶 戏 梅
(红先和)

兵四进一① 　帅五平六　 马三退四　 卒二平三　 象七退九　 帅六平五
象一进三　 相五进三　 象三退五　 帅五进一②(和)

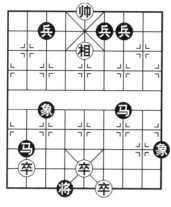
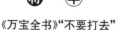

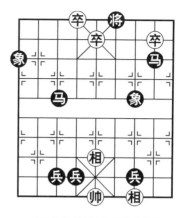

《万宝全书》"不要打去"　　　　　《百变象棋谱》"双蝶戏梅"

"双蝶戏梅"仍按原棋图制图,红方在上,黑方在下,为对照方便,将原着法"兵进将,帅去兵"改为座标式平、进、退。并将两局同时对照评注:

①"双蝶戏梅"进兵照将,暂时引离黑帅,但无法控制黑帅右移,拴马摧杀,不是正着。"不要打去"改进兵为平兵引帅上升,利用三路兵照将,将黑帅控制在弹丸之地,然后从容退马、回象,绝妙守和。这一着改得绝妙。如果改走马退士角回防,则卒二平三,象七退九,相五进七,兵七平六,卒六平五,马四退五,卒五进一,黑胜。

②"双蝶戏梅"末着进帅错着,应改走卒三平四,马八退六,帅五平四,象五进三,卒六平五,马四退五,卒五平四,黑胜。"不要打去"首着平兵照将,防患未然,因而不会出现上述黑胜的后果。"不要打去"除了着法上的改进,还将原图黑方三·一位冗子黑相删去,非常正确。《万宝全书》中其他修改的局也很有见地,从略。

六、《吴绍龙象棋谱》

我国现存最早的一本象棋对局谱——《吴绍龙象棋谱》,一卷,抄本,题"古吴绍龙遗编"。据谱前序云:"乾隆间吾苏吴子绍龙,弈品居第一……"《吴绍龙象棋谱》为乾隆间苏州吴县象棋名手吴绍龙的对局谱。原谱成书年月不详,共有二十六局,其中刘尚龄对吴兆龙五局,施嘉谟对吴兆龙十局,宣才宝对吴兆龙二局,傅瑞天对吴兆龙五局,陈泰丰对吴兆龙三局,尚有一局不详。后刊入《象棋谱大全》时,谢侠逊细为校选得十六局。内有"让单先"十四局,"让两先"二局;其中挺兵局十局,当头炮攻屏风马六局。在一定程度上反映了当时的布局特色及吴绍龙对局的梗概。仅录一局:

让刘尚龄单先

（吴胜）

卒三进一	兵三进一	马二进三	马二进三	炮八平五	炮八平六
马八进七	马八进七	马三进四	炮六进二	炮二平三	象七进五
车一平二	车一进一	车九进一	车一平六	车二进七	车九平八
车二平三	马三进四	车三退一	马四进六	车三进二	车六进一
炮三退一	马六进五	相七进五	炮六进三	马七退八	炮二进四
马八进六	炮六平七	车三平八	车六进六	炮三平一	车六平九
车八退五	车九平六	车八进三	车八进九	士六进五	车八平七
马六进八	车七平八	将五平六	炮七进二	将六进一	炮七退一
车九进一	兵五进一	车八进一	车八退六	车八平六	士六进五
车六进一	帅五平六	马八进六	车八平六	车九平八	车六平五
将六平五	车六进五				

　　挺兵局亦名"仙人指路"，前期古谱尚未出现，《吴绍龙象棋谱》则作为重头戏出现，反映乾隆时代稳扎稳打战略、战术的形成。从全部实战记录看，对局者棋艺首推吴绍龙，亦有不少佳着，然粗疏随手之着也有出现。如此局黑方第二十二回合车七平八，应直接走炮七进一轰士，着法要简捷得多。

《心武残编》

七、《心 武 残 编》

　　《心武残编》《百局象棋谱》《竹香斋象戏谱》《渊深海阔》并称为清代四大排局名谱。《心武残编》为四大名谱之最早刊行问世的排局谱，把残局的研究推向深奥的排局化，使象棋艺术更具有丰富的想象力和生命力。

　　《心武残编》于嘉庆五年（1800年）刊印，六年后又再重订补遗。是由云间（原江苏松江，今划入上海市）薛丙搜集当时流行残局，精心解析，辑著成书，古吴（江苏吴县）吴绍龙校阅，四明（浙江鄞县）叶明参订。书长24.3厘米，阔15.3厘米；版心长19.3厘米，阔12.8厘米。扉页中书"心武残编"四字,右上角署"嘉庆庚申镂",左下角署"如青书屋"印刷。(附《心》谱原扉页及目录复印件)内附"嘉庆四年己未九月汪大经书""嘉庆五年春季同学弟王昶拜手"两篇序文,摘录前篇序文如下:

> 象棋字始见《楚辞》,再见于《国策》,皆不言其制。至北国武帝撰象经一卷,集群臣而讲说之,有王褒王裕何妥等为之注,其书今亦不传。惟宋晁无咎曰:象棋者,戏兵也。黄帝之战驱猛兽以为阵,象,兽之雄也,故戏兵而以象戏名之。然谓其局之纵横各十一路,意苦其狭,尝广路为十九,子九十八,非如今之纵十横九也,则又不可解矣。……茸城薛丙桔隐,固精于是者,陋近刻之浅易也,自制一百四十余局,名之曰《心武残编》。若者胜,若者负,若者和,变化莫测,思精益深,……余不解此,顾乐为之序者,以其戏之位置步伐分界画规,胡类于阵法,孤虚冲破,出入卷舒,有合于兵机,为足志耳。然则薛君之制是诸局也,岂小道可观之谓哉。

嘉庆四年己未九月汪大经书

《心》谱原扉页及目录

《心》谱并载有"凡例"十六则：

一、是谱制自闲居,借消永日。叶旭初先生雅爱此艺,见而怂余付梓。不揣固陋,爰刊以就正高明。

一、向来所有棋谱,皆全盘与残局耳。惟张元淑先生曾集《韬略元机》一册,创列局势,残局附焉,复参金鹏全局以佐之。是编所集,乃向有图式而无着法,皆以鄙意参出之,非窃其秘而录之也。更有小窗偶撰诸局,亦附其间。

一、旧谱所谓残局,使白操必胜之权,黑纵有仙机,亦无措手处。如《橘中秘》与《适情雅趣》,皆然也。是编悉陈和局,有相生相克之义。其误着者,即谓之劣,劣则必败。

一、凡局尾彼此终无胜着者为正和。或此强彼弱,有不能和之势,必得一将一闲而后和者,乃谓之纷和。

一、近有以不和之着,称为正和,而射利者受误不少。是编中或有此局当胜,而乃以另法攻之,后归正和者,此即诈也,名曰佯和。今亦备列,以明正、纷、佯三者称和之别。

一、局势均属白先黑后,故黑强白弱。而每局又故设破绽以诱之,孟浪陷入者多矣。是编其有讹传黑先者,俱为改正。

一、是编录有《韬略元机》中旧势十余局,以资参化。或向作和局,而竟不和者,或强为纷者。今将旧法列前,变法列后,而强辨之。

一、局中本可正和,而应劣者不能参透,仅以一将一闲,欲作纷和,则不准作和局。惟"降龙""独行"之类,则局中已无别着,乃作纷和论。

一、局势有散缓者,有会集者,有似强实弱者,有似弱实强者。今连类并列,使阅者一览即明。

一、旧势每局必取一名,或竟有不合乎势之义,而强以名之者。是编因势定名,将向有之名,或去或存,不沿其故。

一、旧谱接变之法,以朱进之先生《橘中秘》为最善,可使阅者易于参变,是编亦仿朱法。

一、局势虽种种不同,而所分不过大小。若录其大,而弃其小,则不参小势之奥,焉知大势之妙,故将小者列前,大者列后。

一、是编每局,并刻和胜字样。正局者先列于前,若劣应而转败为胜者,各分列于后,以备参考。但各有劣着,则变化无尽矣,不能悉载。

一、局内有彼以子送我,乃可解危,我却不受而避之,意在必胜,彼定再送之,则不为逼也。我若不能远避,则当受之。如彼送子而带照者,仍作久逼常将,在二败之例,不得与送子解危一体论。

一、旧本着法,每遇彼此照将,及得兵、马之类,必于其下注:"解将还照及去兵、去马"字样。但运筹决胜,岂不心知其意,而况参考此书,得失显然。又何必注明其已去之子,今俱削去。

一、旧谱着法,列于图式之后。今另立图式,另立着法,使阅者熟审图式,以参着法,非属故匿,正欲请教妙思也。

云间薛丙桔隐氏识

其中四、五、八则凡例,是明文涉及棋规的最早文献资料,弥足珍贵。

全书共分六卷,一百四十八个残局。前二卷刻印棋局图式,后四卷刻印着法。宣纸印刷,图式套印,装帧精美。全谱以正和为主,也有白胜、黑胜间列其中,所有着法较以前各种残局谱深奥复杂。作者在编辑体例上,独具匠心。他把和局分为正和(彼此终无胜着)、纷和(一将一闲)及祥和三种,同一类型的排局又集中一处,从小局到大局,由浅入深,便于比较研究。这样的编排方法较为科学,体现了《心》谱的特色和优点。如"威震华夏""龙争虎斗""丰沛三杰""辅弼功高"是同一类型;"鸳鸯戏水"和"的驴跃溪"属同一类型;"群鼠争穴"与"奇峰双插"则又属同一类型见《心》谱图式(即图 15、16),确实让人一目了然。

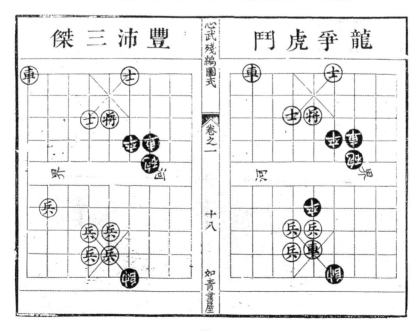

图 15

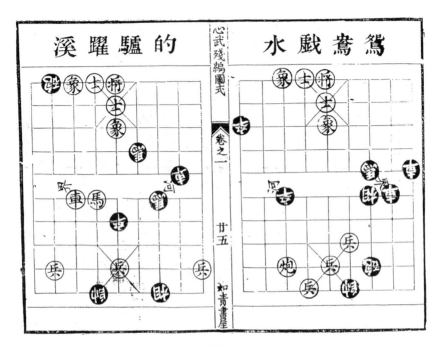

图 16

录第七局"宴赴鸿门"与孪生局"塞江独钓",以原谱制图介绍如下:

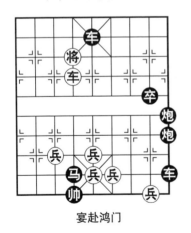

宴赴鸿门

宴 赴 鸿 门

前炮平六	车四进二	炮一平六
车四平九	马六进五	车九进一
炮六进一	车九退一	马五进三
前兵平四	帅六进一	兵三进一
帅六退一	兵三进一	帅六平五
兵五进一	车五退七	兵六平五
车一平五	兵三平四	帅五平六
车九平七	车五进四	车七平四
帅六平五	车四进四	帅五进一

兵八平七 卒二平三 兵七平六 帅五平四 车四平五 祥和

第八局"寒江独钓"则明显较上局"宴赴鸿门"严谨而精妙。一时剑拔弩张,大有生死存亡,顷刻之间;忽而又烟消云散,祥云从天降,一派升平景象,令人陶醉。

寒 江 独 钓

前炮平六	车四进二	炮二平六
车四平八	马六进五	车八进一
炮六进一	前兵进一	帅六平五
兵六平五	帅五平六	前兵平四
帅六平五	兵五进一	帅五平四
车八平六	马五退四	炮一退五
炮六平一	车六平九	马四退二
车九平六	马二进四	兵四进一
车五退七	炮一进七	车五退一
兵四平五	帅四平五	车六平四
炮一退四	车四进三	帅五进一

寒江独钓

兵三进一	车二退一	车四退二	车二进二	车四进一	帅五进一
车四平六	卒三进一	车六平四	车二进六	车四退一	帅五退一
兵三平四	帅五平四	炮一退一	帅四退一	车四平九	炮一平二
车九进二	车二退三	炮一进一	帅四进一	车九退一	帅四进一
车九退一	炮二进二	炮一平八	车二平六	将四平五	卒三平四
将五退一	车六平五	将五平四	卒四平五	车九平八	帅四退一
车八平四	帅四退一	炮八退九	卒五进一	将四进一	帅四平五
炮八平五	卒五进一	兵四平三	卒五平六	车四进二	帅五进一
兵三平四	帅五平四	车四平八	详和		

八、《百局象棋谱》

《百局象棋谱》是一部流传最广、版本最多,颇具影响的象棋排局古谱。该谱不但收录着法深奥、变化复杂的大型江湖排局;也收录短小精彩、姿趣横生的小型排局。它既是排局家、江湖艺人深研的重要资料,又是名棋手、象棋爱好者的手头资料,高、中、低级棋手均有可取,乐意收藏。

《百局象棋谱》四本八卷。编者三乐居士,据李㵮先生考证为槜李(今浙江嘉兴)人。初版于嘉庆六年(1801 年),仿刻小型木版本。自问世以来,书商竞相翻印,为了谋取利益,在扉页上妄加伪称:(一)伪称作者为五代末北宋初有名隐士陈搏,署名"陈希夷先生著";(二)伪称书名为"适情雅趣"或"韬略元机",有的在框外上眉再加署"韬略元机"或"适情雅趣"等。今传有九思堂藏板、禅山近文堂藏板、山渊堂、静乐斋梓行、四法堂梓行、光绪丙戌刊·江左藏板、光绪己亥刊·本堂藏板、翰宝楼藏板、耕经堂梓行、文余堂梓行、江东茂记书局、善成堂、竹秀山房等,还有不署堂名梓行的多种版本。(附《百局》谱扉页一、二)"原序"一篇云:

夫人心之灵,莫不有知。天下之物,莫不有理。象棋之为物也,本属橘中之趣,得神仙隐逸之真。为技虽小,其理实深。兵只上前,有有进无退之志。马行曲折,有盘旋顾复之神。隔一打一,炮石之勇猛可知。或纵或横,车乘之奋击立辨。况行军之妙,在于一心。心者,身之主也,人之灵也。筹划之神,愈用则愈精。机变之巧,日求则日出。故弈虽小数,不专心致志,则不得也。士自幼好习象数,究心棋局。博采前人之成势,以为后学之津梁。观其或进或退,或先或后,莫不有规矩法度之守矣。若夫失之毫厘,谬以千里,决胜负于须臾之际,转死生于呼吸之间。尤为细心研究,庶得变化神明之道焉。爰集百局,以为草野蓬窗之戏。藉以消永昼而解愁烦,亦饱食用心之一助也。

时　维

嘉庆六年岁次辛酉季春月上浣三乐居士戏序

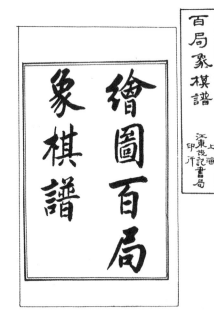

《百局》谱扉页一

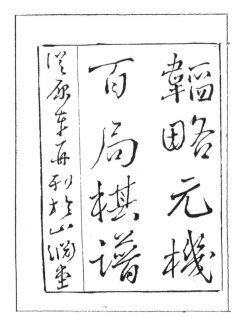

《百局》谱扉页二

原谱目录之后有"新刻象棋谱式"和歌诀:"中炮局""士相局势""飞炮局势""象局势""破车势""宜用心机""胜宜得先"共七首。而后是"行子指明":向彼行曰进,向己行曰退,横走则曰平。

凡云一进十(九),以己局一路上子,行至彼一路,曰一进十(九),退曰十(一)退一(九)。如云:一平九,从己局右手一路横行至左九路是也。如局势内有变字者几局,势必有机变逾越之妙。如云守,是局则可守和,觑彼异,我别之细计之。

这种记谱方法影响深远,后来的大部分象棋谱及现行象棋谱均使用这种记录方法。

《百局》谱是以和局为主的江湖排局谱,共一百零七局。但目录上只有一百零四个局名,卷四缺"二车先行""二炮争先"二局名,卷六缺"三醉岳阳"局名。而卷四"车马绝食",又与卷八"焚书坑儒"棋图完全相同,实际为一百零六局。其中八十九局与张乔栋《竹香斋》局势相同,仅十七局不同,说明了两谱均采撷自当时流行于民间的棋势。

《百局》谱局名富有江湖特色,均以成语或口头谚语命名。"完璧归赵""三气周瑜""雪拥蓝关""单鞭救主"等众多的局名无不题意贴切,趣味盎然。号称江湖四大名局的"七星聚会""野马操田""蚯蚓降龙""千里独行",更是诗情画意,妙趣横生,亦为《百局》谱最先辑录。但其应变着法远未达到炉火纯青境界,后经历代棋手千锤百炼,悉心研究,日臻完善。

《百局》谱的编辑比较粗糙,不逮《心武残编》精细。经考证有六十七局有错漏,占全谱一百零六局的 61% 以上。其中四十三局图有错误,着法不能成立;即原谱和局,实际不是黑胜就是红胜,须得改图。另有二十二局是图对着法错,须对原着法进行诠订,方能成立。再如卷六"月光赚将"局,原谱红胜,实为和局。这些都是受时代局限而制,对《百局》谱不应求全责备;就其实质而论,仍不失为一部研究排局的好作品。

《百局》谱以白底阳刻棋子作为红方,计有将、士、象、车、马、炮、卒;以黑底阴刻棋子作为黑方,计有帅、士、相、车、马、炮、兵,与古谱、今谱均有差异。原谱接变方式不合理,一局一变,重复着法甚多,演示繁琐,阅读不便。《七星聚会》共有二十五局,按原谱摘录第一局如下:

第一局　低头兵和

原按语:黑车未曾当头照将,红将只宜走上或走下,切不可走出,若是先走出,定是黑胜。车不离中将不输。

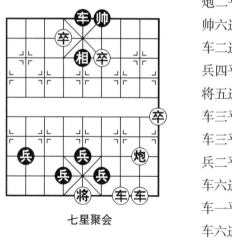

炮二平四	兵五平六去炮	卒四进一
帅六进一去卒	车三进八	帅六退一
车二进一	兵六平五	车二平五去兵
兵四平五去车	将五进一去兵	兵六进一
将五进一	车五平三	卒六平七
车三平一	车三退二变	车一进七
车三平四	帅六平五	车四退五去兵
兵二平三	车四平六	兵三进一
车六进一	车一退二	车六进五
车一平五	将五平六	车五进四
车六进二	帅五进一	车六平四

七星聚会

车五平四	将六平五	车四平九	将五退一	车九退一
将五进一	车九退三去卒	车五退一	车九平五	将五平四
相五进七	车四退一	帅五进一变	卒七平六	帅五平四
卒六平五	兵三平四	车四退一	相七退五	将四进一
车五进四	车四平二	车五平九	车二退一	相五进七
车二平六	帅四平五	车六平五	帅五平四	将四退一
车六退三	将四进一	和局		

　　《百局》谱"七星聚会"第二局至第二十二局是第一局第十七着后的变化,第二十三局至第二十五局是第二十二局第三十三着后的变化。加上局中之变,即变中之变,原谱"七星聚会"共有四十三变。关于车卒之变化多端,深奥复杂,在该局中得到了淋漓尽致的发挥。

九、《竹香斋象戏谱》

　　《竹香斋象戏谱》是中国象棋发展史上一部划时代的巨著。在所有的残局古谱中,以图势最佳、着法最深、变化最多,称绝于世。与《梅花谱》堪称鼎盛期巅峰时代相映成趣的两棵奇葩。《竹》谱不仅整理、诠正、汇集了历代古谱名局,还收集剖析了当时流传于民间的"江湖秘局"。研究这些棋局,可以提高棋艺水平;对实战者的战略构思,攻防战术的运用,能起到开拓境界的作用。

　　清人书目对象棋谱极罕著录,惟周中孚(1768年—1831年)《郑堂读书记》卷四十九《子部·艺术类·杂技》著录:"《竹香斋象戏谱》初集二卷、二集一卷、三集二卷(通行本)。旧题栎洲散人撰,不著名氏。"今考编著者张乔栋(? —1812 年),字兰江,号橘洲散人、栎洲散人,因所居名竹香斋,又号竹香斋主人,栎洲(今江苏昆山)迎薰里人。

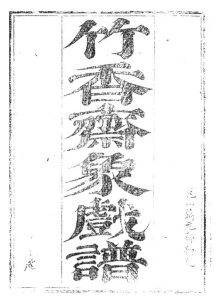

《竹香斋象戏谱》扉页　　　　嘉庆甲子(1804 年)本"橘洲散人"序

　　大型木刻本《竹》谱初刊印于嘉庆九年(1804 年),原为两集,初集 84 局,二集 76 局,计 160 局。卷首有橘洲散人署名"序"一篇(附扉页、原序)。同期另一版本卷首则有"自序"一篇,后标"岁在阏逢困敦陬月竹香斋主人识"字样,据《尔雅》,岁在甲曰阏逢,岁在子曰困敦,正月为陬,故"岁在阏逢困敦陬月"即嘉庆甲子(1804年)正月。自序与序两文内容不同,自序云:

　　　　夫心之为物,日用则日精。数之为理,愈变则愈出。以日用日精之心,驭愈变愈出之数,可历千古而不尽。象戏固属小数,然象征乎用军之妙。其技虽小,其变无穷。非心与天游,神与物会,未易跻其巅也。
　　　　余性喜寂静,无声色犬马之好。闲居多暇,独嗜象戏。家嗜象戏已三世,网罗旧谱至百余种。予参之既久,乃成棋癖。每于疏帘清簟之间,夜雨秋灯之际,与二三同好,一枰坐对,万念俱消。玩之既久,其变愈出。反观旧谱,转觉肤泛。

因不揣谫陋,即其心得录二集。初集八十四局,二集七十六局,综成百六之数。凡所著录,皆戛戛独造,不袭前贤。非敢问世,聊以自娱。而同好争相传抄,因络绎付梓。夫心无尽日,数无穷期。后之学者,能愈变而愈奇,则此书可以复觇矣。

岁在阏逢困敦陬月竹香斋主人识

《竹》谱有两种版本大体相同,书长约 25 厘米,阔约 17.5 厘米;版心长约 21.3 厘米,阔约 15.5 厘米。但甲子(1804 年)本的扉页上中间仅直书《竹香斋象戏谱》六个大字,丁丑(1817 年)本则于六个大字的下边刻有"崑山万元斋发兑"七个小字(有的版本则刻在左下角),而有的版本在六个大字旁刻有"崑山万新"字样。说明 1817 年的版本,曾被书商翻印过多次。

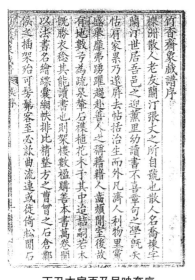

丁丑本扉页及吴映奎序

丁丑本初集有序文二篇:一、吴映奎序(附原谱序文、目次、首局);二、栎洲散人序,内容和甲子本署名为橘洲散人的序一样。还有"卝存丁润""懒云徐云路""琢卿董国琛"等人题词。仅录其一首:

戏从片纸判鸿沟,自斗心兵未肯休。

老谱尽留无限好,不妨含咀蔗梢头。

用心变幻入匪夷,屈曲羊肠取径危。

倘遇橘中人对局,也应拍手叹新奇。

琢卿董国琛

初集卷末有张乔栋之子张景煦作的"跋"一篇:

从"跋"文中可知张乔栋于壬申(1812 年)去世,在世时已经完成三集版本的雕刻,但尚未付印就去世了。在吴映奎的序文中也有类似的叙述:"遂未及印行,而散人旋化去。"而序文中特别提到了张乔栋对象棋的看法:"散人尝语余云:'人之心可以无不至,其不至者,弗思耳。果能运其思而研其几,极其深,举凡虚实奇正、起伏顺逆之数,未有不豁然有悟者。象戏特曲艺之末,而掉以轻心,有终其身弗知其蕴者矣。'"其高度的认识,精辟的见解,言词熠耀,难能可贵。

嘉庆丁丑本目录

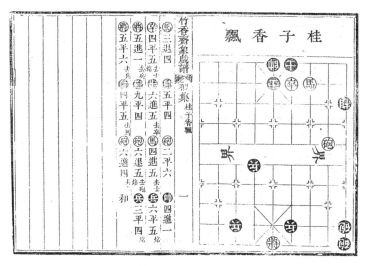

《竹香斋》原谱第一局

清代初叶,象棋残局谱由《百变象棋谱》《韬略元机》等谱率先开创了棋局以和为主的先河;至乾、嘉时期,残局的研究则进入了一个更高级的阶段,即排局丰收时期,著名的四大排局名谱就诞生在这个时期。以《竹》谱最具代表,匠心独运;把表演单方杀着的胜局改成曲折巧妙的和局,"向来讹传之局,悉为增删改正",一睹此谱,"反观旧谱,转觉肤泛"。如《适情雅趣》与《橘中秘》谱中"声势相倚"局,是只有七着的白胜杀局;经《竹》谱改编后,仍用原名发展为三变的和局,仅第一变就有三十七着。再如《适》谱第七十四局"登高履险"局,原谱是仅有一变共十九着的杀局,经《竹》谱作了一番修改,移兵删相,黑方并增加了一枚九路底炮,改名为"星移斗转",成为二变的和局,第一变就有二十八着,变化显见多姿。又如《韬略元机》第十七局"苏秦背剑"、《百局象棋谱》第七十三局"步步生莲"与《竹》谱二集"子母炮",同局异名;但以《竹》谱"子母炮"最为贴题,并发展为三变。其出手不俗,可见一斑。

将《竹》谱两种版本仔细对照,作者大刀阔斧删改的痕迹愈发醒目。丁丑本定稿时,原甲子本初集就有"春满瑶池""折柳章台""玉女留环""赤壁星稀"等十六局被删去;并有十局更换了局名,如将"临岳调琴"改为"月下调琴","马禁单相"改为"马取单相","烧残夏口"改为"柳营射猎",而丁丑本"柳营射猎"与甲子本"柳营射猎"的图式又完全不同。仅以"赤壁星稀"局的源流剖析(所列各局按原谱图式制图),该局雏形始见于《适》谱第三十七局"损人安己",其图势如图,着法白先胜:

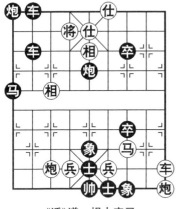

《适》谱 损人安己

前车退一	将四退一	后车平六
士五进四	车八进一	相五退三
车八平七	将四进一	马九进八
将四平五	车七平五	将五平六
卒三进一	将六进一	马八退六
士四进五	车五退一	士六进五

炮九平五　士五进四　炮五进二

白(红)方危如累卵,着着连照,突然一步退马闲着,"于无声处听惊雷",暗伏解将还将,引人入胜,耐人寻味。因而被后来诸多的棋谱采撷,作为蓝本修拟成一种新的局势。其中《韬》谱和《百局》谱修拟为杀局,《百变》谱和《竹》谱则加工为和局。《韬》谱三卷第三十七局"杀伐用张",原着法:

前车退一	将四退一	后车平六
士五进四	车八退一	将四进一
马九进八	将四平五	车八平五
将五退一	马八进七(红胜)	

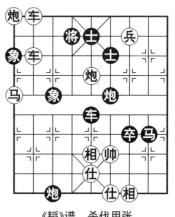

《韬》谱 杀伐用张

该局虽然局势改变较大，但其杀法仍是《适》谱的献车将位，由于三·八位兵改成了三·九位兵反觉乏味。《百局》谱卷六第十三局"七贤过关"与《渊深海阔》第二百五十四局"七贤过关"同，原着法：

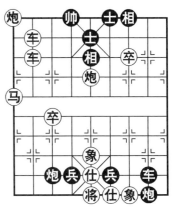

《百局》 七贤过关

后车平六	士五进四	车八进一
相五退三	车八平七	帅四进一
马九进八	帅四平五	车七平五
帅五平六	卒三进一	帅六进一
马八退六	士四退五	车五退一
士六进五	炮九平五	士五进四
炮五进二		

该局图势比《适》谱原图简练了一些，但删去黑方河口相酿成失误；红方首着不需弃车，沉车叫将简捷获胜。红车八进一，黑有两种应法：①帅四进一，车八进一，帅四进一，后车平六，帅四退一，马九进八，帅四进一，炮九退二，黑胜；②相五退三，前车平七，帅四进一，马九进七，炮三退五，车七退一，帅四退一，车八进二，黑胜。《百变》谱是最先将《适》谱"损人安己"局修拟为和局收入谱中，并命名为"七贤过关"，原着法如下：

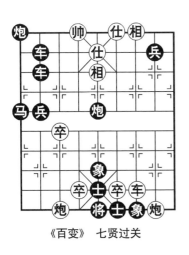

《百变》 七贤过关

后车平六	士五进四	车八进一
相五退三	车八平七	帅四进一
马九进八	帅四平五	车七平五
帅五平六	兵二平三	车七退七
马八进七	炮三退九	车五平四
帅六平五	车四退八	车七进八
车四平二	车七退五	车二退一
车七平五	车二进八	帅五进一
车二退一	帅五退一	车二平六
车五平二	车六退六	车二进五
车六退一（和）		

为对照方便，该局未采用原谱"车平将，士去车"着法。该局与《适》谱同型局比较，具有长足的进步，不仅将杀局修改为和局，在局势布子上亦作了相应的改进，将黑方原九路车移至七路控制红兵平将，在红方八路则增加了一过河兵自限马路，增加了棋局的难度。从而再一次证明，《百变》谱不可能诞生在《适》谱之前，

它只能产生于清代初期。但该局仍有不足之处,当走到第十四着,黑方不退炮打马,而走退士关车黑胜。《竹》谱甲子本初集第五十五局"赤壁星稀"与《百变》谱"七贤过关"局除左右方向相反外,局势、棋子均一模一样,其着法如下:

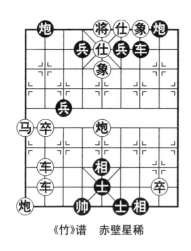

《竹》谱　赤壁星稀

赤 壁 星 稀

车二平四	士六进五	车二进一
相五退七	车二平三	帅六进一
马一进二	帅六平五	车三平五
帅五平四	卒八平七	车三退七
马二进三	炮七退九	车五平六
帅四平五	车六退八	车三进八
车六平八	车三退五	车八退一
车三平五	车八进八	帅五进一
车八退一	帅五退一	车八平四
兵七进一	车四退六	车五平八

车四进八　炮七进二　炮一平七　炮七平五　炮七退七　车八平五
车四退七(和)

该局与《百变》谱"七贤过关"比较,虽然都是和局,前二十七着完全相同,都在第十四着犯炮打马的失误;但《竹》谱该局着法明显丰富,比"七贤过关"多了三个回合六着。特别引人注目的是再版时,张乔栋已发现,该局和棋不能成立,故而将其删去,因而《竹》谱丁丑本已不再有"赤壁星稀"这个局。这种认真负责的态度,严谨的治学精神,是很值得赞赏的。

十、《渊 深 海 阔》

《渊深海阔》是一部博采众长,内容极为丰富,继《适情雅趣》之后又一部残局巨著;流行于当时的江湖名局、民间佳构,几乎网罗尽致。由陈文乾(1763年—?),一字澹庵编,孤本手稿本于嘉庆十三年(1808年)问世,然而昙花一现之后,旋即芳踪杳然,百余年来存亡未卜,令棋界人士梦寐萦怀。1933年,曾任职于天津商报馆的华北棋界前辈钱梦吾先生,意外地发现津沽望族巨绅李某箧中藏有此谱,因索价八千元(按照时价,能买兵船牌洋白面粉3500袋)过昂,无力购买,后经天津名棋手庞霭庭婉转斡旋,方允以百枚银元为质,限借看一夕,次日归还原璧。钱梦吾即约集棋友数人,从当晚七时通宵赶抄至次日上午十一时,只抄就了卷首三篇序文和百余幅棋图,局名和着法等大都阙如。后陆续在《商报》、《华北日报》及其他报刊上发表,一时《渊深海阔》声名不胫而走,很快流传海外。随后,各种伪《渊》谱相继出现,鱼目杂珠,真假难辨。1964 年,藏谱家刘国斌购得《渊》谱十六册,次年交北京佟醒华先生照式誉抄录副。之后,又由佟醒华、孙经存携《渊》谱请仍健在的钱梦吾老先生鉴定。钱老略一浏览,即认出此谱确是当年所见之物,不过首卷已缺梁同书和周冕两篇序文和一巨大印章。复又检查真本之卷首,确非原来装钉之模样,有撕页再粘之痕迹,证实此谱系当年钱老所租抄之书。幸赖钱老尚存数十年前所抄三篇序文原稿,惟周序缺文。不料在十年动乱期间,刘藏之该谱先被查抄,后被禁闭;甚至有人怀疑棋谱中的数字为联络密码企图破译之,而作为查获手段狡猾的“重大案件”。粉碎“四人帮”后,《渊》谱物归原主。历尽沧桑,几番浮沉,劫后生还,其谱倍珍。1988 年,由刘国斌、朱宝位诠注的《渊》谱面世。

手稿本《渊深海阔》全书 16 册,计 371 局(正局 361 局,补遗 5 局,续增新制 5 局),其中和局 260 局,占谱总局数的 70%。书长 18 厘米,阔 13.7 厘米;版心长 14.6 厘米,阔 11.3 厘米。每册封面均贴有黄纸签条竖题“渊深海阔卷之×”字样,下端加盖陈文乾氏的长方型小印鉴。各页骑缝上端竖书“渊深海阔”四个字,中端写兵种类型、页数,下端写局名。卷首内有序文三篇,依次为“嘉庆戊辰清和下浣,梁同书时年八十有六”的序、周冕序、编者陈文乾的序。陈序原题“述意”云:

> 人生环宇之中,如立棋枰之内,争名夺利,极巧穷奇,诱敌占先,尽心竭力,偶因一着差迟,致使满盘失势,良可叹也。孔子云:富而可求也,虽执鞭之事,吾亦为之,如不可求,从吾所好。即此推之,则富贵贫贱,自有一定之理,不必强求矣。予年三十即有局外之想,于闲暇之时,辑得象棋成势三百余局,汇为一册,其间变化之机,悉与世事相等,是予之心虽入于局中,而予之体,则立于局外,后人见此,而刊以公世,亦予之同志也,谨述己意以识之。

> 文末盖有印鉴三枚,分别是“陈文乾印”“陈公一字澹庵”“钓鱼樵山耕云读书酌酒看花吟风弄月”。

卷首序文后有一整页绘有两老对弈图。谱内一面只绘一图,格子清晰大方,棋图全部套印,棋子红、黑分明,好似印刷而成。着法每面列十竖行,每行四着,每着第一个字均用棋章手盖。关于编辑《渊》谱的动机和命名,陈文乾在凡例中说得较为明了:

> 予性嗜博弈,每见世俗之人,尊高弈数而鄙下象棋,市叟村童居然从事,因其见卑识浅,不得其门而入,则不知象数之渊深。于是逐渐选择,辑得成

势三百余局,其间变化神奇,皆藏不测之机,命其名曰《渊深海阔》。辨明象棋之奥妙,胜于弈数之精微。夫弈数计三百六十一子,宜其深矣,而象数仅止三十二子,具千变万化之功,岂常人所能测哉!

作者敢于反对世俗,鄙视、驳斥弈贵象贱的观念,主张"象棋之奥妙,胜于弈数之精微",以象棋"仅止三十二子,具有千变万化之功"道出了象艺无止境,据理服人,言简意赅。《渊》谱的编排方式,则更是独具特色,全书皆以红方之攻击性兵种及数量为准,分门别类,标明目次,以便对照参考,例如双车单炮类、单车马炮类、单马双炮类等等。

《渊》谱的完成着实不易,据凡例,"是谱于乾隆壬子岁(1792年)起至嘉庆戊辰岁(1808年)止,历一十七年方能脱稿。"该谱浸透了他与黄莲圹的心血,"局中行子之法,予与莲圹不惜心血,焚膏继晷,必盘盘斟酌,子子推敲,致元纤毫疑窦,然后敢录。"关于编纂中问题的处理,凡例中交待得较为清楚,"若原法错讹,则必改正,其有不可更改者,亦必指出,盖因向有是局,每每脍炙人口者,欲删而不可,姑存之以示学者。"又如"一局内行子每有重叠,今以局内注明上下字样,其法注明全局图,查阅便知。"与其他谱比较,显然方便。

《渊》谱内容,"虽集古人成势,亦有出自杜撰,凡谱内自作之局,均注一新字表出。"如诠注本第五十六局"斗极璇玑"(原谱本局注明"续增新制不入总目"),就是根据第三百二十四局"江湖骗人之局"经过校正重新排拟的,局首有作者原注:"此局江湖亦名单刀,无八档八位之兵,总是黑胜。今依古谱校正。"录作者创作一局,按原谱制图:

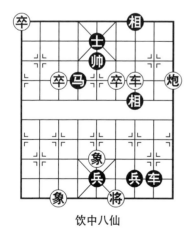

饮中八仙

饮 中 八 仙
（续增新制不入总目）

着法:红先和

卒四平五①	帅五平四	卒五进一
帅四平五	车三平五	帅五平四
卒七进一	帅四退一	车五平六
士五进四	卒七平六	帅四平五②
车六平五	相七退五	车五进一
相七进五	炮一平五	相五进七
炮五退五	相七退五	炮五平二
兵七平八		

原谱共三局,现以注释列后两局:

① 首着如改走车三进一(劣)士五进六　卒四平五帅五平四　卒五平六帅四退一　卒六进一帅四进一　车三平四帅四退一　车四进一帅四退一　炮一进三相七进九　车四进一帅四进一(此为原谱第二局车先照劣黑胜)。

② 进帅正着:如改走帅四退一(劣)　则卒六进一帅四平五　车六平五相七退五　车五进一(妙)相七进五　炮一平五相五进三　炮五退五相三退五　炮五平二兵七平八　卒九平八　卒到功成!(此为原谱第三局黑劣红胜)。

《渊》谱收录较全,古谱名局几乎应有尽有,但有的局名则作了改动,棋势或着法亦有改动与增变。如江湖四大名局"七星聚会""蚯蚓降龙""野马操田""千里独行",在《渊》谱则分别称为"七星曜彩""诡越阴平""管鲍分金""千里独行"。又如诠注本第 85 局"负荆请罪",即《韬略元机》119 局"香风穿柳";第 55 局"华容放曹",即《心武残编》第 126 局"义释华容"、《百局象棋谱》第 6 局"金鸡独立"。一些大局如"鸿雁双飞""跨海征东""金猫捕鼠"等无不采撷,而又每每刻意研炼,增新加变。如"鸿雁双飞"局,《百局》谱列 31 变,《渊》谱列有 47 变;"华容放曹"局,《心》谱称"义释华容"列 32 变。《百局》谱称"金鸡独立"列 40 变,而《渊》谱列有 50 变。

由于象棋着法,波谲云诡,变化莫测,千虑一失,智者难免,《渊》谱受时代所限,谱中错讹之处在所难免。如"三气周瑜"局,虽然较四大名谱同局,红方增加了一枚边象,结局巧妙;但其错讹之处仍然不少,当胜不胜,当和不和。谱中错讹之处,虽不在少数,但不应求全责备,它的芳姿佳构无愧为"清代四大排局名谱"之一。

十一、《棋 谱 秘 录》

《棋谱秘录》是一部多为短小精悍,实用的象棋残局古谱。木刻本国内仅知上海冯锦诸先生珍藏,殆为孤本。全谱分乾、坤、和三卷,前二卷计有红胜局 140 局,后一卷有和局 67 局,共有棋局 207 局。书长 22.6 厘米,阔 13 厘米,扉页中间直书《棋谱秘录》四个大字,右上角署"石室道人著"五字,左下角题"翰宝楼梓行"五字(附原扉页)。谱前有序一篇云:

尝闻象棋始自周武,其制尚矣。仿战阵以为式,像军伍以成列;体几微之趣,含奇正之术,神而阖辟,妙而纵横,入圆造极之灵,经武纬文之德,故可与和乐等妙,上艺齐工。杨子曰,断木为棋,编革为鞠,皆有法焉,小数云哉!

是以汉魏名贤,高品间出,晋宋盛士,逸思增流,凝神之性难限,变化之势不穷,故宣圣亦所称贤,君子每借而游衍也。林逋不解棋,东坡差解而劣;余在两公季孟之间,辄以自愧,安所得授书而更进之。昔王积薪梦青龙吐棋经三卷吞之,后有指授,皆出人意外,今得绣谷佐廷傅君秘授棋谱三卷,有正有奇,有守有变,皆博取古势而参订之,去繁就简,去难就易,不废法而能不胶法,而又能示人以法,其思甚精,其机最灵,恍惚青龙三卷。余今饱啖是篇,日从事于橘中之乐,不减商山矣。

潭阳指月道人刘孔敦题于小桃源石室

《棋谱秘录》扉页

书的正页开始刻有"新刻傅先生秘授象棋谱,金谿傅万钟佐廷精选,后学甥林应祥世瑞校正"等字样。随后,每面一局,上列着法(一局一变),下列棋图,不列局名,只列局数次序,全书未有目录,着法如同《百变》谱以文字说明,如兵开右,象飞河,马士角将等。

根据书内正页所刊"金谿傅万钟佐廷精选",序文"皆博取古势而参订"等语,说明本书非个人作品,由其他古谱选编而成。又根据序文落款"潭阳指月道人刘孔敦题于小桃源石室",扉页题"石室道人著",故"石室道人"即"指月道人刘孔敦"。

本书原谱和序文,均无年月记述。考全谱的局势,乾、坤两卷红胜局,与《适情雅趣》及《百变象棋谱》有相同局,如乾七十局一眼就认出即《适》谱四百三十五局"独行千里"。和卷则与《韬》谱、《百变》谱、《心》谱、《百局》谱、《竹》谱、《渊》谱等谱相同局甚多。如和卷第九局,即《百变》谱第二十八局"一计害三贤"、《韬》谱二卷第八局"计害三贤"、《竹》谱初集五十七局"上河景物"。第十八局,即《韬》谱一卷四十局"三下河东"、《竹》谱二集六十五局"连床话旧"、《渊》谱三百四十七局"三下河东"。和集第二十二局,即《韬》谱一卷十六局"老兵疲骑"。第二十四局,即《心》谱三十四局"威震华夏"、《百局》谱九十九局"勇冠三军"、《竹》谱初集第九局"江南春色"、《渊》谱第三百六十一局"平城解困"的同类型。相同局者,真是枚不胜举。有些局则又是旧谱的删改,如和集第五十七局,明显比《渊》谱第三百六十九局"破镜重圆"少了一路顶头兵,改原十五着的红胜局为七着的和局。诚如序文中所说:"皆博取古势而参订之,去繁就简,去难就易",《棋谱秘录》是从上列诸多的棋谱中选来的,而且作了"去繁就简,去难就易"的工作,删改了棋局,多变的棋局一律统一为一变。因此该谱显得较为通俗,不如上列诸谱深奥复杂。故该谱当在嘉、道间问世。

原谱棋子兵种,红方阳刻将、士、象、车、马、炮、兵;黑方阴刻帅、士、相、车、马、炮、卒。仅录乾二十二局,以原谱制图:

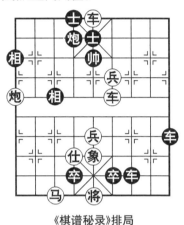

《棋谱秘录》排局

乾二十二局

原谱着法

兵平将　帅平右　车士角将　士去车
车退二将　相去车　兵平左将　炮去兵　炮
平将　炮平中　炮去卒将　炮抵　士下炮将
炮平中　马士角将　炮抵　马中河将　炮
平中　马进炮将　红胜。

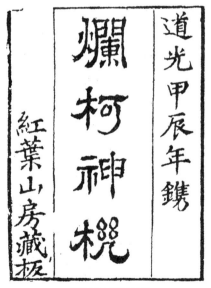

《烂柯神机》扉页

十二、《烂柯神机》

《烂柯神机》是一部布局较为新颖,内容不甚高深的排局谱,不同于前列辑著汇编民间流传局势的棋谱,系作者于国柱个人著作。其谱是现存象棋木刻本中最小的版本,书长 13 厘米,阔 9 厘米;而版心仅长 9.5 厘米,阔 7.4 厘米。而内容有医卜星相等等的《三余堂丛刻》中所刊的《烂柯神机》一卷本系大型本。

原谱扉页中间直书"烂柯神机"四个大字,右上角题"道光甲辰年镌",左下角署"红叶山房藏版"。可知该谱刊印于清道光二十四年(1844 年)。今考"烂柯",据东轩主人《述异记》:"信安郡石室山,晋时王质伐木,至见童子数人,棋而歌,质因听之。童子以一物与质如枣核,质含之不觉饥。俄顷,童子谓曰:'何不去?'质起,视斧柯烂尽,既归,无复时人。"后以"烂柯"作为下棋的别称。石室山又名烂柯山,在今浙江衢县南。

全书四册,共有红胜排局 120 局。卷首有良常(今江苏金坛县西茅山)于国柱自序(附扉页)云:

> 事而曰技,道之小者也。技而曰象戏,尤道之小者也。虽然,古今来何一非戏哉! 汉家箫鼓,魏国山河,不辗瞬而过目皆空。吴宫花草,晋代衣冠,一弹指而烟云俱变。由此言之,古今来亦何者非戏哉? 余凤好象戏,及今几二十年,积有局百二十之数。草野之戏,非敢云工。祇以质诸同好者,或可博大雅之噱云尔。是以为序。
>
> 道光二十三年岁次癸卯良常于国柱自序

例言云:

> 自来象谱,代有其书:如《百局》《橘中秘》《韬略元机》,非不研精核微。究之,皆相效相仿,稍换一二子,即仍与前局无异。是书虽不敢云脱尽恒蹊,然不致效颦名手。是则区区所可自信者。即二三君子,当亦定鉴及也。
>
> 一是谱中有极短之式,只有一、二着。然妙处亦只在此一、二着。所谓妙诀无多子也。神而明之,此事思强半矣。
>
> 一是谱中又有极长之式,阅者倘偶有略过变局之处,即不见局之佳处。盖短者不得不短,长者亦不得不长也。当细阅之,则能尽其能事矣。
>
> 一谱中有小变,无关紧要处,均系从略。惟祈阅者心领神会可也。
>
> 一自来棋谱和棋多,而红胜者少。盖和棋易见长也。此集无一和棋,处处见真实本领,幸阅者谅之。
>
> 烂柯山人于国柱谨识

从"自序"及"例言"中可知于国柱是一位象棋爱好者,他用了近 20 年创作了120 局残局。虽然他曾钻研过《百局》谱、《橘》谱、《韬》谱等名谱;但他不甚了解象棋残局的发展史,也未看到宋、明以来诸多的以红胜局为主的残(排)局,似乎也未见到《心》谱、《竹》谱那样深奥的排局谱。因而才发出了"红胜者少","盖和棋易见长也。"这样低水平的外行话。

《烂柯神机》书质比较粗糙,全谱120局,竟有71局有问题,占总局数59%。其中需修改图式,或增、删棋子的有47局,占39%;需要修改着法的有24局,占30%。摘录其图式、着法较为严密的第四十六局"马卒成功"如下:

马 卒 成 功
着法(红先胜)

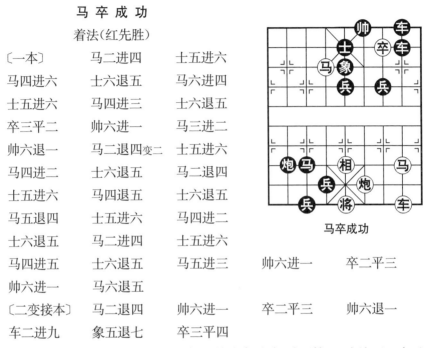

马卒成功

〔一本〕	马二进四	士五进六
马四进六	士六退五	马六进四
士五进六	马四进三	士六退五
卒三平二	帅六进一	马三进二
帅六退一	马二退四变二	士五进六
马四进二	士六退五	马二退四
士五进六	马四退五	士六退五
马五退四	士五进六	马四进二
士六退五	马二进四	士五进六
马四进五	士六退五	马五进三
帅六进一	马六退五	

			帅六进一	卒二平三
〔二变接本〕	马二退四	帅六进一	卒二平三	帅六退一
车二进九	象五退七	卒三平四		

该局舍车不用,借炮使马往返驰骋,又赖小卒助阵,城下擒王,表演了一套马炮卒的联合攻杀战术。

十三、《摘精梅花谱》

抄本《摘精梅花谱》又名《崇本堂梅花秘谱》,一册,分上、下两卷,有全局二十局计七十九变。封面题"摘精梅花谱",每卷首行却题"崇本堂梅花秘谱之上(下)魏塘陆愚溪抄"字样。首页有"梅花秘谱序"一篇,说明该谱借录黄氏家藏抄本,序末落款为"同治四年岁在乙丑孟春壬月二旬有八日仿柳主人谨序于退密斋之南轩"。书末又题"同治乙丑四年仲春二日录梅花秘谱终"。可知该抄本完成于同治四年(1865年),而黄氏原家藏抄本又成谱于何时不得而知。

该抄本系1956年冬苏月澹在上海古籍书店购得,经杨明忠先生考证,它的内容虽与《梅花泉》相仿,但不是选抄薛丙增订本。

十四、《新增神妙变化象棋谱》

《新增神妙变化象棋谱》是书商为了牟利,抄袭《百变象棋谱》部分棋局,又掺合少量新局,改头换面的一本排局谱,与《百变奇观》系全部抄袭《百变》谱相比,总还有一些新意。

《新增神妙变化象棋谱》一本,无作者姓名,同治丙寅(1866年)刻本。它的装订、印刷、棋图、棋子、棋子兵种的称谓、行子记谱方法、着法在上棋图在下的排列以及折页的中缝等等,无不与《百变》谱的格式一样。扉页中间直书"象棋谱"三个大字,右边刻印"新增神妙变化百局棋"九个小字,左下角有二枚不易辨认的印章;第二至三页印有与《百变》谱完全相同内容的"象棋谱引"一篇,但其名为"日新堂谨识"(亦有集新堂、楼谨识等不同标识的版本);四至三十二页共有残(排)局五十五局,其中一至二十局为胜局,二十一至五十五局为和局共三十五局(有的版本和局仅十九局,显系书商偷工减料)。在胜集与和集之间,有一篇在古谱中常见的"行路指明"。

《新》谱与《百变》谱核对,其中三十六局相同,余十九局《百变》谱所无。如第五局"庞统连环计"、第六局"马谡反间计"、第七局"虎穴擒子"等十九局为《百变》谱未有,即所谓的新增局;然而这些新增局大都采自其他棋谱,或流传于民间的残(排)局。如《新》谱第五局"庞统连环计",即《棋谱秘录》坤集四十五局,红炮借双马照将打尽黑方双车双炮双马双士八子获胜之局;《新》谱第七局"虎穴擒子",即《渊深海阔》第二百四十四局"百步穿杨"局的删改;第十局"避亢捣虚",即《棋谱秘录》乾集十一局,《棋》谱局有误,《新》谱局也有误;第十一局"暗渡陈仓",即《棋谱秘录》乾集二十二局;第九局"火烧葫芦谷",即《棋谱秘录》乾集第九局;第三十

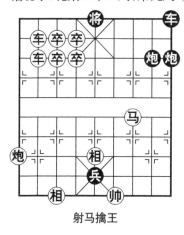

射马擒王

四局"十八临潼",则是《韬略元机》四卷第三十七局"群谋制胜"局增加了一七路过河卒。但是《新》谱仍有一些佳构,如第六局"马谡反间计"虽然只有三个半回合,然弃马、弃炮、弃车,再关死黑车,均属妙手。录《新》谱第八局(新增)"射马擒王"局如下:

射 马 擒 王

(按原谱制图红方上黑方下)

着法 红先胜 (按现行着法)

车九平六　马三退四　炮八平六

马四进三	炮六平五	马三退四	炮九平六	马四进三	炮六平四
马三退四	炮五平六	马四进三	炮六平三	马三退四	炮四平六
马四进三	炮六平二	马三退四	炮三平六	马四进三	炮六平九
马三退四	炮二平六	马四进三	炮六平一	马三退四	炮九平六
马四进三	炮六平二	马三退四	车六进七	炮九平四	炮一进七

重包将　红胜

典型的借车使炮,双炮左右开弓射马,扫清障碍,然后沉底,重炮绝杀擒王,名称贴切。

十五、《象棋满盘谱》

《象棋满盘谱》系伪托陈抟(北宋时人,字图南,自号扶摇子,赐名希夷先生。隐于华山修道)所著的一部木版本全局谱。扉页中间直书《象棋满盘谱》五个大字,右上角题"希夷先生著",左下角署"游心斋藏板",框处上方刊"同治辛未镌"。扉页反面题有"须知治国如棋,况复长安似弈,实行启发智术,足可游泳心神"卷首语四句。(附扉页正、反面原件)卷首有"叙"一篇云:

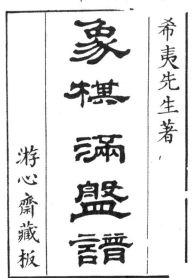

《象棋满盘谱》扉页

《象棋满盘谱》扉页反面

圣贤教人，不废游艺；古今治国，有如弈棋。其为道也虽小，小道可观；其用心也宜专，专心乃得。创自尧舜之世，未必无稽；见于孔孟之书，相沿已久。精其技者，弈秋而后，代不乏人；明其旨者，班固以来，时多异说。然而读李邺侯之赋，不过四言，考刘仲达之书，仅传十诀。求其详手谈之秘法，技通夫神；传坐隐之奇才，艺进于道，则莫若是书。夫棋可为谱，较琴谱、画谱为尤奇；棋亦有经，比茶经、酒经为更异。其著论之精详，布局之巧妙，非工于此道长于是事者，不能得心而应手，垂训以示人也。予性喜探奇，情殷嗜古，经腴史秘，固非浅学所能窥；博物多能，抑亦文人所不弃。偶得斯编，不肯私秘，付诸梓人。如逢橘叟，古法犹存，正可衍为兵法；新书可读，何妨视非奇书。是为序。

昔在

道光己酉岁新正月游心斋主人识

按序文道光己酉（1849年）书，扉页所载刻版时间同治辛未（1871年）镌，相距22年之久。在正文上面还有"新刻陈搏象棋谱"字样。全书有两册和四册本，两册本共46局，282变，计得先17局，饶先12局，饶双先2局，饶子共13局；四册本共46局，总291变。刻谱大多录自《橘中秘》《韬略元机》等古谱，皆为书商牟利而为。

前文提到的陈元靓自称"广寒仙裔"，说明他是广寒先生的后代。据陆心源从《崇安志》考出，广寒先生姓陈，福建崇安人，为宋初道士陈希夷的弟子；而作为陈希夷徒弟的后人陈元靓，编纂《事林广记》时，仅收录了二局一局一变的斗炮局，说明了至南宋时起手进兵（卒）的布局还不多见，或尚未形成。至明代也未见有进兵局的出现，只有到了清代康熙年间才出现了"对兵局"，这是完全符合象棋布局发展规律的。

《满》谱第十三局"饶双先争先之法"局，录自《韬》谱卷六第十三局，两谱均为七变，着法一模一样。明明是清初的开局着法，在扉页却标明"希夷先生著"，其伪书的面目昭然若揭。

十六、《烂柯真机》

《烂柯真机》是一册无序、无跋、无目录和作者姓名，棋谱错误极多，刻印质量低劣，间有少量构思精妙之局，成书于光绪丙申年（1896年）的残局小型木刻木。封面中间直书"象棋谱"三个大字，右上题"光绪年新刻"，左下角署"三元堂发兑"。

第一页印有一帧一樵夫伫立注目二仙翁对弈图,背景苍松,行云犹如仙境,上首横书"烂柯真机"四字。书长 16.5 厘米,阔 11.5 厘米。以后是"象棋局面图式"和八首象棋歌诀及行子指明等。全书共有残局二十六局,均选自旧谱。另有光绪丙申(1896 年)木刻本,首页中间直书"金鹏变法"四个大字,右上角印"新刻"二字,右下盖有"姑苏来青阁云记造"朱印一枚,比前一本多了四局,共 30 局,且第十七、第十八页中缝刻有"棋势谱"三字。

经核对,该谱除了第十二局没有错误外,其余各局不是图式有错,就是着法有误,大多数系误刻错位。更有甚者,有一种版本竟将封面"光绪×年新刻"的"×"漏刻。但该谱少数精彩之作,不仅构思巧妙,而且还改正了一些以往古谱中的缺点。例如第八局"雪夜擒戎之势"局,它的图式就改正了《棋谱秘录》乾集十一局、《新增神妙变化象棋谱》中"避亢捣虚"局,布子失当导致速胜的缺点。第二十七局"双蝶争芳之势"图式与《韬略元机》四卷第五十六局"多算者胜"、《渊深海阔》第六十八局"弑丁投董"、《百变象棋谱》第四局"十面埋伏"相类似。但胜法另辟蹊径,颇含新意。第九局"狼烟吓虏之势"图式在其他古谱中尚未见到类似形势,但其布局结构却蕴藏着变化多端、精深奥妙、引人入胜的着法。录第二十一局"金鸡抱卵之势"如下:

金鸡抱卵之势
（红先黑胜）

金鸡抱卵之势

车八进一　帅四退一　车八进一
帅四进一　车八平五　车五平六
将四平五　士五退四

原谱着法,至此为止。红车被困,形成"金鸡抱卵之势",构思奇、巧、趣。以下黑方车、帅必胜红方车、双士。据杨明忠先生所拟一例,续走如下:

将五退一	士四退五	士六进五	车六退三	士五退四	车六平七
士六退五	象五进七	士五进六	象七退九	士四进五	帅四进一
士五退四	车七进五	士四进五	帅四平五	将五平四	车七进一
士五进四	帅五平六	将四平五	车七进一	将五进一	车七退二

（破士胜）

十七、《胜 券 秘》

《胜券秘》残局手抄本,芦阳(四川芦山县芦阳乡)李少斋于光绪二年(1876年)编。有录自其他古谱的残局一百一十三局,绝大多数为红胜局。仅知李溲先生珍藏一册,然着法大都佚缺。卷首有丙子(1876年)冬月芦阳遁叟李绍余序文一篇云:

> 围棋、象棋、弹棋乃古人之游戏品。围棋乃帝尧所作,最古,习者少。弹棋在汉魏时盛行,今已失传。惟象棋为俗所通行,传至今而尤盛,山窗日永,竹院风清,为清闲之雅事;而其中秘奥如两军对垒,具有兵机,虽游戏而颇寓学问,易近于道矣。如非天资超逸、具有特才而心思深远者,不能从事也。进退之间,伏有奇计;迎拒之时,自有深机。思之思之,神明通之。此其间虽由于习,然神悟为多也……

李绍余自谦"门外汉"不为过,他把实战对局中出现的天然残局,与人工雕琢的排局混为一谈;因而把属于排局类的《胜券秘》,妄称是"集其平日与人对局所成之棋势为一册"。应当是"集其平日与人研究",或"集其平日与人对局研究"妥当。如"雪夜追踪"一局就是诠正《百局象棋谱》"十三太保"局图而成的。从序文中"惟象棋为俗所通行,传至今而尤盛",反映出象棋至光绪时仍平稳地发展,与围棋"习者少"形成鲜明的对比。"李君少斋,以棋鸣为吾乡之巨擘",以李少斋的棋艺引以为荣,也正是社会习俗的变更,象棋地位升华的写照。

十八、《象 戏 新 谱》

《象戏新谱》系《蕉窗逸品》丛书之一。由隐橘斋主人顾舜臣编。选有"七星聚会""野马操田""跨海征东"(有新旧两局)等十个江湖残局。木刻本,刊印于清光绪乙卯年(1879年)、扉页中间直书"象戏新谱"四个大字,右上角刻"蕉窗逸品·第四"(其余三集是诗文等作品),左下角署"松籁阁藏版"。(附扉页原件)卷首有序文一篇云:

> 周武帝象经,世少流传,近惟《橘中秘》一编,咸称善焉。顾以全军决胜负,贵在争先。故有得先、饶先诸局,而不列阵图。至《适情雅趣》《韬略元机》诸谱,始绘图布势,彼此不过十余子,或仅数子。虽一城一旅,而出险地

收全局,盖智者之所设施也。然旧谱之作,直行则但曰进某位,退某位;横行则但曰平某位。初学不知局之几道,易致混淆。顾子舜臣操觚余暇,复耙精思,于两军部位,各识以四十五字,顿令阅者爽心豁目,投者睹指知归。观其独运灵思,别翻新样。或因难见巧,或转败为功,或间道出奇,或异军特起,或明修暗渡,或移步换形,皆能神明于规矩之中,变化于法度之外。他日或畀以事权,运筹帷幄,必当指挥如意。则此册其嚆矢也,岂直贤于无所用心而已哉!爰书数语,以为之券云。

　　看来心芗氏也是一位象棋的"门外汉",称《橘中秘》"顾以全军决胜负,贵在争先,故有得先、饶先诸局,而不列阵图。"想必他未曾见《橘中秘》三、四卷残局部分。从吹嘘以字代着"于两军部位,各识以四十五字,顿令阅者爽心豁目,投者睹指知归"来看,缺乏科学的判断能力;但其毕竟留下了编者的真实姓名和成书年月及这些极为珍贵的史料。后来书商所印的单行本无上面"光绪己卯孟春上浣且园居士心芗氏序"这篇序文。

《象戏新谱》扉页

　　《象戏新谱》仅一册,但分正、外二编,正编记图式及正着,外编记劣着。正如例言中说的"观正局以识绳墨之从,观劣局以悟毫厘之失"。在象棋谱的编辑手法上,也算是独树一格。该谱是木版本中最早采用双色套印的象棋谱,棋盘用红色,棋子用黑色,显得非常醒目。该谱以字代着法,以一首古诗九十字,代替棋盘上九十个位置。全诗如下:

　　　　曷矣哉,东邻马萧战士骄。长围犄角无遁逃,隔垒砰訇炮声高。敌人小却气愈豪,决胜千里左券操。一将功成万骨抛。儿戏笑,棘门军容盛河桥。数黑论白智略包,壁上观之目眩摇。掀公于淖痛扪足,片纸输赢初不料。袖手当前两阵交。

该谱内容虽与《百局象棋谱》《心武残编》《竹香斋象戏谱》《渊深海阔》四大名谱有相似之处,但局势图式已作更动,着法则更精警可取。明显地看出,嘉庆初年到本谱这一时期内棋艺上的进步,但可议之处还是有的。如"双擒四将"一局,与《心》谱"乃服四夷"、《百局》谱"双擒四将"、《渊》谱"双夺咸阳"是同类型局,对前谱诸局进行了改进,增加了棋子,复杂了变化,改和局为胜局,由一变增为二变,欠妥之着仍有。将该局附录于后(以现谱译录):

双擒四将 (红先胜)

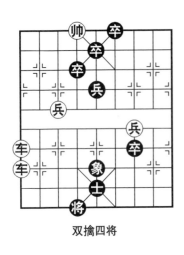

双擒四将

[一本]	后车平四	将6平5
车一进三	象5退7	车一平三
士5退6变二	车三平四	将5进1
车四进三	将5进1	前车平五
将5平4	车五平六	将4平5
车六退九	后卒进1注	车六进七
将5平4	兵七平六	卒3进1
兵三进一	卒3进1	兵三进一
卒3进1	兵三进一	卒6进1
车四退七	卒5平6	帅四进一

卒3进1 兵三平四 卒3平4 兵六进一 将4退1 兵四平五
卒4进1 兵六进一 将4退1 兵五进一 (红胜)

[二变接本红进车杀士劣]略。

十九、吴著《梅花谱》

吴著《梅花谱》即晚清浙江余姚吴梅圣辑著的《梅花谱》,又名《象棋让先秘谱》,或称《小梅花》,是一部堪与王再越《梅花谱》媲美的全局谱手抄本。该谱进一步丰富了屏风马的攻守内容,并总结、创造和发展了王著《梅》谱传世后的实践,和后出的《反梅花谱》并称为晚清象棋艺术的两部代表之作。

吴梅圣生平不详,遗著《梅花谱》成书年代也无确凿资料可查。关于原谱手抄本的踪迹及其影响;1927年鄞县郭永年以重价购得此谱后,有一篇序作了概略的记叙。"序"云:

吾甬有王泳笙先生,自号棋道人,为象棋之名手。座客常满,皆精通象艺。余有暇亦必过其庐以叩教。先生善用屏风马,控驭有方,可进可退,尝对人曰:'余之所以能用马者,全得力于余姚邑吴梅圣先生之《梅花谱》,可惜此谱遗失,不能与诸君子共同研究,引为至憾。'今则王君已矣,此谱未得一见。去年秋,刘品章、徐葆康二君过舍,谈及慈溪张观云,象艺精绝,冠绝一时。其所以能驾乎人之上者,其得益于吴梅圣所著之《梅花谱》良多。上年曾买棹来甬,蔡名扬、李子英等,均被其所败。旋张氏将此谱转赠与谢鸿元君,余廉得其情,用数十金而购得是谱,惜破旧不堪,费数晨夕而抄出之,视如拱璧。故不得不记其由来。

吴著《梅》谱原谱共5局,各局均有5个变着,总计25变。有意在局数和变着数上作了"五五"安排,与王再越同为取五出梅花之意。第一局为屏风马破当头炮直车局;第二局为屏风马破当头炮横车局;第三局为屏风马破士角炮夹马局;第四局为屏风马破士角炮局;第五局为屏风马破缠角马局。着法上都是让先。阐述后走方屏风马战胜先走方面五种攻势,内容精辟。

吴梅圣主张"柔能克刚",强调了屏风马的反击作用,认为后手屏风马应付任何局式,可以立于不败之地。并列举了后手屏风马,应付在古谱全局中比较少见的五种先手局式,中炮直车、中炮横车、中炮夹马、单提马士角炮、相局穿宫马,所显示的独特的攻防能力。例如第一局、第二局的"屏风马进七卒",打破了自古谱《自出洞来无敌手》"无字袖手炮"以来,屏风马进三卒的传统走法;改变了王著《梅花谱》先跳一马,挺三路卒,再跳一马形成屏风马的格局;而是先跳双马成屏风后,再挺七卒,尤为灵活机动,不但丰富、发展了屏风马的攻守内容,且更富有反击力,成为现代十分流行的中炮过河车对屏风马左马盘河、屏风马飞左象、高炮局等新颖局式的胚胎。

第三局"(让先)屏风马破士角炮夹马炮局",为王著《梅》谱所无。开局尤为别出心裁,红方第一步马二进三起马后,黑方不走传统的卒七进一制马的着法,而走卒三进一,各攻一面,力争反击。第五局"(让先)屏风马破士角马局",王著亦缺,黑方以屏风马破转角马,则把王著《梅花谱》的"当头炮破转角马"推进创新的境界。录第一局一本如下:

第一局　(让先)屏风马破当头炮直车局

[一本]

炮二平五	马八进七	马二进三	马二进三	车一平二
车九平八变二	车二进六	卒七进一变五	车二平三	炮八退一
车三退一	炮八平七	车三平六	相三进五	车六进一

马七进六	车六平七	车一平三	炮八平七	马六进四
车七进一	车三进二	炮七进五	炮七进六	马八进九
炮二进四_{变四}	兵七进一	炮二平七	象三进一	车八进八
士四进五	炮七进二	炮五平三	炮七平九	士五进四
车八退一	炮三退一	车八进二	帅五进一	车八退一
炮三平四	炮七平六	帅五平六	炮六进二	车九平八
车八退一	象一进三	车八平六	帅六平五	炮六平七
车八进五	车六平八			

这是吴著《梅花谱》第一局一本,全局五变,徐葆康增至十四变,1981年经居荣鑫先生改编后,除增加了一些新的变着,并增加了必要的评注和图式,吴著愈显清新。

二十、《梅花变法象棋谱》

《梅花变法象棋谱》传抄本一册(原抄本未见),吉安郑自梅于光绪二十三年(1879年)校著。有全局12局,共104变。首有"棋论"一篇云:

> 弈品窗几,煮酒论战。士曰:马克炮柔也,炮攻马猛也,车擒六子术也,相士护帅卫也,兵卒攻城勇士也。橘梅问世,弈坛震惊,马克炮,炮攻马,论语休矣。先君遗传旧谱一卷,与橘梅虽无并论,然炮马叙论,各见专长,余不私藏而独占,尽揭力能,修校广流各友,供精研之助也。清光绪丁酉年冬吉安郑自梅校著,河南黄德林藏本。

炮马孰优,争论已久。其"炮马叙论,各见专长",颇有见地,实属不易。继承了"炮马平衡论"之观点。从该谱第一、二局,屏风马攻当门炮(饶先)胜,而第三、四局,当门炮对攻屏风马(得先)胜,是作者"炮马平衡论"的着意安排。该谱另有顺炮四局、列炮二局、弃一兵抢三先一局、屏风马对攻穿宫马一局,从内容上看大都采录橘梅谱或其他古谱。如第一局"屏风马攻当门炮(饶先)"、第八局"屏风马对攻穿宫马(饶先)",即吴著《梅花谱》第一局"(让先)屏风马破当头炮直车局"、第五局"(让先)屏风马破士角马局"的翻版,着法不但一样,变着也极相同。至于顺炮局、列炮局与《橘中秘》相似甚多;但也有新鲜的布局门类,如顺炮直车对直车。其中顺炮横车对横车,虽然古谱《适情雅趣》已有刊载,但其着法不相近似。录第五局一本着法:

顺炮直车对攻直车（饶先）

炮二平五	炮八平五	马二进三	马八进七	车一平二
马二进三	车二进六	车九平八	车二平三	车八进八变三
士六进五	炮五退一	兵七进一	炮五平七	车三平四
炮七进五	帅五平六	炮七进三	帅六进一	马三退五
车四退二	炮二平四	马八进七	车一平二	车九平八
车八退四变一	炮八进四	车八平四	炮五平六	车四平二
车四平六	车二进五	马七退八	车二进三	炮六进五
车二进五	帅六进一	马七进六	车六进一	马五进七
炮六平七	士六进五	（多子胜）		

二十一、《反梅花谱》

《反梅花谱》是清末最具特色的一卷手抄全局谱,在一片"柔克刚""马胜炮"笼罩象坛的氛围中,独出心裁,反其道而行之,特别强调了"炮制马",堪称清代殿后反潮流的代表作。该谱原名《象棋梅花心法谱》,镇江巴吉人(号"巴不斗",满族)撰。书成之后,未付印,仅凭手抄流传。因其稿中有破《梅花谱》中的屏风马之局,遂为传抄者改名为《反梅花谱》,命名相当确切,因而《反梅花谱》名流传至今。

《反梅花谱》共有8局20变。传抄本有8局25变,该谱第一、二局强调了当头炮的威力,集中反映了"以炮制马"的思想,认为王著《梅花谱》的屏风马不能与当头炮抗争。接着,从第三局开始,作者主张采用顺手炮、软屏风马、横车龟背炮等阵法来制约当头炮的攻势,提出了一系列的后手布局的研究课题。它与吴著《梅花谱》相映成趣,构成了晚清稳步期炮马争雄的生动局面。

《反梅花谱》有六种不同阵式,都有一定的实用参考价值,其开创性的构思对后世产生了深远的影响。如第一局"当头炮直车破屏风马"局,前六个回合与王著《梅花谱》着法一模一样,第七回合改王著的炮八平七为兵五进一,乘黑方中防薄弱,右马被红车牵制,急进中兵开展攻势,紧紧掌握住主动,从而促进了当头炮和屏风马的发展。第三局"顺炮直车破横车局(让先)"局,第五回合黑方一反传统的马二进一的顺炮单提马阵式,改走马二进三的顺炮屏风马阵式,既可避免红车平八单边封锁,又可诱车捉马,然后升炮退马,困车争先,是一则布局陷阱佳构。第五局"横车龟背炮破当头炮屏风马局(让先)",是巴吉人创造的一种后手方应付中炮的新颖阵法,黑方上马后先出横车再退一步,然后左炮平中或右移,集结子力伺机反扑,其状如龟背,着法似拙实佳。第八局"横车破直车士相局（一名破仙人指路局,让先）",是为后手方应付仙人指路,设计的一种抢出横车,争取主动的套路,双方挺兵跃马后,黑突走车九进一,继而弃卒后取,车占河口,战术运用得灵活自如。统观全谱,其推陈出新的见解,新颖独创的布局,令人耳目一新。录其一局如下:

第五局　横车龟背炮破当头炮屏风马局
（一名软硬局。让先胜）

炮二平五	马八进七	马二进三	车九进一	兵五进一
象三进五	车一平二	炮八退一	马八进七	马二进四
马七进五	炮八平五	兵五进一	卒五进一	马五进四
马四进五	马四进二	车九平六	马三进五	象五退三
炮八进四	卒五进一	炮八平五	马七进五	马五进七
卒三进一	马七进五	卒五进一	马五进三	卒五进一
马三进四	马五退六	士四进五	卒五进一	帅五进一
马六进五	帅五平六	炮二平四	马二进四	马五退六
车九平八	象三进五	马四退二	车一平三	车八进七
炮五平四	帅六平五	卒三进一	兵七进一	车三进五
相七进五	车三平四	车二进五	车四进三	帅五退一
车四进一	帅五进一	马六进五	车二平五	马五进三
马二进三	炮四平六	车五进二	士六进五	车八退一
马三进四	帅五平四	车四退一	帅四退一	车四平五
车八平六	马四进六	车六平四	马六进八	（黑胜）

从该局可以看出,进入中局以后,红、黑双方均有欠妥的着法,应得子而未得子,当速胜而未速胜,似嫌美中不足。

二十二、《石 杨 遗 局》

《石杨遗局》是继《吴绍龙象棋谱》之后,我国古代象坛仅存的第二部实战对局谱,是清末一流高手棋艺水平的真实写照。共十二局,抄本。

《石杨遗局》为清光绪时举人、古吴潘定思藏本,1922 年潘病逝,临终遗嘱将所存象棋谱悉数赠给谢侠逊,谢氏将《石》谱辑入《象棋谱大全》时,有一则"前言"云:

是谱共十二局,着法均甚精妙,系古吴潘子定思遗本,谱后由潘子注明对局者为乾嘉间邗江名手。石名巳佚,杨名健庭,善用马,当是有"四面虎"之称云。

关于《石杨遗局》,1957年曾引起胡展先生的质疑,至于成书年代更是扑朔迷离,难以定论。嗣后,刘道平、陈学元等先生为之探索考证。本书前一节谈到清代同光间邗江有象棋名手索万年,及年龄稍晚于索、棋艺亦略逊于索之杨健庭,据清末民初邗江张毓英介绍,从未有人见到过清末邗江还有一位棋艺高超的石某,疑是索万年,索、石二字,吴语和苏北话同声,口头上很难分辩,传抄者误将"索杨"作"石杨",因而以讹传讹,一错至今。再则索为人谦逊,索、杨也有友谊,索与巴吉人对局前是杨健庭先到镇江酣战巴吉人的,败北后才请索万年出马,并一起研究了巴吉人的棋风和套路。所以,索杨将他们平时的对局,研究整理成册亦在情理之中。

《石杨遗局》绝不是《吴绍龙象棋谱》同一时期的作品。从内容上对比,《石》谱布局之严谨,着法之工整,漏着之甚少,输攻墨守之旗鼓相当,都是《吴》谱难望其项背的。从结局上分析,《吴》谱十六局全为胜负局,而《石》谱十二局除最后两局进兵局外,其他类布局均为和局;按象棋残局由胜负局为多的《韬略元机》,发展为以和局为主的"四大名谱",前后花了近百年时间;那么,象棋全局由胜负局演进为和局也绝不是一朝一夕的事,同样需要一个发展的过程,这个过程不也需要近百年时间吗?再从着法的演变看,《石》谱明显为晚。以进兵局为例,《吴》谱十六局竟有十局进兵局,反映了乾嘉时期该局的兴起与时髦,但其第三回合黑方的跳马、平炮(中路、士角)、进炮、飞相等不同的应着,明显不如《反梅花谱》车九进一为好,伺机争夺主动积极;而《石》谱的两局进兵局,第一局与《反》谱局开局同类,但对红方的应着作了改进,以横车对横车对抢先手,新变一目了然,第二局第三回合鉴于红方急进先锋马,黑方伸炮过河,继而反架中炮争夺中兵,似比《吴》谱的跳马、飞相反攻意识强烈。孰先孰后,何时问世,一目了然。综上所叙,《石》谱理所当然地产生于《反》谱之后。

关于该谱的称谓,称《石杨遗局》好呢?还是谓《索杨遗局》为好?看来还是按照习惯自然称《石杨遗局》为好。犹如西红柿先称蕃茄,后叫西红柿,叫的人多了,现在一般只说西红柿,不说蕃茄,这丝毫影响不了它的价值。兹录对兵局一局如下:

第十一局　对兵局(红胜)

兵三进一	卒三进一	马二进三	马二进三	马八进七	车一进一
车九进一	车一平六	车一进一	马八进七	车一平四	车九进一
马三进二	马三进四	马二进三	炮八进四	车九平六	车六进七
车六平四	炮八平三	象七进五	车九平八	炮二平三	车八进六
车四进四	炮二进二	车四进二	车八平七	车四平三	相三进五
车三进一	士四进五	车三平四	车七退一	炮八进一	卒三进一
兵一进一	卒三平四	士六进五	卒一进一	兵一进一	卒九进一
马三退一	车七平九	马一进三	车九退三	马三进二	车九进一
马二退三	车九平七	马三退二	炮三退五	车四退五	卒四平三
马七退六	卒三进一	炮八退一	炮二进二	车四进二	马四进五
车四平九	卒三进一	车九平八	炮二平三	车八进四	炮三退一
炮八进五	相五进三	炮八退四	马五退六	兵三进一	马六进四
车八退五	马四进二	车八退一	卒三进一	兵三进一	车七平四
马六进七	卒五进一	马二进四	卒五进一	兵九进一	卒五平四
兵九进一	卒四进一	兵九进一	卒三平四	兵九平八	车四进二
马四进二	卒四进一	马七退九	炮三进三	(红胜)	

二十三、《象戏汇编》

　　《象戏汇编》是一册增补王再越《梅花谱》的手抄本。第一页内有"桐阴山庄增订象戏汇编海上半闲居士参订"字样。书内无序文,无成书时间,着法如王著《梅花谱》以相同诗文定位,以字代着。从内容上看,作者对《梅》谱的八局屏风马作了深入细微的研究,将《梅》谱的8局105变增至311变。如《梅》谱第1局原9变、第4局原19变,《象》谱则分别增补至37变、57变。

　　《象戏汇编》与《梅》谱所不同的,是每局冠以四字成语的名称,如第一局"降龙伏虎"、第二局"暗渡陈仓"、第三局"破釜沉舟"、第四局"要路潜师"、第五局"七擒七纵"、第六局"六出祁山"、第七局"辙乱后逐"、第八局"十面埋伏"。

　　象棋发展至光绪年间,已成为炮马各展雄风的高潮阶段,也是各种《梅》谱争妍斗艳的时代。因而才出现了《梅花变法象棋谱》提出的"炮马平衡论",才有吴著《梅花谱》对王著《梅花谱》的创新,《反梅花谱》以当头炮的威力对《梅花谱》屏风马的反驳,《象戏汇编》则以增补变着发展了《梅花谱》。从《象戏汇编》对《梅》谱增补了近三倍的变着,并删改了一些原有变着,吸取古谱残局名称冠以全局局名,综上所叙,该谱有可能和以上各谱属同一时期作品。

兹录第一局译成现行着法如下:

第一局　降龙伏虎

[一本]

炮八平五	马2进3	马八进七	兵7进1变增	车九平八
车1平2变补	车八进四	马8进7	卒三进一	兵7进1
车八平三	兵3进1	炮二平三	马7进8	车三进一
炮2进2变五	车三平七	马8进6	车七进二	相7进5
车七退三	马6进8	马二进一	马8进6	将五进一
炮2平6变二、三、四	将五平六	炮8进6	车一平二	车9进1
车七平六	车2进8	将六进一	马6进5	炮五退一
车2平4	将六平五	车4退3	马一进三	炮6平5
马三进五	车4平5	（变着从略）		

王著《梅花谱》走至车4退3吃车局终,《象》谱多了最后二个回合,变着则多了二十八个变着。

二十四、《棋学捷径》

《棋学捷径》是一册棋势浅近易通,不直述着法,而代以行棋提要,别具一格的排局手抄本。封面墨笔手书"棋学捷径"四字。新斋编著,成书于光绪丁未年(1907年)。卷首有序文一篇:

> 丁未夏,……余侄新斋以所著棋学二集请序于余。历观颠末,……由启蒙以及二集,譬如登山问其趣,涉水询其涯,……亦不枉余侄素费之苦心也,命之曰"捷径",以冀学者原始要领……。光绪丁未中秋前四日大陵藏乡居士谨识。

书内有简单红胜排局二十局。它的编排方式,半页棋图,半页文字,所书文字皆行棋提要,由楷、草、隶、篆等体组成多种对称图案形式,颇具艺术特色。原抄本为杨明忠先生所藏。

二十五、《蕉竹斋象棋谱》

《蕉竹斋象棋谱》是清末一部较好的排局谱,其中有许多颇有新意的棋局为其他古谱所无。向无刻本,流传抄本较多,书名不一,局名、局数、图式、着法互有出入。其中以 1975 年发现的福州薛兴顺医师家藏的宣统庚戌年(1910 年)抄本,为《蕉》谱中局数最多(97 局)、着法最善的珍本。全书分四卷,封页为多层裱料纸,内芯为毛边纸,丝线装订,书长 16.3 厘米,阔 12.5 厘米。扉页正中直书"蕉竹斋象棋谱"六个大字,右上角直书"宣统庚戌年菊月抄"八个小字。无序、跋和作者、抄者姓名,从扉页背面起是目录,一行一个局名,共列 97 局,而不列序数。随后是棋局,正面上边从右到左横书局名,下列棋图、背面列着法,每页一般直书十行左右,每行四着,在有关着法下用小字注有"去车""去马"等字样。已知其他的抄本:有吴本《蕉》谱 37 局、杭本《蕉》谱 21 局、《邹竹斋》33 局、《江湖秘谱》30 局、《蕉竹斋秘本》(又名《浙江谱》)52 局,等等不同的名称和局数。

《蕉竹斋象棋谱》与古谱对照,有不少局同类,但不是生吞活剥,而是有所变化或改进。如福本九十一局、吴本三十一局、浙本三十一局、杭本十三局之"五鼠闹东京"局与《心》谱一百二十五局"迺服四夷"、《百局》谱第一百局"双擒四将"、《竹香斋象戏谱》二集第十一局"月里穿梭"、《渊深海阔》卷十一第十五局"双夺咸阳"、《象戏新谱》第九局"双擒四将"等局属同类局,但其着法与前四局截然不同,与后一局有些相似,而结束着法又不相同。又如福本八十九局"小八蛮",与《心》谱八十九局"春雷鸳蛰"、《竹》谱二集六十四局"金井辘轳"是同类局,明显地看出《竹》谱对《心》谱进行了修订,而《蕉》谱则又删除了《竹》谱七·一位红相冗子,愈显精练。再如福本一局"小征东",源于光绪己卯年(1819 年)的《象戏新谱》之"跨海征东"局,原图黑方无一路边象;"小征东"增加了一路黑象后,加强了黑方的攻击力量和等着的妙用,使得局势更激烈复杂。

录其独有的,而其他谱未见的一局如下:

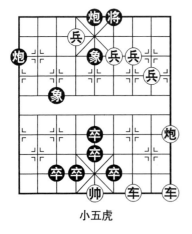

小五虎

十八局　小五虎

一局和

炮一平四	卒五平六	兵四进一
将六进一	兵三进一	将六退一
兵三平四	将六进一	兵六平五
将六退一	兵五进一	将六平五
车一进九	象五退七	车三进九
将五进一	车三平五	将五平四
车五平六	将四平五	车一平五
将五平六	车六退一	将六进一

车六退一	将六退一	车五退七	卒四平五	车五退一	卒六平五
帅五进一	卒六平五	兵二平三	包一进六	帅五退一	卒五进一⊖
车六进一	将六退一	车六平五	卒五进一	车五退七	炮一平五
帅五进一					

二局接上红列黑胜

卒五进一	兵三平四	卒五进一	帅五平四	将六平五	兵四平五
炮一进一					

该局虽系小局,但命题、构思、运子均称佳构。红帅被黑方五卒禁锢宫墙,不可越雷池一步,大厦垂危;然而红方采用弃子引离战术,层层解围,着着占位,终于化干戈为玉帛,最后盘面上恰剩五子成和,颇有余味。

1976年,福州魏子丹先生曾以薛本《蕉竹斋象棋谱》为蓝本,并汇集各家藏本,整理成一编《蕉竹斋汇编》油印本,分上、下二集,计114局。1990年,由丁章照、杨明忠二位先生整理诠注的《蕉竹斋象棋谱》出版,一册,共有排局113局。

二十六、《象 棋 老 谱》

《象棋老谱》一册,抄本,封面题有"恕斋黄慎忠著,后学李锦补"。无序文、跋和成书年月,内有排局42局。所列局势大部分与《韬略元机》《适情雅趣》《百变象棋谱》等古谱局势相同,但有数局为各古谱所未有。原抄本为福州王宗惠所藏。兹录第五局"会垓大战"如下:

第五局　会垓大战

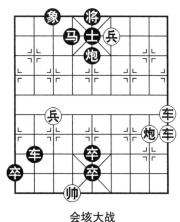

会垓大战

车一进五	士五退六	炮二进六
士六进五	兵四进一	将五平六
炮二退七	将六进一	车一平四
炮五平六	炮二平八	卒五平四
车一退一	将六退一	车四进四
士五进六	车一平六变	卒四平三
炮八进七	象三进一	车六退一
将六进一	车六进一	将六退一
车六退一	士六退五	车六进二
将六进一	车六退八	卒五平四

帅六进一	卒一平二

炮八退一　　士五进六　　炮八平七

[变]　　　　车一平六　　卒一平二　　炮八进七　　象三进一

车六退一　　士六退五　　车六进二　　将六进一　　车六退七

从该局可以看出《象棋老谱》是一本质量不甚高的古谱,着法牵强、欠妥处不少。如第18着黑卒四平三是一着导致失败的着法,而第21着红车六退一、第27着红车六进二则又是失掉获胜机会的劣着。但其运子取势、弃子解围等的战术运用,仍然值得借鉴。

二十七、《湖　涯　集》

《湖涯集》又名《橘中秘残局》,手抄本一册。共有江湖棋局和民间排局58局。该谱是古谱抄本中的上品,对清代中叶以来,包括四大排局名谱等谱中的棋局有所改进或增新,从中可以看到象棋残排局发展的脉络和轨迹。着法细致,分析详尽,遇变化复杂形势,增列演变图,便于排演,不致混淆,创古谱之新格。

《湖》谱记谱方法如《梅花谱》,以相同的九十字的词定位,以字代着。原谱无序、跋、编著者姓名及成书年月,根据内容分析,当为晚清作品。

原手抄古本《湖涯集》是杭州许有之赠予上海屠景明的。由于年代久远,书已缺页,少了四局。后经杨明忠从杭州胡锦炎处借到《橘中秘残局》,与《湖涯集》核对内容全同,并由杨补足五十八局。据胡锦炎说:"《橘中秘残局》系杭州许绍箴购自旧书摊,为手抄本,着法以字代,书面上只有《橘中秘残局》五字,其它一无可考。"这就说明了该谱并非孤本,至少有二本,以《湖涯集》与《橘中秘残局》名流传于世。

《湖》谱中匠心独具的杰作,诠订古谱的佳构,正是晚清时江湖棋局与民间排局向前发展的体现。如第十局"单卒十面",与《心武残编》第十一局"奇峰双插"、《百局》谱第三十局"十面埋伏"的图势完全一样,但《心》谱、《百局》谱的着法均误作和局。《竹》谱三集第四十三局"边象连车"较前二谱有所进步,图势上增加了一红炮、一黑车,多了一层曲折,在着法上已探索出一条黑方取胜的途径,但二变正和着法没有什么特色,除增加了炮打车、车吃炮二着棋,后二十五着与前二谱同,所以《竹》谱作了一个自相矛盾的结论,既承认了黑胜,又肯定了正和。而《湖》谱独树一帜,列为红先黑胜是正确的,并在《竹》谱"边象连车"局基础上,增加了一路底卒,改成和局,仍取名"十面埋伏"。第三十五局"乘风破浪"与《百局》谱六十五局是同名同图势,但《百局》谱误作和局,《湖》谱则诠正为红胜是正确的。又如第十一局"边车联芝",与《竹》谱三集第四十六局"边车联芝"相比较,《竹》谱仅二变,结局红先黑胜;而《湖》谱图式略有改动,红方双车均前移一步,九·九位增加一红兵,增为五变,结局红先和。显然《湖》谱对《竹》谱进行了修改,丰富了"边车联芝"的内容,但在中局以后黑有落象露炮,红车被迫长捉致负的美中不足,只须将九·九位红兵换为八·九位红兵即可成和。以上的方方面面都反映出《湖》谱的发展与进步。兹录第二十一局如下:

重 重 报 喜
(红先和)

重重报喜

炮三平四	车六进一	炮三平四
车六平七	炮四退四	车七进二
兵三进一	卒五平四	帅六平五
卒四平五	帅五平四	卒五进一
兵五进一	将六平五	炮四平六
卒八平七	炮六平八	卒七平六
相七进五	卒五平六	帅四平五
卒六平五（变一、变二）	兵六进一	将五进一

兵七平六	将五平六	兵二平三	将六进一	炮八进六
卒六平五	帅五平六	卒三平四	炮八平六	卒四平三
炮六平七	卒三平四	炮七平六	卒四平三	炮六平七
卒三平四				

[变二]	卒五平六	兵二平三	卒六平五	帅五平四
卒五平六	（黑胜）			

[变三]	卒六平五	兵七平六	将五平六	炮八进六
卒六平五	帅五平六	卒五平四	炮八平六	卒四平三
炮六平七	象三退一	兵六平七	卒三平四	（黑胜）

该局构思巧妙,全盘十六子无一冗子,均能派上用场。该局明争暗斗,起伏跌宕,顷刻红方危如累卵,可突然一着平兵,绝处逢生,令人拍案叫绝。末了红方平炮两捉卒,黑卒一杀一闲,按古棋例作和。红炮六平七,黑不能走象三退一,否则兵六进一杀。

二十八、《新镌金鹏变化象棋谱》

《新镌金鹏变法象棋谱》木版残本,仅存 1 至 17 页,排局 13 个。书长 18.3 厘米,阔 10.5 厘米。毛边纸印刷,对折线装。为刘国斌在北京旧书店购得,买时扉页、目录、底页全无,无法知其全貌和梓行年月。在第一页右上角靠近版框处,刊有"新镌金鹏变法象棋谱"九字。以后有与《百局象棋谱》大致相同的象棋歌诀八首及行棋说明的"解平进退法"一篇,再后便是排局。查谱中仅存的十三个图式中,大多与其他古谱雷同,只有"双马保驾""四马投唐"两局,为它谱所无。仅录"双马保驾"一局如下:

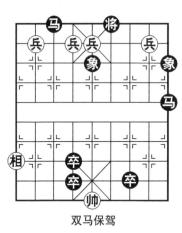

双马保驾

双 马 保 驾

（红先和）

兵六进一	马三进四	兵二平三
马九退七	兵三平四	马七退六
帅五平四	卒七进一	帅四进一
卒四平五	帅四进一	卒四平五
帅四平五	马六退八	兵八平七
马八进七	兵七平六	马七退五

黑方双马在前方三卒配合下,巧妙弈和。虽属小局,但结构严谨,命题贴切。

二十九、《效古子象棋谱》

《效古子象棋谱》系书贩子为牟利而选辑《百局象棋谱》的"效古"仿刻本。刻工、纸张低劣,书分上、下两册,无序、跋及出版年月。已知有"天津万兴魁存板"及"天津兴发魁板存"两种不同的版本,前者第一页刻有"象棋谱上本,效古子题,天津万兴魁存板",下本首页中刻"象棋谱",右上"全式韬略元机",左刻"下本,天津水阁万兴魁",上、下本页码相连,共二十页;后者扉页中书"象棋谱"三个仿宋体大字,刊写"效古子题。天津兴发魁板存"。但两种版本内容一样,共有排局十九局。考其内容、纸张,当为清末梓行。

三十、《善庆堂重订梅花变》

《善庆堂重订梅花变》全书三卷,共 15 局 176 变。卷一得先 5 局 60 变,均为"当头炮攻屏风马"。卷二饶先 6 局 76 变,均为"屏风马破当头炮"。卷三杂局 4

局 40 变。原谱为手抄本,无序、跋、作者姓名及成书年代。分析其内容,似后于《吴氏梅花谱》。

三十一、《江 湖 秘 谱》

《江湖秘谱》一卷,计 28 局。该谱独有局势而无着,而且为《橘中秘》及《百局象棋谱》所无,但却有 14 局与《竹香斋象戏谱》异名同势。民国初,上海顾鉴秋收藏。

三十二、《乐 在 其 中》

《乐在其中》抄本一卷 42 局。无序、跋、目录,其中 38 局有着法。今仅见谢侠逊《象棋谱大全》,据顾鉴秋收藏本收录 13 局,并有跋云:"《乐在其中》系顾子手抄计六十局,得十三局。"与顾鉴秋自云四十二局出入甚大。原抄本存亡不详。

三十三、亡佚的清代象棋谱

(一)《会珍阁》象棋谱

《会珍阁》象棋谱,四十卷,乾隆间武进(今江苏常州)周廷梅编著。刻本未见,传说战祸毁灭。20 世纪 50 年代初,棋友们传抄的《会珍阁》象棋谱有排局 20 局,来自福州林幼如。1955 年由台北出版,李天华所编的《象棋天地》内,刊载了"重刊会珍阁残局"并冠以"清朝秘本","周廷梅著,林幼如藏,李天华增注"。

1948 年,经林幼如校订,刊于其主编的《象棋月刊》的 4 局全局谱疑似周廷梅改编《王氏梅花谱》两卷的遗存。1962 年《象棋》月刊载"《会珍阁》残存"一文,有"屏风马抵当头炮夹马着法"一局,共 33 变。作者云:"由于没有原本可据,究竟是不是周廷梅的著作,还有待于考证。"

《会》谱四十卷,究竟是包括全局、残局在内的巨谱,还是专项残棋的论著,有待考证。

(二)《五大臣象棋殿谱》

《五大臣象棋殿谱》十四卷,抄本,为武进(今江苏常州)金某收藏。存亡未知。谢侠逊《象棋谱大全》有过介绍:

> 武进金某藏有《五大臣殿谱》十四卷,曾由李寿臣氏函托其戚华励丹君

请为发刊,未果。复书云:"《五大臣象棋殿谱》十四卷。清代有五大臣好弈,各夸其能,闻于朝,时清帝乾隆,诏入京殿试其技。帝观弈六月,录成十四卷。非刊本。有当时名臣评语题跋,至宝贵也。书为家藏品,前年有割爱意,曾携沪茶会评价,不乏鉴赏之人,因价钜未能脱让。"

此后,《五》谱踪迹渺无。然该谱当属实战记录。

(三)《听雨轩象棋谱》

《听雨轩象棋谱》六十八卷。据谢侠逊《象棋谱大全》称它是嘉庆四年(1799年)刊行,其中有《竹香斋》十八卷,栎洲散人兰汀著;《石琴宝》十四卷,石琴老人陆凤啸梧著;《雪映簃》十六卷,圆性尊者朱禅太玄著;《桐花馆》二十卷,菱洲居士张沛霖雨苍著。

考现存嘉庆二十二年(1817)木版本《竹》谱,初集两册,78 局;二集两册,70局;三集上、下卷四册,48 局,共八册 196 局。按周中孚《郑堂读记》也只五卷,而早于《竹》谱问世的丛书《听雨轩》所云《竹》谱十八卷不知由何而来?张乔栋生前未曾提,死后其子张景煦也未言及,而谢侠逊先生却说武进费绵钦(国禧)曾在沪李中将家目睹确有此谱,谢秉毅亦谓抗战时在重庆闻友人说桂林有人收藏《听雨轩》,言者确凿,难以明判。看来只有《听雨轩》重新面世时,真相自会大白。

关于清代的象棋谱,仅叙于此。

第七节 清代排局艺术的发展

古谱没有排局称谓,如前文所述,称残局或棋局、棋势。"排局"始见于明代的《适情雅趣》,其卷六第一局"七擒七纵",为明代唯一典型的排局和局。清代以后,象棋艺术的发展开始有了新的趋向和变化,残局谱从以胜局为主发展到以和局为主。于康熙四十三年(1704 年)刊印的《百变象棋谱》及康熙四十六年刊印的《韬略元机》,则是这个变化的启蒙作和代表作,以和局作为研究残局的主要方向,把象棋研究推向了一个新阶段。

乾嘉时,象坛流派形成,民间棋艺蓬勃发展,终于在嘉庆时诞生了四部划时代的排局巨著嘉庆五年《心武残编》、嘉庆六年《百局象棋谱》、嘉庆九年《竹香斋象戏谱》、嘉庆十三年《渊深海阔》,使象棋的排局艺术达到了登峰造极的境界。特别是嘉庆二十二年刊印,经张乔栋生前"悉为增删改正"的《竹》谱三集,最具代表性。它集中了古谱及流行于民间的排局精华,并博采诸家之长,改正流传之误者,间附跋语,颇具有特色。

晚清象棋相对衰落,棋谱质量明显下降;由于象棋有民间广阔的基地和人民大众的生力军,毕竟还诞生了十余部残排局谱。其中《烂柯神机》为于国柱个人所撰,《象戏新谱》(即"蕉窗逸品"第四)、《湖涯集》等谱则对前期的排局有所发展,这些都反映了晚清棋艺上的进步。

一、四 大 名 局

四大名局指诞生于鼎盛期巅峰时代的四个排局名作:"七星聚会""蚯蚓降龙""野马操田""千里独行",概括为"七星聚会降龙,野马千里独行"两语,很便于记忆。四大名局散见于四大排局名谱或其他古谱,所用局名每有不同,因《百局象棋谱》版本最多、流传最广、影响最大,故以《百局》谱所列上述四局名相袭沿称。

四大名局编排精巧,变化多端,局势起伏,扑朔迷离,张弛相应;时而惊涛骇浪,时而化险为夷,时而藏睿智于献子之举,时而寓机巧于等着之中;高深的陷阱,诱人的假象,更使观者跃跃欲试。四大名局长期以来广泛流行于民间,为江湖艺人视为摆摊设局的镇山秘宝,历经历代棋手钻研深化,推陈出新,日趋丰富多采,显示了其旺盛的生命力和艺术的感染力。

(一)"七星聚会"

"七星聚会"素有"棋局之王"的美誉,流传之广、影响之巨,首屈一指。《百局》谱在首局刊出,《心》谱一百零四局"七星同庆"、《竹》谱三集第一局"七星拱斗"、《渊》谱卷一第一局"七星曜彩"为异名同局,均因双方各有七子而得名。唯"七星聚会"局名雅俗共赏,更切题意。

从"七星聚会"摆放的位置,可见四大排局各谱对其重视的程度。各谱均有深入细致的研究和剖析,《百局》谱列有二十五变局,《渊》谱则达五十变局。棋势经过十余回合"序战"后成为大斗车、兵的实用残局。正变结论是和局。该局前文《百局》谱已介绍,从略。

(二)"蚯蚓降龙"

"蚯蚓降龙"是一局子力虽少,变化却复杂繁多,攻守相应,寓机巧于停着、等着之中,近似实战的排局。《百局》谱卷三第三局、《心》谱六十九局为同名同局,《渊》谱卷十一第一局"诡越阴平"、《竹》谱三集第三十五局"尺蜊降龙"为异名同局。"蚯蚓降龙"命名入木三分,红双车虽矫若强龙,但始终为两个弱如蚯蚓的小兵所牵制,无可奈何。

"蚯蚓降龙"《百局》谱列六变局,尤以《竹》谱变化最为丰富,列二局共三十三种变着。正变结论是和局。仅以《竹》谱一局一本摘录如下:

尺 蚓 降 龙

一局　宽紧局

[一本]　（红先和）

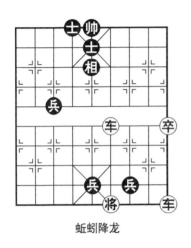

蚯蚓降龙

卒一进一	兵三进一	卒一平二
相五退七	卒二平三	兵三平四
卒三平四	仕五退六	卒四平五
仕四进五	卒五进一	兵四平五
车四进一	兵五进一	卒五平四
兵五进一	车四退一	帅五平四
车一平二	仕五进四	卒四平五
仕四退五	卒五平四	相七进五
车四平六	仕五进四	车六平四
仕四退五	车四平六	仕五进四

车六平四	相五退七	卒四平五	仕四退五	卒五平四	相七进五
车四平六	仕五进四	车六平四	相五退七	卒四平五	仕四退五
卒五平四	相七进九	车六平四	相五退七	车四进一	相七进九
车四退一	相九进七	车四退一	仕五进六	车四平四	仕六进五
车四退四	卒五平四	车四平六	士五进四	车六平四	士四退五
车四平六	士五进四	车六平四			

至此成"宽紧局"和,《竹》谱着法明显较其他谱更为紧密细腻。该局看似平淡,实则绵里藏针;一闲一等,一停一诱,均深藏杀机,稍有疏忽,即会胜负易手。

(三)"野马操田"

"野马操田"是一则攻守兼备、张弛并举、以攻为守、以退为进、颇为实用的双车马对车双兵的典型江湖排局。刊于《百局》谱卷三,《渊》谱卷六第一局"管鲍分金"、《竹》谱三集第二十七局"大车马"为异名同局。命名以《百局》谱"野马操田"为佳,取红马左右驰骋、回环跳跃、攻守兼备、叱咤风云的气概。

"野马操田"《百局》谱列三变局,《竹》谱发展为十四变,《渊》谱一变;但三谱正

变结论均作和,实际上有一路边卒,应是红先黑胜。仅录《百局》谱"野马操田"第
一局如下:

野 马 操 田
第一局　正和

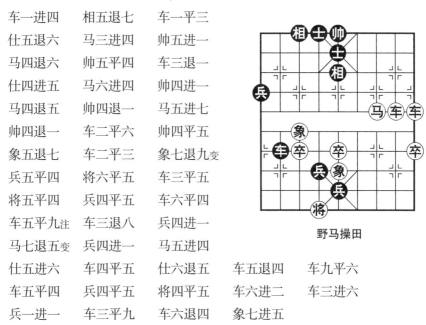

野马操田

车一进四	相五退七	车一平三
仕五退六	马三进四	帅五进一
马四退六	帅五平四	车三退一
仕四进五	马六进四	帅四进一
马四退五	帅四退一	马五进七
帅四退一	车二平六	帅四平五
象五退七	车二平三	象七退九变
兵五平四	将六平五	车三平五
将五平四	兵四平五	车六平四
车五平九注	车三退八	兵四进一
马七退五变	兵四进一	马五进四
仕五进六	车四平五	仕六退五	车五退四	车九平六
车五平四	兵四平五	将四平五	车六进二	车三进六
兵一进一	车三平九	车六退四	象七进五

注:三种古谱这着棋均走车五平九扫卒叫杀,其实走车五平八保留红卒阻碍
红车可获胜。演变如下:车五平八车三退八,兵四进一马七退五,相三进五马五
进六,帅五平四马六退八,相五进七车四退三,帅四进一马八退七,兵四进一马七
退六,车八进二车四进一,仕五进四车四进三,兵五进一马六退五,车八平五黑
胜。着法亦很精彩。

(四)"千里独行"

"千里独行"构图简明清晰,攻守曲折婉转,着法缠绵细腻,将(帅)、士、相
及未过河的小卒各尽其妙,寓刚于柔之中,弱子的运用富于巧思。刊于《百局》
谱二卷,《心》谱第二十四局"独行千里"、《竹》谱三集第十四局"策杖独行"为
异名同局。《心》谱图势略异,因而开局多了两个回合,后异途同归。红方一车
纵横疆场,救王护驾,故名。《心》谱以其结尾棋势是一车大战三兵,题名"单枪
赵云"。

"千里独行"《百局》谱列五变局,《心》谱列十二变,《竹》谱列二局十变。正变
结论和局。仅录《百局》谱该局第一局如下:

千里独行

第一局　正官和

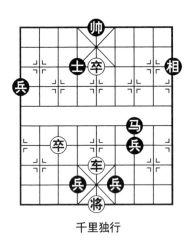

千里独行

车五平二	相九退七	车二进七
兵四平五	将五平六	士四退五
车二平三	士五退六	卒五进一
帅五进一	车三退五	兵一进一
车三平五	帅五平六	车五平四
帅六平五	车四进五	兵一进一
车四退五	兵一进一	车四平五
帅五平六	车五退一	兵一平二
车五平三	兵二进一	车三退一
兵二进一	车三平四	帅六平五
车四退一	兵五平六	将六进一　（和）

该局第二着黑方相九退七劣着,导致败局。《心》谱和《竹》谱这着棋均走兵七平八是正确的,迫使红车吃兵,可以红卒阻碍红车在横线上的灵活移动,从而弈成和局。

四大名局的变化都很纷繁复杂,疏漏之着在所难免。由于篇幅所限,每局仅列正变一则,也未加以注释,但这已足以了解清代鼎盛期排局发展的盛况。

二、晚清排局的升华

鸦片战争后,帝国主义敲开了清政府闭关自守的大门,灾难沉重的中国人民在封建主义压迫下,又多了一重殖民主义者的压迫。象棋艺术受到了摧残,与乾、嘉时期相比明显发展缓慢,然而有赖于广阔的民间沃土,象棋艺术仍能有所发展。最能反映晚清排局艺术的发展,莫过于《象戏新谱》与《湖涯集》两部棋谱。

前文已谈到,《象戏新谱》内容虽与《百局》谱、《心》谱、《竹》谱、《渊》谱有相似之处,但所载部分图式已作更动,着法则更精警可取。其"双擒四将"一局,与《百局》谱"双擒四将"、《心》谱"酒服四夷"、《渊》谱"双夺咸阳"是同类局相比较,明显进行了改进,增加了棋子,复杂了变化,改一变的和局为二变的胜局。《象》谱有些局则改胜局为和局,如《百局》谱卷五第一局"跨海征东"、《竹》谱三集第二十五局"零雨征东"局势一样,同为红先黑胜,《渊》谱卷九第一局"跨海征东"的"自诠"着法亦是黑胜;《象》谱"跨海征东"则改红先黑胜为和局,无疑是一个改进。《象》谱"跨海征东"原谱"正编"三局共四变,"外编"二局共六变。接录几种主要变着如下:

跨海征东

"正编"第一局

兵五进一	将六平五	车二平五
将五平六	炮一平四	车六进一
炮一平四	车六平五	车一进六
将六进一	兵六平五	车五退二
车五退三	车五进七	车一平六
车五退一	炮四退四	卒四平三
车六退八	卒三平四	车六平八
车五退一	车八进七	将六退一
车八平六	卒四平三	车六退七
将六平五	炮四平五变三	车五平七
车六进四	车七平六	帅六进一

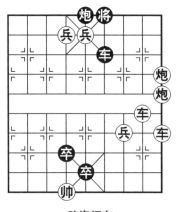

跨海征东

车六进二	车六平五	将五平六	车五平七	车六退一

车七平六(和局)

"正编"第一局"变一"

炮四平五	车五平六	车六进四	车六进二	车六平五
将五平六	车五退三	卒三进一	车五进三	车六退二
车五退三	车六平七	车五平七	车七平四	帅六平五
卒三平四	车七平四	将六平五	车四平五	将五平四

炮五平四(和局)

"正编"第一局"变二"

炮四平五	将五平六	车六进八	将六进一	帅六进一
车五平七	车六退四(和局)		

《象戏新谱》对古谱名局的着法除了改进外,在图势上亦有所修正。如"野马操田"局删掉了红方一路兵,纠正了古谱的错误,保证了棋局的严密性。在棋谱的编排上亦颇具特色,分正、外两编,正编为和局,外编为劣局,所谓"观正局以识绳墨之从,观劣局以悟毫厘之失",对比度强,使人一目了然。

与《象戏新谱》同一时期问世的《湖涯集》象棋谱,对前期的排局亦有明显的改进。其第十局"车卒十面",与《心》谱第十一局"奇峰双插"、《百局》谱卷五第二局"十面埋伏"的图势,完全一样;但《心》谱、《百局》谱两谱的着法均误作和局,《湖》谱则列为红先黑胜是正确的。特别让人赞叹的是《湖》谱,在原"十面埋伏"旧

局基础上,非常巧妙地增加了一路角卒,成了结局是和局。新的"十面埋伏",列于该谱第九局。仅录第十局"单卒十面"介绍如下:

单 卒 十 面

(红先黑胜)

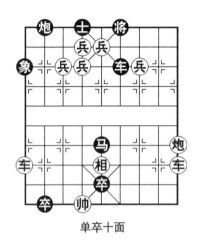

单卒十面

兵五平四	车六退一	炮一平四
车六平九	兵三平四	将六平五
车九平八	马五进三	车八平七
车九进六变二	兵六平五	士四进五
炮四平五	将五平六	炮五退二
炮二平四	兵六平五	士五进四
车七平六	车九平五变三	炮五平四
将六平五	兵七平六	象一进三
车六进四变四	车五退四变五变六	
炮四平三变七	卒二平三	帅六进一
车五平四	帅六平五	车四平五

帅五平四　车五平六　帅四平五　车六退一　兵五进一　将五平六
兵六进一　车六平五

[变二]车九进六　炮四退三　卒二平三　车七退二　车九退一　兵六进一
将五平四　兵六进一　将四平五　兵六进一　将五进一　兵四平五　将五平六
(黑胜)

[变三]车九平五　帅六平五　炮四进七　帅五平四　车五平六　帅四平五
炮四平一　炮五平九　象一进三　兵七平六　象三退五　兵四平五　车六平五
帅五平六　车五进一(黑胜)

[变四]车六进四　车五进一　炮四退一　卒二平三　炮四平七　车五退五
炮七进一　车五平四　帅六平五　车四进六　帅五进一　车四退一　帅五退一
象三退五　兵六平五　炮四平一(黑胜)

《心》谱　第四变此时误走卒二平三,帅六进一车五退四,演变下去,误作和局。

[变五]车五退四　兵六进一　卒二平三　帅六进一　车五平四　帅六平五
车四平五(黑胜)

[变六]车五退四　车六退三　象三退五　兵六进一　炮四进六　兵四进一
车五平四　兵六平五　将五平四　炮四平二　炮四平五　帅六平五　炮五退五

196

（黑胜）

《百局》谱在黑方车五退四后走，兵四进一车五平四，帅六平五车四进六，演变下去误作和局，其实照《湖》谱着法，黑可获胜。

[变七]炮四平三　车五平四　帅六平五　车四进六　帅五进一　象三退五
兵六平五　炮四平一　兵四进一　车四退三　兵五进一　将五平四　炮三进七
（和）

再如《湖》谱第二十九局"观灯十五"，与《渊》谱卷九第十二局"大鹏展翅"是异名同局，棋势完全相同，《渊》谱误将首着红劣引入歧途作为和局，《湖》谱则予以纠正。兹将"观灯十五"介绍如下：

观 灯 十 五
（红先和）

车三平六	车四退三	仕四进五
炮七退二	炮四进七	炮七平五
仕五进六	炮五退五	兵六平五
车四平五	帅五平六	象五进七
兵八平七	车五退四	兵七平六
将四退一	兵九平八	车五进六
帅六进一	车五平七	炮四退三
车七退二	兵八平七	车七平四
炮四平五	将四平五	炮五退六
将五退一	炮五进六	车四平五
帅六退一	卒六进一	帅六进一

车五平二　炮五退一　卒六平五　仕六退五　车二进三　帅六进一
车二平五

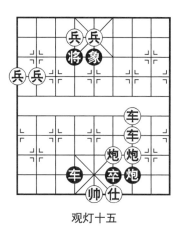

观灯十五

该局首着红方前车平六和局，《渊》谱首着走后车平六，则车四退二士四进五，炮七退三炮四进七，炮七平五士五进六，车四平五（《渊》谱此着走炮五退四，误作和局）帅五平六，象五进七兵八平七，炮五平四仕六退五，车五平四帅六平五（如改走仕五进六，则卒六平五，兵七平六将四平五，炮四平五将五平六，炮五退八车四平三，帅六平五车三进三，黑胜）将四平五，炮三平五车四进二，炮四平五将五平六，炮五平四炮四平五，黑胜。

其他如第三十五局"乘风破浪"，纠正了《百局》谱同名同局误作和局，改为红胜局非常正确。第十四局"马跳檀溪"，四大排局名谱未见收录，《象戏新谱》载有此局,名"马跃檀溪",黑方无象;《湖》谱图势黑方则多了一只象,攻守俱见特色,增添了不少精妙的变化。《湖》谱在编排上亦颇有新意,遇变化复杂形势,增列演变图,名曰"初局",创古谱之新路。

上面所列举的方方面面,都明确地反映了晚清排局艺术的升华与发展。

三、清代排局的造型艺术

象棋是一门艺术。排局亦属象棋范畴,是经过人工构思编排,最具艺术素质的一种棋局。清代的排局向着精巧深奥、变化多端纵深发展的同时,已逐渐涉及到棋局造型所显示出的艺术魅力。名局"鸿雁双飞"局末所呈现的"鸿雁双飞"棋形,正是清代乾、嘉巅峰时代排局艺术发展到高级阶段的必然产物,也是排局造型艺术的发端。从下面几则排局造型,可以领略棋坛先贤的创作技巧及排局造型的发展。

《心武残编》一百四十四局"虹桥锁溪"(图一),是一则典型的古典图型局,一根棍子似的桥横架东西,刺破苍穹的方形桥顶形象逼真,最切题不过;但红方九路边卒和黑方九路边象作用不大,可有可无。故《百局象棋谱》卷七第十五局"惺惺聚会"、《渊深海阔象棋谱》卷十一第二十一局"云台赴会"、《竹香斋象戏谱》二集第二十八局"漏转东华",均删掉了这两枚无用冗子,棋局愈显严谨,但仍以"虹桥锁溪"题名形象逼真。四局着法基本相同,仅录《百局》谱"惺惺聚会"(图二)着法如下:

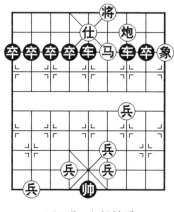

《心》谱　虹桥锁溪

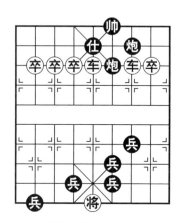

《百局》谱　惺惺聚会
《渊》谱　云台赴会
《竹》谱　漏转东华

惺 惺 聚 会
（一局官和）

车三平四	士五进六	车五进二	帅六进一	卒二平三	兵六进一
将五平四	士六退五	卒三进一	帅六进一	卒六平五	帅六平五
车五平一	兵四平五	车一退二	士五进六	卒七平六	帅五退一
卒三平四	帅五平六	车一退六	兵六进一	车一平四	兵五平六
将四进一	兵七平六	卒六平五	士六退五	卒五进一	帅六平五
卒八平七	帅五进一				

从上面两则棋局的造型看,棋局的创作者不仅意识到"棋形"的美,而且力求布子严谨,无虚子、无冗子。

《渊》谱卷七第二十局"二刺焦兰",是一则简单的车马炮杀局,但其均衡、对称的造型构思,令人耳目一新(着法省略)。而《湖》谱第五十六局"八卦图",造型更为优美,双方车马炮五子对称列阵,组成了一个艺术性很强的正方形象形局。着法如下:

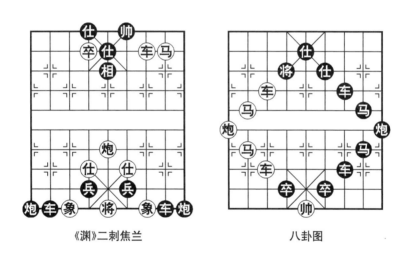

《渊》二刺焦兰　　　　　　　　八卦图

八 卦 图
（红先胜）

车七进一	将四退一	车七进一	将四退一	车七进一	将四进一
车七进六	将四进一	车七退一	将四退一	车七退一	将四退一
车七平六	士五进四	车七进一	将四进一	车七平六	将四退一
马八进七	将四进一	马七进八	将四退一	炮九进五	

象形排局即图形排局,古谱统称"残局""棋局""棋势""变形"等,是 20 世纪 40 年代以后将残局严格区分定名的。象形排局是清代刚刚崛起的一种排局造型艺术,古谱不多见,这则"八卦图"应是古谱象形排局的代表作。

清代排局的造型艺术,让人赏心悦目,既领略了象棋艺术的奥妙,又欣赏到诗情画意的棋局造型。为排局的发展,开创了一个研究的新课题;为排局艺术的升华,开拓了一个广阔的天地。排局造型艺术大有作为。

小　结

中国古代象棋跨越了孕育、童年、争鸣、高潮、中落、鼎盛、稳步七个断代期,历经了二千一百多年历史长河的洗礼;以它固有的艺术魅力及根深蒂固、广阔的民间基础,向世界表明,象棋是我国特有的、源远流长的一项棋种,绝不是什么舶来品。在公元前 278 年以前问世的《楚辞·招魂》里的"蔽象棋,有六博些",就有"象棋"的记载,比国际象棋起源于公元五世纪古印度的"恰图兰卡",整整早了 700 多年。

中国古代象棋内容丰富,涉及面广。史籍中既有"帝制《象经》"之说,又有帝妃与象棋的活动片断;文献中既有唐相国牛僧孺给象棋增加了炮的记载,又有李清照《打马图经》中刊出的北宋象棋盘的故物。南宋设置象棋待诏,是空前绝后的创举。宋孝宗时象棋待诏多达十名,并有一名女流沈姑姑。文物方面,以全国多方位传世、出土的八副较完整的北宋铜质象棋及一批北宋铜质象棋子,与南宋沉船中残存的木质象棋子及出土的历代铜质、陶瓷象棋子相映成趣。散落于民间的象棋,如西安刘道平生前收藏的一副明代象棋,棋盘为折叠式盒式紫檀木,棋盘线路的刻槽中镶嵌银丝,棋子墨玉 16 枚,淡绿玉 16 枚,分装于棋盘两侧小盒中。清咸丰末年,西安毛友邻及其子毛振海在骡马市街开设茶馆,门前所摆的一副咸丰年制的枣木象棋至今存世。如果在全国范围内广为搜觅,存世的古象棋一定不少。

象棋谱是象棋发展的重要组成部分,是对象棋艺术的记载及不同时期发展的总结。幸赖存世的古代棋谱(包括刊于类书中的象棋图与谱),从南宋至明、清就有四十余集。这是无数棋坛先贤睿智豁达,殚精竭虑,呕心沥血的结晶。以成书约在南宋咸淳初(1265 年后数年)的《事林广记》分析,我国在 700 年前有了现制象棋谱,这比欧洲直到 16 世纪后才出版象棋谱整整早了 200 多年。

"文章合为时而作,诗歌合为事而吟。"象棋的发达必然要反映到文艺作品中,歌颂、描写象棋的诗文既是古代象棋的一面镜子,又是促进象棋发展的添加剂。象棋的起源、发展、影响,甚至包括形制、演变、竞赛、棋例等等的揭示,无不与文学作品的刊载相映成辉。清代嘉庆以后,融艺术与象棋一体,寓艺术于象棋之中的排局艺术,给象棋增添了新的生命力。

中国古代象棋在历史上,虽然遭受到一些封建统治阶级以及殖民主义者的摧残,蒙受过士大夫的冷眼,被斥为"贩夫走卒之戏",但由于象棋扎根民间,是从民间发展传承的,具有适合普通百姓的独特结构和艺术魅力,因而在处于逆境时仍能有所发展,这也是象棋与围棋的不同所在。

晚清以后,象棋稳步前进,各地名手,相继崛起,并驱争雄。孕育着辛亥革命以后的棋坛风云。

刘 道 平 简 介

(1930年—1995年),陕西咸阳人。曾任亚洲象棋联合会裁判委员会委员、中国象棋推广改革小组组长、中国象棋史编写组召集人、陕西省棋类协会副主席、西安市象棋协会主席、象棋国际裁判,是著名象棋活动家。

刘道平一生倡导象棋。1948年以西安市文科第一名成绩考入西北大学文学系,1952年毕业。从小学到中学、再到大学,他都在校园里组织各种象棋表演。毕业后,又数次组织省、市比赛,并深入工厂、农村、部队、学校、俱乐部讲解、表演象棋。甚至多次赴宝鸡、咸阳、渭南、铜川等城市宣讲象棋,为陕西培养了一大批象棋人才,如马长安、李西兴、闵政、王洪录、白文典、张丰等象坛的佼佼者。

1983年,中国象棋推广改革小组在北京成立,刘道平任组长,完成了"平面图型象棋"棋子的设计任务,还同张丰分别撰写了《中国象棋发展述略》《图型棋子设计》两篇论文。该项改革曾受到国家领导人的重视与关心。

20世纪60年代,刘道平先后发表了《对刘克庄"象弈"诗的研究》《应该重视象棋史的研究》(该文被《象棋》1961年4期冠于卷首)、《〈自出洞来无敌手〉著作年代考》(该文引起了棋史研究者数十年的争鸣)、《北宋象棋盘考》(该棋盘作为原始史料载入象棋史)等重要论文,并执笔起草了《〈中国象棋史〉编写提纲》。在担任象棋史编写组召集人期间,先后组织在蚌埠、孝感、北京、皖南等地召开了棋史会议。有《从历史书目考已佚古谱》《宝应象棋》《北周武帝与象戏》《中国八八象棋商榷》《古代象棋的分期》等象棋史论文发表,为象棋史编写作了大量工作。1995年9月21日突患呼吸衰竭逝世,终年65岁。

张 丰 简 介

张丰(1942年—)，陕西西安人。棋文化学者。原中国象棋推广改革小组六人成员之一、中国象棋史编写小组八人成员之一。中国书法美术家协会终身副主席、中国文艺协会理事、《象棋大百科》编委、《围棋与名城》丛书编委、《棋海新友》棋史研究专栏作家(二级)兼特约编审、英国皇家艺术研究院荣誉院士及客座教授、陕西省棋类运动委员会委员，历任西安市棋类运动协会、象棋协会三届副主席、四届秘书长。现为西安市象棋协会顾问、西安市围棋协会顾问。

从事象棋、围棋、国际象棋史及象棋图型立体的研究，从1970年至1980年研制成中国立体象棋。由陕西省体委转呈国家体委，国家体委在复函中指出："西安仪表厂张丰同志关于象棋立体化的改革方案有参考价值……请向张丰同志表示我们的谢意。"这副象棋是中国、也是世界上第一副中国立体象棋实物。1983年作为全国象棋改革推广小组成员之一，参与了"平面图型象棋的设计"，起草了"平面图型象棋的设计"论文。前后两次走访、调查、考察了二十多座历史名城，经国家体委、国务院逐级认可，上报亚洲象棋联合会通过，1984年起作为国际上采用的新棋子流通使用。该项改革曾得到国家领导人的重视与关心。主要专利成果"中国立体象棋"(专利号：86300421.0)。

发表专著、论文、评论近500篇，共3万余字。主要有"中国立体象棋的设制"、《自出洞来无敌手》问世考、"宋代铜质象棋"、略谈陕西围棋的发展(陕西围棋志)、"陕西国际象棋志"、"中国象棋邮票和邮品"及"西安象棋志、围棋志、国际象棋志"等。其中"中国立体象棋的设制"获中国科研、学术成果优秀作品，并荣获优秀科研、学术成果特等奖及国际优秀论文奖。多首诗歌、人生格言被人民日报《人民文摘》杂志社和中国大众文学学会评为优秀作品，入选多种典籍。编著有《象棋弱胜强战例》《象棋成名局赏析》，编辑有方次韵《我的围棋奉献二十年》，主编有《西安象棋五十年》《西安围棋六十年》，与刘道平先生编著《中国象棋史》。

长期从事棋类运动的教学与裁判工作。多次担任陕西省西安市棋类(象棋、围棋、国际象棋)比赛总裁判长。并担任了陕西省首届围棋一级裁判员及陕西省二至四届象棋一级裁判员考评的主考。多次担任西安市象棋代表队领队兼教练率队参加全国赛。其中，西安女队1999年获全国第六名。

1983年、1997年两次被评为全国体育优秀裁判员。1994年被评为西安市群众体育先进工作者，2001、2002、2003年三次荣获西安市体育社团工作先进个人。2007年"陕西省第三届老年人运动会"行业组象棋个人比赛获第二名。2008

年在银川举办的周边城市老年体育邀请赛上,与王洪录、王润芝组成的西安象棋代表队获团体冠军。2010 年获首届中国名家世博艺术杰出成就奖。2012 年被授予当代中国书法美术家荣誉称号。2013 年入选大型文献《中国文化传承经典》(2013 年珍藏版)唯一封面人物。同年被英国皇家艺术研究院敦聘为荣誉院士及客座教授,并授予大英帝国骑士勋章一枚。

2014 年在世界孔子文学艺术中获金奖,并被特授予"世界孔子文学艺术和平大使"荣誉称号。2015 年被西安市象棋协会授予"西安市象棋杰出人物"。其业绩被《中国职工自学成才者辞典》《当代中国科学家与发明家大辞典》《中华人物辞海》《中国专家大辞典》《中国世纪专家传略》《中华创业功臣大典》《共和国专家成就博览》《世界名人录》《共和国不会忘》《世界文艺名家大辞典》《世界文艺精英榜》等 50 多种典籍收录。